Jean Flori

La Première croisade

L'Occident chrétien contre l'Islam
(Aux origines des idéologies occidentales)

Historiques

EDITIONS COMPLEXE

DU MÊME AUTEUR

L'Idéologie du glaive. Préhistoire de la chevalerie, Genève, Droz, 1983, 205 pages, préface de Georges Duby.

L'Essor de la chevalerie, XIe-XIIe siècles, Genève, Droz, 1986, 404 pages, préface de Léopold Génicot.

En collabotation : *L'Épopée* (Typologie des sources du Moyen Âge occidental, fasc. 49), Brépols, Turnhout, 1988.

La Chevalerie au Moyen Âge, Paris, PUF, 1995.

À PARAÎTRE

Croisade et Chevalerie, éd. De Boeck, Bruxelles, 1997.

Les Chevaliers au Moyen Âge, Paris, Hachette.

Pierre l'Ermite, Paris, Fayard.

L'Église et la guerre de saint Paul à saint Bernard, Bruxelles, De Boeck.

Jean FLORI, directeur de recherches au CNRS, a également publié, depuis 1975, plus d'une soixantaine d'articles concernant l'histoire du Moyen Âge dans des revues internationales aussi prestigieuses que : *Revue historique, Annales ESC, Le Moyen Âge, Frühmittelalterliche Studien, Traditio, Romania, Aevum, Revue belge de Philosophie et d'Histoire, Revue d'Histoire ecclésiastique, Cahiers de Civilisation médiévale*, etc.

ISBN 2-87027-675-3
D/1638/1997/8

SOMMAIRE

LA CROISADE

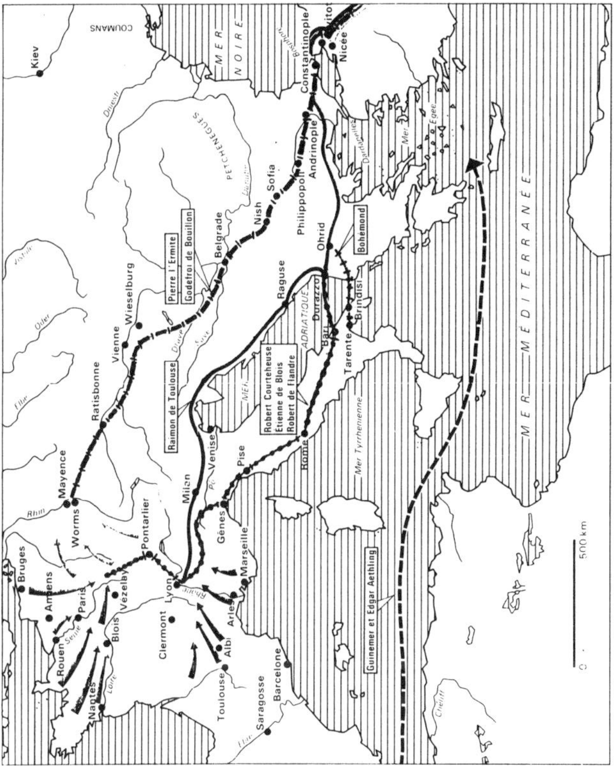

D'après Barret-Gurgaud, *Si je t'oublie Jérusalem*, Paris, Hachette, 1982.

De Constantinople à Jérusalem

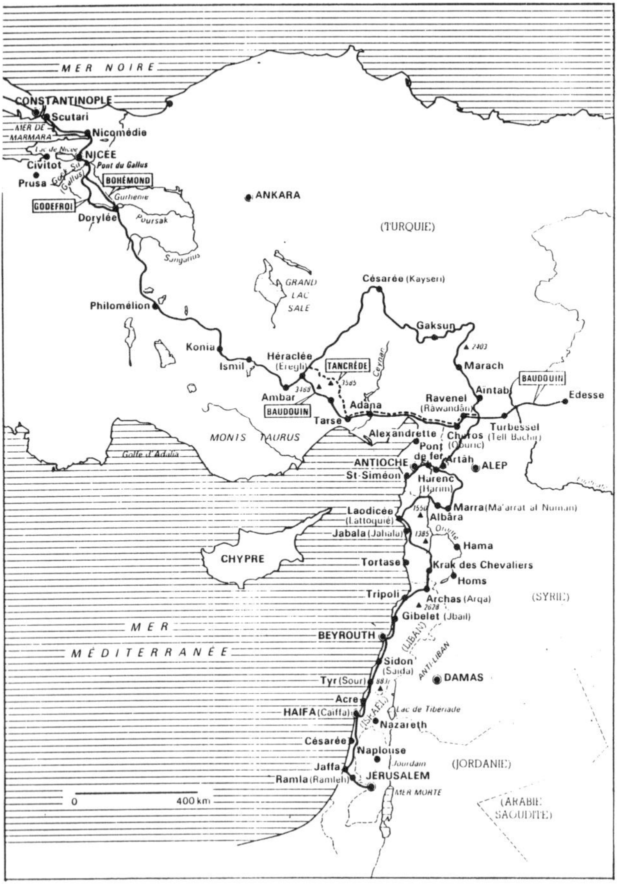

La Croisade

PROLOGUE

«*Deus lo volt*»... «Dieu le veut»...

Des rangs de la foule des laïcs massés sur une vaste esplanade, un peu à l'écart de la ville, ce double cri a jailli.

Le pape Urbain II en parut soulagé : Robert le Moine, l'un des rares témoins oculaires qui ait relaté son discours, nous dit que le pape leva alors les yeux au ciel, rendit grâces à Dieu et reprit à son compte la formule providentielle : lorsqu'ils se lanceront à l'assaut contre les infidèles, c'est ce cri de guerre que les chevaliers chrétiens devront pousser d'une seule voix[1].

Cet épisode, si anodin en apparence, se situe non loin de l'église Notre-Dame-du-Port, à Clermont-Ferrand, il y a près de 900 ans. Il revêt pourtant une exceptionnelle importance : ce cri spontané de quelques chevaliers émotifs annonce et traduit en effet le succès de la prédication de croisade qu'Urbain II vient d'inaugurer, en ce 27 novembre de l'an 1095. Quatre ans plus tard, le vendredi 15 juillet 1099, les guerriers d'Occident poussent le même cri en se lançant à l'assaut des murailles de Jérusalem et en massacrant tous ses habitants.

La croisade avait «réussi» ! Elle allait, pour plusieurs siècles, drainer vers le Proche-Orient le sang des chevaliers d'Occident, accentuer durablement la fracture de la chrétienté en deux entités rivales, catholique et orthodoxe, dresser l'un contre l'autre, en des haines tenaces, l'islam et la chrétienté, attiser l'antisémitisme et alimenter jusqu'à nos jours les rêves les plus insensés et les fantasmes les plus délirants.

A travers les récits et les témoignages relatifs à cette épopée historique que fut la première croisade, c'est la mentalité profonde des hommes qui la vécurent, de près ou de loin, que nous recherchons avant tout. L'idéologie, ou plutôt *les* idéologies qui sous-tendent leurs actions, leurs décisions, leurs ambitions, leurs gestes héroïques tout autant que leurs lâchetés ou leurs trahisons; leurs sentiments et leurs mobiles inavoués ou inavouables tout autant que leurs déclarations publiques. Leurs arrière-pensées tout autant que leurs pensées.

L'entreprise est difficile: on ne peut guère échapper aux pièges qu'elle recèle, quelle que soit l'approche choisie. Les historiens d'aujourd'hui savent qu'il n'y a pas d'histoire objective. D'abord, comme on le dit souvent, parce que celui qui l'écrit, de nos jours, pourrait être *engagé*, à son insu: c'est là, en définitive, un risque mineur que peut aisément corriger la nécessaire retenue scientifique de l'historien digne de ce nom, et compenser la multiplicité des éclairages jetés, sur les mêmes zones, par des chercheurs d'horizons différents[2]. Le plus grand risque de distorsion me paraît être ailleurs: il vient des sources elles-mêmes, elles aussi rédigées par des hommes qui n'étaient certes pas «neutres», qui participaient pleinement de la mentalité commune et des idéologies de leur temps, lors même que leurs écrits n'étaient pas destinés à des fins de propagande. C'est particulièrement le cas des sources narratives, souvent rédigées après coup et destinées à glorifier une entreprise, l'action d'un prince ou les intentions «inspirées» d'un pontife. L'image de Dieu elle-même, on s'en doute, n'échappe pas à l'emprise des idéologies, largement dominées par la religiosité, que reflètent presque toutes nos sources de la croisade, qu'elles soient latines ou grecques, hébraïques ou arméniennes, chrétiennes ou musulmanes. C'est dire que nous nous attacherons moins à restituer ici les événements qui eurent lieu (événements qui sont au demeurant assez bien établis par d'innombrables travaux érudits) que la *perception* de ces événements par les contemporains, l'*interprétation* qu'ils en donnent et, par là même, la mentalité qu'ils reflètent ainsi, fût-ce à leur insu. C'est elle, en définitive, que nous cherchons ici à restituer.

AVANT CLERMONT

Lorsqu'il lance son appel à la croisade, Urbain II occupe le trône pontifical depuis 7 ans[1]. Cet ancien moine de Cluny est un digne représentant du parti réformateur de l'Eglise dont le champion le plus illustre avait été, quelques années auparavant, le grand pape Grégoire VII. Ce dernier n'avait cessé, tout au long de son pontificat (1073-1085), de lutter avec une rare énergie pour réformer l'Eglise. Dans son esprit, cette réforme consistait essentiellement en une *libération*. Pour lui, l'Eglise, qu'il confondait volontiers avec la société chrétienne tout entière (ce que nous appellerions aujourd'hui la chrétienté), devait s'organiser en une sorte de monarchie dont Dieu, au ciel, serait le souverain suprême et dont le pape, sur terre, serait le vicaire, le lieutenant, le vice-roi.

Ce principe de gouvernement, que l'on appelle souvent la *théocratie*[2], avait pour corollaire la reprise en main, par la papauté, des affaires de l'Eglise. Celle-ci, depuis l'époque carolingienne, deux siècles plus tôt, avait peu à peu glissé entre les mains des princes laïcs : l'empereur, en Allemagne et en Italie, les rois et les princes ailleurs, disposaient à leur gré des dignités ecclésiastiques : de même que le seigneur local fondateur d'une église estimait avoir le droit d'en nommer le desservant, les princes et les rois se croyaient autorisés à nommer les évêques auxquels ils remettaient les domaines, bâtiments, terres et serviteurs qui constituaient la seigneurie épiscopale. L'investiture laïque englobait celle du sacerdoce.

Un tel état de fait, hérité de la structure féodale de la société[3], n'avait pas que des inconvénients : les empereurs allemands ont souvent placé sur le siège de saint Pierre d'excellents papes, y compris des papes réformateurs ! Mais ceux-ci, précisément, étaient trop avertis du caractère aléatoire de ces choix, dictés par l'intérêt politique, pour ne pas chercher à s'affranchir d'une aussi forte tutelle. Ils voulurent «libérer l'Eglise».

C'est ainsi que Léon IX (1049-1054) affirma, par l'intermédiaire de ses théologiens et conseillers, la prééminence du spirituel sur le temporel et la primauté absolue de l'évêque de Rome sur l'Eglise, conçue comme une monarchie pontificale. Nicolas II (1058-1061), œuvra dans le même sens et promulga en 1059 le décret libérateur : désormais, les papes seraient élus par un collège de cardinaux. La papauté pouvait échapper à l'emprise de l'empereur. La tête de l'Eglise était libérée. Il restait à affranchir le reste du corps.

Grégoire VII s'y employa avec une énergie farouche et une intransigeance qui frôlait l'intolérance. Dans son esprit, la papauté dirige le sacerdoce et celui-ci, à son tour, dirige et domine les puissances laïques qui n'ont pas de légitimité en elles-mêmes. Leur pouvoir vient de Dieu, mais il leur est seulement confié par l'intermédiaire de l'Eglise, pour faire triompher le Bien sur le Mal, la vraie foi sur la fausse, l'Eglise sur l'hérésie.

Le pape possède donc la vraie autorité (*auctoritas*), les princes, les rois et même l'empereur ne font qu'exercer la puissance (*potestas*) qui leur est déléguée[4].

Un tel programme, affirmé sans nuance dans le texte célèbre des *dictatus Papae* (1075), impliquait bien plus qu'une libération de l'Eglise de l'emprise des laïcs : il s'agit d'une véritable révolution, d'un renversement total des perspectives : le pape affirme ici son entière souveraineté dans l'Eglise : nomination des évêques, droit de casser les sentences. Il affirme aussi une véritable suzeraineté de droit sur les pouvoirs laïcs : droit de faire et de défaire les rois, de déposer les empereurs, de délier les sujets de leur serment de fidélité aux souverains, etc.

L'empereur, on s'en doute, ne se plia pas de bonne grâce à de telles revendications. Il en résulta un long conflit que nous n'avons pas à relater ici, et dont l'épisode de Canossa demeure l'image caricaturale la plus connue : l'empereur Henri IV, les pieds dans la neige, vint en pénitent demander au pape de lui pardonner et de le confirmer comme roi légitime en Allemagne (1077). Mais, malgré sa valeur symbolique, cette image d'Epinal des livres d'histoire d'autrefois ne résume pas tout : l'empereur Henri IV reprit la lutte, nomma un antipape, Guibert, qui prit le nom de Clément III et qui sacra Henri IV empereur dans la basilique Saint-Pierre, à Pâques 1080. Pendant ce temps, Grégoire, contraint de faire appel aux terribles Normands de Sicile pour assurer sa protection, finissait sa vie à Palerme dans une demi-captivité : il y mourut en 1085, presque dans l'oubli...

C'est dire qu'au moment de l'élection d'Urbain II au trône de saint Pierre, le conflit Sacerdoce-Empire est loin d'être réglé. Urbain doit encore lutter contre l'empereur en Allemagne, contre l'antipape à Rome, continuer à épurer l'Eglise, à la «libérer» des fléaux qui l'affligent, tant à l'extérieur qu'à l'intérieur.

A l'intérieur de l'Eglise (ou de la chrétienté puisque, répétons-le, ces deux notions sont le plus souvent confondues), les périls se nomment hérésie, corruption, simonie (c'est-à-dire trafic des charges ecclésiastiques) chez les clercs, violence, impudicité, adultère et inceste chez les princes et les seigneurs laïcs, quand ce n'est pas aussi chez les membres du clergé[5]. Une réforme morale s'impose. Elle ne peut venir que de la tête, selon la nouvelle conception théocratique de l'Eglise.

A l'extérieur, d'autres périls menacent la chrétienté ou la déchirent. Depuis 1054 le schisme est consommé entre la partie occidentale de la chrétienté, dirigée par Rome, et la partie orientale, dirigée par Constantinople. Les chrétiens d'Orient, et plus encore l'empereur grec héritier de Constantin, avaient fort peu goûté l'affirmation de plus en plus tonitruante de la primauté romaine sur l'Eglise universelle. Maladresses et raideurs réciproques avaient tendu les relations à un point tel que, le 16 juillet 1054, les trois légats du pape eurent l'audace d'excommunier le patriarche de Constantinople, Michel Cérulaire.

Rupture définitive ? Peut-être pas, grâce... aux infidèles, c'est-à-dire aux musulmans ! Le péril commun pouvait rapprocher les deux Eglises menacées, ou au moins servir de prétexte à des négociations pour sortir de l'impasse. Les musulmans, en effet, se montraient menaçants pour l'Occident aussi bien que pour l'Orient. En Occident, en 1086, la défaite des armées du roi espagnol Alphonse VI à Zallaqa, devant les troupes «marocaines», marque un coup d'arrêt à la reconquête chrétienne. En Orient, 1071, les Turcs sedjucides, nouvellement convertis à l'islam, écrasent les troupes byzantines à Mantzikert et prennent possession de presque toute l'Asie mineure.

Certains historiens affirment que ce fut l'occasion, pour l'empereur Michel VII, en 1073, de demander à Grégoire VII d'organiser des secours aux chrétiens d'Orient et de promettre en retour l'ouverture de négociations pour régler la réunification des Eglises[6]. Cet appel demeure problématique, mais l'idée d'un secours à l'Orient ne fait aucun doute à cette époque. Et c'est bien le pape, Grégoire VII, qui se propose de l'organiser. En 1074, il lance même plusieurs appels en direction des princes qui sont devenus ses vassaux pour qu'ils lui envoient, au titre du service (militaire) dû à saint Pierre, des contingents de guerriers. Il en avertit lui-même le souverain allemand, à un moment où les relations entre eux sont provisoirement devenues meilleures, et... lui confie la charge de veiller sur l'Eglise en son absence, puisque lui-même, Grégoire, désire se mettre à la tête de l'expédition guerrière contre les infidèles[7].

Certes, l'expédition projetée n'eut finalement pas lieu. Il est par ailleurs sans doute excessif de voir dans ce projet une sorte de «précroisade». L'affaire montre en tout cas que Grégoire était attentif à la fois à la lutte contre les infidèles, à l'union des Eglises et à la nécessité d'une aide militaire de l'Occident à l'Orient. Il est manifeste également que c'est bien au pape, chef de la chrétienté, qu'incombe à ses yeux la responsabilité d'une telle expédition. Après tout, il s'agit là encore d'une entreprise de «libération» de l'Eglise !

Urbain II, avec plus de diplomatie mais autant de fermeté, poursuit la même politique. Les premières années de son pontificat sont assombries par la continuation des luttes indécises contre l'empereur Henri IV ; mais à partir de 1093, la victoire de la papauté se dessine : Urbain parvient à dresser contre l'empereur son propre fils, Conrad, tandis que l'impératrice, sa femme, dénonce chez son mari des pratiques sexuelles infamantes qui le déconsidèrent aux yeux de tous.

La politique pontificale semble donc toucher à son but : le pape apparaît bien comme le chef véritable de toute la chrétienté d'Occident. C'est manifeste lors du concile de Plaisance, qu'il présida triomphalement en mars 1095, et où se rassemblèrent des évêques venus d'Italie, mais aussi de France, d'Allemagne et d'autres régions plus lointaines de la chrétienté. Une chrétienté dont le pape veut rétablir l'unité, restaurer la discipline et assurer la défense.

Ces trois thèmes furent abordés à Plaisance. Le pape reçut aussi, semble-t-il, des envoyés du *basileus* de Constantinople, Alexis Ier, qui auraient proposé de reprendre les négociations pour réunifier les deux parties de l'Eglise et aussi, probablement, auraient demandé des secours à l'Occident, si l'on en juge par la réponse du pape qui, selon un chroniqueur de l'époque, aurait incité beaucoup de fidèles «*à promettre par serment d'aller au secours d'Alexis*»[8].

On croyait jadis qu'à Plaisance, déjà, s'esquissait la croisade. On ne le croit plus. Il s'agissait probablement là de favoriser le départ de bandes de guerriers mercenaires que l'empire byzantin avait l'habitude de recruter depuis longtemps, non sans risques, nous le verrons. Par ailleurs, rien n'indique que l'on ait alors envisagé une reconquête des lieux saints, ni que des privilèges spirituels aient été accordés aux guerriers qui partiraient. Il n'en reste pas moins que la demande, si elle fut bien formulée — ce qui est probable —, s'adressait au pape et que cette intervention militaire de guerriers occidentaux servait à la fois les intérêts du *basileus*, ceux du pape, et contribuait à rapprocher l'Orient de l'Occident. L'idée d'une expédition orientale, à coup sûr, progressait dans les esprits. Notons enfin qu'à Plaisance Urbain II accorda un «*délai de grâce*» au roi de France Philippe Ier, excommunié pour son union «*adultère et incestueuse*» avec sa cousine Bertrade de Montfort, qu'il avait enlevée (avec sa connivence, disait-on parfois) à son mari le comte d'Anjou, son vassal : il avait désormais jusqu'à la Pentecôte de cette même année pour rompre avec Bertrade et s'en séparer définitivement.

On retrouve exactement les mêmes préoccupations lors du concile de Clermont, qui se tint 8 mois plus tard. Il ne semble pas que le pape ait fait aucune allusion à un quelconque projet de croisade dans les lettres qu'il adressa aux évêques pour les convoquer, et il n'est donc pas certain qu'il y ait un lien direct entre l'appel du *basileus* à Plaisance et l'appel du pape à Clermont. En fait, il est probable que le pape n'a pas eu besoin de cet appel d'Alexis pour envisager de renouer avec la politique de Grégoire VII : les circonstances seules, peut-être, l'en avaient jusqu'ici empêché. Désormais, son autorité dans la chrétienté d'Occident semble suffisamment assurée pour qu'il ne diffère plus sa réalisation. Les thèmes abordés au concile de Clermont témoignent à la fois de la continuité des intentions pontificales et du prestige dont jouit alors la papauté dans les régions «françaises».

Clermont est, en effet, essentiellement un concile français. Urbain II n'avait pas convoqué la plupart des évêques d'Allemagne (encore largement favorables à l'antipape) et la quasi-totalité des évêques présents venaient du royaume de France.

Etaient-ils aussi nombreux que le disent certaines de nos sources qui parlent d'un rassemblement de milliers de seigneurs laïcs et de centaines d'archevêques et d'évêques ? La réalité doit se situer du côté des évaluations les plus modestes : 12 ou 13 archevêques, 80 évêques, 90 abbés[9]. Les chiffres furent par la suite artificiellement gonflés par les chroniqueurs de la croisade écrivant après la victoire de Jérusalem ; ils étaient désireux de montrer ainsi que l'entreprise avait eu, dès son origine, un caractère grandiose et solennel : la papauté appelant à l'action toute la chrétienté réunie.

Il s'agissait en fait des Francs d'Occident, et ce que

nous savons des sujets abordés au concile le montre bien. De quoi fut-il question ?

1. De la condamnation du roi de France Philippe Ier. Clermont, ici, confirmait Plaisance et allait plus loin : Bertrade, à son tour, y fut excommuniée et, pour faire bonne mesure, l'étaient également tous ceux qui persistaient à la considérer comme une reine, comme l'épouse du roi.

Certes, à ce moment, la monarchie française n'avait pas encore l'autorité qui sera sienne un siècle plus tard. Mais, même à cette date, une telle mesure à l'encontre du roi de France, prise à Clermont, souligne le prestige pontifical.

2. De diverses mesures concernant la réforme du clergé, la simonie et la discipline ecclésiastique, dans la ligne de celles du concile de Plaisance.

3. Des moyens de faire observer la Paix et la Trêve de Dieu, ces institutions par lesquelles le clergé tentait depuis un siècle de pallier la défection des pouvoirs civils, d'abord en Aquitaine, puis dans la France méridionale, enfin dans tout le royaume et sur ses marges. Les violateurs de la Paix étaient ici les chevaliers, ceux que les textes latins nomment *milites* et qu'il vaudrait peut-être mieux, à cette date, traduire simplement par guerriers. Violents, brutaux, volontiers pillards ou brigands, ils ne se contentaient pas de s'attaquer les uns les autres et de se rançonner dans des guerres privées ou des «*vendettas*» ; ils pillaient aussi les églises, dévalisaient les prélats ou les moines, spoliaient les biens du clergé, saccageaient ses terres, tuaient ou enlevaient ses serfs. Un siècle d'assemblées, de serments plus ou moins contraints, de condamnations et d'excommunications n'avait pas réussi à extirper ce mal. La turbulence des professionnels de la guerre exigeait un exutoire. Les papes, et plus encore peut-être Cluny, avaient déjà tenté de canaliser cette

violence et de la diriger vers des objectifs définis comme louables : les ennemis du pape, à Rome, par exemple ; ou bien les princes récalcitrants ou, mieux encore, les infidèles en Espagne : plusieurs expéditions militaires de guerriers «francs» avaient ainsi été encouragées par Cluny.

Urbain II, pape français, a lui-même été moine à Cluny, de 1073 à 1077. Il n'est donc pas étonnant de constater que son itinéraire, de Plaisance à Clermont, est jalonné de sanctuaires clunisiens. Urbain franchit les Alpes en été 1095. Le dimanche 5 août, il est à Valence, puis à Romans ; le 15 août, il arrive au Puy où il est accueilli par l'évêque Adémar, un ancien chevalier, énergique et estimé. C'est de cette ville du Puy qu'il convoque les évêques pour le concile qu'il fixe à Clermont, ville dont l'évêque, Durand, est également un clunisien. On voit ensuite le pape à La Chaise-Dieu, à Nîmes, à Saint-Gilles où il demeure une dizaine de jours et y rencontre, très probablement, le comte Raymond, qui partira pour la croisade. Il est presque évident que la participation active à la croisade de l'évêque du Puy, Adémar, et du comte de Toulouse, Raymond de Saint-Gilles, doit beaucoup à cette visite préalable du pape. Il est difficile de croire que l'idée et la préparation d'une expédition armée n'aient pas été discutées en ces occasions.

Le pape gagne alors Cluny, où il demeure une quinzaine de jours : il y consacre, le 25 octobre 1095, le maître-autel de la basilique qui doit devenir la plus grande de toute la chrétienté, splendeur architecturale de l'art roman dont il ne subsiste plus, de nos jours, qu'une infime partie[10]. Là encore, il est impossible de croire — bien que les sources n'y fassent pas allusion — que le pape n'ait pas abordé le thème de la lutte contre les infidèles avec ses anciens compagnons, si impliqués, déjà, dans tout ce qui concernait à la fois les institutions de paix et la guerre de reconquête chrétienne en Espagne[11].

Ainsi, l'origine même d'Urbain II, son périple en France où il visite de nombreuses abbayes clunisiennes, son séjour à Cluny même, les préoccupations qu'il partage avec ces milieux clunisiens qu'il apprécie, tout semble indiquer que l'idée de la lutte pour la Paix de Dieu et pour l'unité de la chrétienté s'est mêlée, dans son esprit, à celle de la guerre contre les musulmans, en Espagne ou en Orient.

Nous n'avons, certes, aucune trace écrite de l'intention d'Urbain II de proclamer la croisade. Il est vrai également que nous ne possédons pas les canons du concile de Clermont et que la croisade semble bien n'avoir fait l'objet que d'une seule décision conciliaire[12]. Cette relative discrétion ne suffit cependant pas à faire de la croisade une préoccupation secondaire, «*une sorte d'ajout, non prévu à l'ordre du jour du concile*»[13], ni à attribuer la majeure partie des thèmes du discours d'Urbain II aux chroniqueurs mêmes qui nous les rapportent, comme on a parfois tendance à le faire de nos jours. On constate au contraire, dans la conduite de la politique pontificale, une remarquable continuité. Si la lutte contre les infidèles n'y occupe pas une place prédominante, elle s'y inscrit cependant comme un élément utile, voire indispensable. Elle répond à une rigoureuse logique interne.

L'APPEL DE CLERMONT

L'appel d'Urbain II obtient un indéniable succès. Pourquoi ?

Les talents oratoires du pape et de quelques autres prédicateurs comme Pierre l'Ermite ou Robert d'Arbrissel ont sans doute joué un rôle déterminant dans ce succès. A cette époque, on l'a montré, les hommes sont ardents, émotifs, capables de prendre des décisions importantes sous l'emprise de fortes passions. Certains prédicateurs habiles ou inspirés savent utiliser cette émotivité et faire vibrer comme il convient la corde sensible[1]. On a remarqué que les départs pour la croisade n'ont pas eu partout la même ampleur. Or, les régions parcourues par Urbain II après Clermont ont fourni d'importants contingents à la croisade[2].

Quels thèmes Urbain II développa-t-il dans ces tournées de propagande qui le menèrent successivement à Limoges (où il prêche à Noël), à Angers, Le Mans, Tours, puis dans le Poitou, le Bordelais, le Toulousain[3] ? Nous en avons un écho dans la courte mention du comte d'Anjou, Foulque le Réchin qui, en 1096, écrit qu'à la fin de l'année précédente, Urbain II vint à Angers où, dit-il, *«il exhorta nos gens à partir pour Jérusalem afin de chasser par la force le peuple païen qui avait pris possession de cette ville et de tous les territoires des chrétiens jusqu'à Constantinople»*[4]. Malgré sa brièveté, ce témoignage confirme des points importants : Urbain II prêche bien une *expédition guerrière* destinée à *libérer Jérusalem* et à repousser les musulmans loin de *Constantinople.*

Urbain II fait référence aux mêmes objectifs lorsqu'il écrit aux Flamands, en décembre 1095, que *«les barbares ont dévasté les églises de Dieu en Orient, se sont emparés de Jérusalem et l'ont asservie»* ; puis, faisant allusion à sa tournée de propagande après Clermont, il poursuit :

> *«Dans notre compassion pour ce malheur, nous avons visité la France, sollicité la plupart des princes de ce pays et leurs sujets de libérer les églises d'Orient. Nous leur avons ordonné solennellement, lors du concile tenu à Clermont, pour la rémission de leurs péchés, de participer à cette expédition»*[5].

Il ajoute qu'il a fixé le départ au 15 août 1096 ; ceux qui ont fait vœu de partir pourront se joindre à cette expédition dont il a désigné le chef : l'évêque du Puy, Adémar de Monteil.

Si l'on s'en tient à ces documents irréfutables, auxquels on peut aussi ajouter quelques lettres, chartes et chroniques contemporaines[6], les grandes orientations du discours d'Urbain II semblent ne pas faire de doute. Pourtant, les meilleurs historiens de notre temps ont tour à tour contesté chacun des thèmes ici mentionnés.

La raison en est simple : les quatre relations qui nous sont parvenues du discours prononcé à Clermont par le pape ne coïncident pas[7]. Il est donc vain d'essayer de le reconstituer[8]. En revanche, il serait tout aussi fâcheux de minimiser les très nombreux points de convergence qui existent entre ces quatre récits. Lorsqu'ils rejoignent ce que les sources précédemment citées nous apprennent aussi, nous n'avons guère de raison de les suspecter. Quels sont ces points forts ? On peut en relever au moins trois.

Le thème de la souffrance des chrétiens sous l'oppression musulmane

L'argument peut paraître spécieux : l'occupation musulmane de la Terre Sainte remonte à près de quatre siècles ; même la folie destructrice du calife al-Hakim, qui fit détruire en 1010 le Saint-Sépulcre (reconstruit peu après) s'est beaucoup estompée dans les mémoires, malgré l'émotion qu'elle a suscitée et qui, à coup sûr, laissa des traces dans la mentalité collective. Le pape, vraisemblablement, fit référence à des événements plus récents : l'irruption, sur le devant de la scène internationale, des Turcs sedjucides qui viennent d'étendre leur domination sur l'Asie Mineure et entreprennent la lutte contre les musulmans fatimides d'Egypte, jusqu'alors maîtres de Jérusalem. Les Turcs viennent de leur enlever le contrôle de la ville sainte. Se sont-ils alors livrés à des «*persécutions*» des chrétiens ? des pèlerins ? On l'affirmait jadis fortement, non sans quelque exagération. On minimise cet aspect de nos jours. Il est toutefois certain que l'invasion turcomane a rendu à peu près impossible le passage des pèlerins occidentaux par l'Asie Mineure : il fallait désormais se rendre en Palestine par mer[9].

Certes la situation des chrétiens n'était pas désespérée et n'imposait pas une réaction militaire de grande envergure. Mais on ne peut pas non plus négliger le fait que de nombreux chrétiens, particulièrement des Grecs, ont fui l'avance des conquérants et se sont réfugiés à Constantinople où leurs récits ont pu avoir un réel impact sur les esprits ; ces récits devaient bien sûr mentionner, et exagérer les méfaits des «*infidèles*». Il ne faut pas sous-estimer le rôle de ces récits dans la formation d'un climat d'émotivité propre à susciter des réactions guerrières. Certains de ces «*réfugiés*» ont d'ailleurs pu assister au concile de Plaisance et peut-être même à Clermont[10]. On voit mal Urbain II se priver d'un thème aussi puissamment mobilisateur dès lors qu'il songeait à une action militaire contre les musulmans, quelle que soit par ailleurs la véracité des exactions évoquées.

Le thème du secours aux chrétiens d'Orient et de la libération des lieux saints

Quels chrétiens et quels lieux saints ? Ceux de Jérusalem ? Ou ceux d'Antioche, la métropole récemment conquise par les Turcs ? Baudri de Dol associe les deux villes lorsqu'il évoque les récits des réfugiés déplorant la profanation des églises et des lieux saints ; il attribue aussi à Urbain II un discours relatant les malheurs des chrétiens *à Jérusalem et à Antioche*[11]. De même, selon Robert le Moine, le pape aurait commencé son discours par l'évocation des dévastations dont les nouvelles sont parvenues des confins de *Jérusalem* et de *Constantinople*[12].

Guibert de Nogent, pour sa part, laisse dans l'ombre Antioche et Constantinople et concentre son intérêt sur la seule Jérusalem : lui n'était pas présent à Clermont, et ne retient, pour sa reconstruction a posteriori du discours, que le thème de Jérusalem, puisque son récit vise avant tout à raconter l'expédition victorieuse des Francs vers cette ville.

A l'inverse, Foucher de Chartres, présent à Clermont, passe sous silence ce thème. Il évoque les méfaits, en Occident, des chevaliers violateurs de la paix de Dieu, puis ceux des Turcs en Orient, parvenus jusqu'aux rives du Bosphore, et qui ravagent les terres chrétiennes. Il faut donc faire cesser les guerres intestines ! Que les chevaliers chrétiens aillent secourir leurs frères d'Orient et chassent les Turcs loin des régions chrétiennes, sous la conduite du Seigneur[13].

Pas un mot sur Jérusalem ! Sur la base de ce témoignage, qu'ils jugent plus fiable que les autres, certains historiens ont affirmé qu'Urbain II n'aurait pas prêché, à Clermont, la délivrance de Jérusalem et des lieux saints, mais seulement une campagne d'aide aux chrétiens d'Orient[14]. Mais pourquoi le pape se serait-il privé d'un thème aussi mobilisateur en prêchant une expédition militaire destinée à repousser les Turcs ? Jusqu'où fallait-il d'ailleurs mener cette «*reconquête*» ? Pourquoi pas jusqu'à Jérusalem, la ville où Jésus mourut pour sauver les chrétiens, et qui appelle à son tour au secours ? Il paraît bien difficile de croire qu'Urbain II ait banni de son discours toute référence à cette ville sainte qu'il cite, dès décembre 1095, dans des lettres où sa mention s'imposait beaucoup moins[15].

Le silence de Foucher de Chartres sur cette proclamation de Jérusalem comme but essentiel de l'expédition s'explique d'ailleurs fort bien : parti avec Etienne de Blois, Foucher passa ensuite, après la défection de ce prince à Antioche, au service de Baudouin de Flandre dont il devint le chapelain en octobre 1097. Or celui-ci, appelé par les habitants d'Edesse, principalement peuplée d'Arméniens chrétiens, prit possession de la ville et de la région d'alentour. Il s'y installa et y demeura jusqu'à la prise de Jérusalem. Il ne participa donc pas à la marche ultime des «*pèlerins*» vers la ville sainte, ni à la prise de la cité. Foucher aurait été très maladroit de commencer son récit à la gloire de Baudouin en soulignant que son maître n'avait pas atteint le but assigné aux croisés, Jérusalem, et n'avait pas participé à sa délivrance et à celle du Saint-Sépulcre. D'ailleurs, Foucher lui-même semble éprouver le besoin de justifier, auprès de ses lecteurs, l'absence de Baudouin dans cette phase décisive de l'entreprise. Il revendique en effet pour lui les honneurs méritoires de l'expédition à laquelle il ne participa pas, soulignant que Baudouin et Bohémond (demeuré à Antioche pour des motifs semblables) ont droit à une plus grande part de gloire que ceux qui prirent Jérusalem... car ils «*tenaient*» les régions nouvellement conquises et facilitaient ainsi la progression des pèlerins vers Jérusalem, qui eût été impossible sans eux ! Il fait même intervenir la divine Providence qui, selon lui, réservait ces deux princes pour de futurs combats où ils devaient s'illustrer[16].

Cette apologie quelque peu maladroite me paraît confirmer la présence du thème de Jérusalem dans le discours d'Urbain II et expliquer pleinement sa suppression dans la relation qu'en fait Foucher de Chartres.

Le thème du pèlerinage armé méritoire

La présence de Jérusalem dans le discours du pape explique également le caractère «*méritoire*» de l'expédition, quelle que soit par ailleurs l'interprétation que l'on donne de l'indulgence qui s'y attache[17].

Depuis longtemps déjà, les principaux lieux saints de

la chrétienté attiraient des foules importantes de fidèles : Saint-Jacques de Compostelle, récemment, mais surtout Rome et plus encore Jérusalem. Au XIe siècle, l'évolution de la religiosité et le développement des pénitences tarifées accrut encore ce mouvement qui prit une ampleur considérable[18]. L'Eglise y contribua en envoyant en pèlerinage les pécheurs les plus endurcis. L'un des plus célèbres, le comte d'Anjou Foulque Nerra (= le Noir), violent dans le pillage et le massacre, mais aussi ardent dans le repentir et la pénitence, se rendit trois fois au Saint-Sépulcre, au début du XIe siècle. Ces pèlerinages comportent des vœux et sont assortis d'indulgences ; le vocabulaire qui les désigne a ses traits spécifiques : ceux qui partent, munis des signes distinctifs qui les désignent aux foules rencontrées, le font pour obtenir la rémission de leurs péchés, le salut de leur âme. S'ils viennent à mourir en chemin, la vie éternelle leur est assurée.

Tous ces caractères, comme l'a si bien démontré P. Rousset, se trouvent aussi dans la croisade prêchée par Urbain II[19]. Mais à Clermont, le pape innove : car ces pénitents, ces pèlerins contrits qui cheminent vers Jérusalem, ne seraient pas seulement *accompagnés* de guerriers, comme on l'avait déjà vu plusieurs fois dans les décennies précédentes. Ces pèlerins seraient pour la plupart — du moins était-ce le souhait du pape — des pèlerins *et* des guerriers, des pèlerins *en armes* (paradoxe !), des soldats de Dieu, *milites Christi*, comme le disent les textes[20]. C'est pourquoi son appel ne s'adressait qu'aux chevaliers, ou du moins aux guerriers, et non pas aux *inermes*, foules désarmées, inaptes au combat[21].

Le pape ne peut toutefois pas exclure les laïcs qui recherchent, dans le cadre d'un pèlerinage traditionnel, les mêmes privilèges. Pour cette raison, la croisade présente des caractères composites, ceux d'une expédition guerrière mais aussi ceux d'un pèlerinage. Outre les chevaliers et les fantassins qui s'y rendirent en armes, on vit aussi partir un nombre considérable (mais difficile à évaluer car les textes en parlent peu) de «*pèlerins*» sans armes, des «*pauvres*», des moines, des prêtres, des femmes et des enfants, dans la croisade des princes mais plus encore dans celle que l'on nomme, probablement à tort, la «*croisade des paysans*», émus, tous ensemble, par les appels plus ou moins démagogiques des prédicateurs populaires dont Pierre l'Ermite représente le type.

La première croisade, en fait, n'est pas *une*, mais multiple, multiforme.

PRÉDICATION POPULAIRE ET CLIMAT DE CROISADE

Le «génie médiatique» personnel d'Urbain II n'explique pas à lui seul le succès remporté par son message[1]. Les thèmes de propagande qu'il développe au cours de sa tournée en France sont en effet diffusés par les évêques et par sa propre correspondance incitant les princes à partir et les évêques à les y pousser[2] ; mais ils sont aussi relayés et amplifiés par des prédicateurs itinérants dont nous savons peu de choses, sinon qu'ils furent efficaces : le duc de Normandie, Robert Courteheuse, fut «*converti*» à la croisade par l'un d'entre eux[3], et Pierre l'Ermite, le seul que l'on connaisse directement, obtint un succès prodigieux, entraînant derrière lui des milliers d'hommes.

L'emprise de cet ermite sur la population semble avoir été tout à fait exceptionnelle. Guibert de Nogent raconte, non sans une certaine répugnance, que la foule le tenait pour un saint et peut-être même plus, estimant qu'il émanait de lui quelque chose de divin. La vénération populaire était telle que l'on allait jusqu'à arracher des poils de son âne pour les conserver comme reliques[4].

Quelle était la teneur des messages de ces prédicateurs itinérants ? S'en tenaient-ils strictement aux thèmes, eux-mêmes controversés, qu'aborda Urbain II à Clermont ? Nous ne le savons pas avec certitude, mais il est plus que probable qu'ils ont repris ces thèmes et les ont amplifiés et déformés pour les rendre le plus possible recevables par la mentalité populaire de l'époque. Les chroniqueurs qui, après coup, reconstituent le discours du pape sans en avoir été eux-mêmes auditeurs directs leur doivent sans doute beaucoup de leurs propres amplifications. On peut le constater sur quelques thèmes précis, les plus populaires de tous, ceux qui ont dû avoir sur le public un grand impact.

Les persécutions des chrétiens d'Orient

Urbain II, nous l'avons vu, avait lui-même évoqué ce thème qui se prêtait bien à des développements susceptibles d'émouvoir les masses. Robert le Moine, par exemple, attribue au pape la description des églises détruites, des lieux saints souillés, des chrétiens immolés sur les autels ou dans les baptistères, des femmes chrétiennes violentées, livrées au public. Autant de motifs propres à exciter l'imagination des foules et à les pousser à l'action vengeresse.

Les humiliations infligées aux pèlerins d'Occident

Elles rapprochaient les auditeurs de ces déprédations lointaines qui, dès lors, les concernaient aussi. Les chroniqueurs rappellent que les Turcs soumettaient les pèlerins à redevance : il leur fallait payer tribut (ils disent «*rançon*»), payer également pour franchir les portes des villes et celles des églises. Pour rendre plus intolérables ces pratiques de péages que l'Occident lui-même n'ignorait pas, les chroniques ajoutent que les Turcs soumettaient au supplice ceux qui ne pouvaient pas payer ; ils les soupçonnaient d'avoir avalé leurs pièces d'or et les éventraient pour les chercher dans leurs entrailles[5]. La réalité de ces horreurs peut bien paraître aujourd'hui douteuse, cela importe peu pour ce qui nous concerne ici : on le croyait, on voulait le croire, on voulait le faire croire[6].

L'amour fraternel au secours des chrétiens d'Orient

Il nous fournit un bon exemple des transformations possibles d'un thème par les prédicateurs populaires. Urbain II, à Clermont, avait appelé les chevaliers à partir secourir leurs frères opprimés et délivrer Jérusalem, la ville où Jésus est mort pour sauver son peuple. Il faisait ainsi appel à l'amour des chrétiens pour Dieu et pour leurs frères. Jésus n'a-t-il pas dit qu'il n'y a pas de plus grand bien que de donner sa vie pour ses amis ? Il l'a prouvé en mourant sur la croix, pour eux. N'est-il pas juste de l'aimer en retour, de suivre ses traces ? Par ailleurs, Urbain II, selon Robert le Moine, aurait aussi rappelé ces paroles de l'Evangile :

> «*Quiconque aime son père ou sa mère plus que moi n'est pas digne de moi. Quiconque abandonnera pour moi sa maison, ou ses frères, ou sa mère, ou sa femme, ou ses enfants, ou ses terres, en recevra le centuple et aura pour héritage la vie éternelle*»[7].

Comment les chrétiens de ce temps concevaient-ils l'amour fraternel et le devoir d'assistance ? Pour ces hommes imprégnés des valeurs de la société guerrière féodale, l'amour pour Dieu, le Seigneur suprême, consiste à laver son honneur bafoué. Ses ennemis ont envahi «*sa terre*» ; il est du devoir des chrétiens, «*ses hommes*», d'aller Le secourir pour Le venger, et de porter par là même assistance militaire aux chrétiens d'Orient qui sont aussi «*les siens*». Dans un tel contexte féodo-vassalique, l'amour pour Dieu est assimilé à la fidélité vassalique et l'amour fraternel à l'alliance exigeant l'assistance militaire[8]. Les prédicateurs populaires ont sans aucun doute amplifié ces aspects qui conduisaient à la notion de vengeance, à la *faide* médiévale. Nous en verrons les funestes effets.

La reconquête de «l'héritage du Christ»

Ce thème, lié au précédent, pouvait aussi donner lieu à d'abondants développements. Urbain II l'a-t-il lui-même évoqué ? Selon Baudri de Dol, présent à Clermont, le pape aurait cité le Psaume 79 :1 :

> «*Ô Dieu, les nations ont envahi ton héritage,*
> *Elles ont profané ton Saint Temple !*»

L'emploi de ce texte biblique, bien que détaché de son contexte, s'appliquait particulièrement au propos du pape. Or, il réclamait plus encore l'assistance «*féodale*». C'est le premier devoir des chevaliers que d'accourir pour empêcher que leur seigneur soit chassé de ses terres, et de l'aider à reconquérir son héritage (son «*honneur*»), si ses ennemis l'en ont chassé. Cette assimilation de Dieu à un roi humilié demandant à sa «*gent*», voire à sa «*mesnie*» de le secourir et de venger son honneur bafoué fait l'objet de très nombreux développements dans les textes du XIIe siècle ; il est très vraisemblable qu'il fut, pour le moins, évoqué par Urbain II. Son utilisation pour la prédication de la croisade par des milieux proches du pape ne fait par ailleurs aucun doute[9]. Les prédicateurs itinérants, qui participaient plus encore de la mentalité commune, ont également dû puiser dans ce motif de nombreuses sources de prédication[10].

Le thème des rétributions spirituelles

Lié aux précédents, il en découlait inévitablement. Au suzerain menacé, le vassal doit fournir le service militaire (*servitium*) ; mais cette assistance n'est pas gratuite si elle conduit à une expédition longue et lointaine. Elle implique de la part du seigneur un «*salaire*», une rétribution. Jésus avait promis à tous ceux qui abandonneraient, pour lui, famille, maisons et terres, qu'ils retrouveraient tout cela au centuple dans la «*maison du Père*», le royaume de Dieu, avec la vie éternelle. Jésus, bien sûr, parlait de renoncement pour la foi et non pour la reconquête ; mais en utilisant ce texte évangélique à propos de la croisade, le pape se devait tout naturellement d'évoquer aussi les récompenses spirituelles promises à ceux qui perdraient leur vie pour «*suivre*» Jésus, c'est-à-dire, dans cette nouvelle perspective, pour se mettre à son *service* dans la reconquête de son *honneur*. En prenant les armes pour le servir, les chevaliers devenaient du même coup les soldats du Christ, (*milites Christi*), et c'est Dieu lui-même qui les rétribuerait, effaçant les péchés de ceux qui partiraient et assurant la vie éternelle à ceux qui périraient dans ce «*bon combat*» pour lui. Une telle promesse ne signifiait peut-être pas, sur le plan théologique, que les guerriers morts au combat seraient assimilés aux martyrs de la foi. Du moins les paroles de Jésus, appliquées à cette situation, le laissaient-elles sous-entendre[11].

Le thème eschatologique : les derniers combats et la fin du monde

Urbain II, à Clermont, fit peut-être à ce thème une discrète allusion ; mais il fut sans doute repris et amplifié par les prédicateurs populaires. Rien d'étonnant à cela ! Les historiens du début de notre siècle ont certes parfois exagéré ces aspects en vulgarisant (à tort et peut-être en contre-sens) le concept des «*terreurs de l'an Mil*» ; c'était sans nul doute excessif et quelque peu déformant. Mais il reste vrai que les chrétiens, au Moyen Age, ont tous la ferme conviction, aujourd'hui presque disparue (?), que le monde n'est pas éternel : il a eu un commencement, à la *création* ; il aura une fin, au *jugement dernier*. Si cette fin et ce jugement sont synonymes de terreur pour les «*mécréants*», ils ne le sont pas nécessairement pour les chrétiens pieux, malgré les plaies qui, selon l'Apocalypse, précéderont ces derniers jours. Pour les croyants, en effet, Jésus sera protecteur des siens, il saura les absoudre de leurs péchés confessés et leur procurer la vie éternelle dans la «*Nouvelle Jérusalem*» qui paraîtra alors.

C'est pourquoi les signes annonciateurs de la fin du monde, décrits solennellement par Jésus, font l'objet, de la part des commentateurs de la Bible, de beaucoup d'attention et de spéculations diverses. Certes, on l'a dit, la masse du petit peuple ne connaît pas *directement* le détail de ces exégèses. Mais elle n'en ignore pas tout ! Le sujet, à l'époque, passionne les hommes, et on peut en tout cas affirmer que le «*peuple*» de cette époque est infiniment moins ignorant de ces questions que ne l'est actuellement la quasi-totalité des populations chrétiennes, même relativement cultivées, de notre Europe laïcisée.

Au temps de la croisade, tous les indices d'un dérèglement quelconque du cours normal des événements sont alors interprétés comme des signes annonciateurs de l'imminence de la fin des temps. L'historien français, P. Alphandery, a très bien montré ce climat d'attente eschatologique, même s'il en a quelque peu exagéré l'impact[12]. Ce climat imprégnait la mentalité commune de l'époque, particulièrement, bien sûr, celle des moines et des clercs, c'est-à-dire, précisément, des prédicateurs et propagateurs de l'idée de croisade.

Au demeurant, ces prédicateurs populaires n'étaient pas toujours très regardants quant au moyens mis en œuvre pour émouvoir leur auditoire et mobiliser les masses. La période qui précède la croisade abonde en effet en fabrication de *faux* en tous genres, que l'on nomme *excitatoria* : il nous en reste quelques-uns, parmi une production pléthorique : appels au secours de l'empereur de Constantinople, le *basileus* Alexis, encycliques de papes ou de patriarches d'Orient, et même... lettres tombées du ciel[13]. La superstition populaire s'alliait à l'exaltation mystique pour voir un peu partout des signes de l'approbation céleste à la croisade.

Certains des phénomènes ainsi interprétés sont d'ailleurs indiscutables. Les signes cosmiques, par exemple : à la pluie météoritique du 4 avril 1095 succédèrent une éclipse de lune le 11 février 1096, des taches solaires très visibles en mars, une nouvelle éclipse en août, puis une comète et une éclipse de soleil en février 1099, ainsi que divers tremblements de terre ou anomalies météorologiques notables[14].

Quel fut l'impact de ces signes sur une population sensibilisée au «*merveilleux*» ? Il est bien difficile de l'apprécier, mais on aurait tort de le sous-estimer. Le chroniqueur Ekkehard d'Aura dit avoir été lui-même témoin des mouvements d'une comète, de l'apparition d'un «*nuage de sang*» et autres signes célestes manifestes, et il n'hésite pas à affirmer que ces signes et prodiges, ajoutés à la famine et au «*mal des ardents*», ont contribué à pousser les «*Teutons*» au départ[15]. L'évêque Gislebert de Lisieux établit une relation directe entre la pluie d'étoiles (météoritique) qui eut lieu le 4 avril 1095, et le départ de la croisade[16]. Il ne fut certainement pas le seul à le faire, même si certains «*esprits forts*» exprimèrent, çà et là, quelques réticences[17].

A ces signes cosmiques s'ajoutèrent des signes d'interprétation plus aisée, donc plus convaincants : l'exaltation mystique de certains fut telle qu'apparurent, sur leur chair, les stigmates de la croix[18]. L'origine purement «*humaine*» de beaucoup de ces croix est évidente, et les chroniqueurs eux-mêmes l'affirment. Mais ils affirment aussi que beaucoup de personnes impressionnables ou crédules y ajoutèrent foi. Le climat d'émotivité et de merveilleux qu'elles révèlent ressort bien d'un récit que fait Guibert de Nogent lorsqu'il raconte l'histoire d'un abbé qui, manquant d'argent pour partir, imagina de se marquer lui-même le front de la croix. Il annonça alors à la ronde que cette marque céleste lui avait été faite lors d'une vision. Il avoua par la suite avoir agi de la sorte pour payer son voyage, car les gens, avides de signes, l'avaient comblé de présents avant son départ[19]. Baudri de Dol, lui aussi, tout en admettant la possibilité que certains aient vraiment reçu de Dieu de tels signes, constate que la plupart — surtout chez les gens du peuple, que Baudri méprise — s'en vantaient trop impudemment tandis que d'autres s'étaient appliqué à eux-mêmes un fer rouge en forme de croix, soit par appétit de gloriole, soit pour manifester ainsi leur vœu de partir pour la croisade, marqués du signe de la croix[20].

Un climat de merveilleux et d'émotion caractérise donc la prédication de croisade. Elle est l'expression d'une foi intense qui déroute parfois l'observateur de notre temps parce qu'il n'y retrouve pas ses propres valeurs religieuses et morales, modifiées ou gommées par les idéologies modernes, et qu'il n'y retrouve pas non plus les valeurs du christianisme évangélique prêchées par Jésus et déformées par plus de mille ans d'histoire. Il appartient au théologien de déterminer en quoi cette foi peut — ou ne peut pas — être conforme à la pure doctrine chrétienne. L'historien, quant à lui, ne peut que constater ceci : tous les documents dont il dispose lui renvoient l'image d'un monde profondément imprégné de religion. Les valeurs profondes auxquelles on faisait ouvertement appel pour inciter les croisés au départ étaient également de cet ordre. En particulier la soif de salut et de pardon, le besoin de pénitence que l'on estimait alors nécessaire pour l'obtenir. En témoigne le canon de Clermont relatif à la croisade :

> «*Quiconque, mû par la seule dévotion, et non par le désir d'acquérir honneur ou richesse, partira pour Jérusalem en vue de libérer l'Eglise de Dieu, sera considéré comme ayant accompli ce pèlerinage en guise de pénitence*»[21].

Cette restriction prouve, s'il en était besoin, que d'autres mobiles moins spirituels ont pu aussi se glisser dans l'esprit de ceux qui partaient. Pour être croisé, on n'en est pas moins homme...

LA CROISADE POPULAIRE BAVURES ET POGROMS

Urbain II avait fixé au 15 août, jour de l'Assomption de Marie, la date de départ de l'expédition dont il avait désigné le chef : Adémar, l'évêque du Puy, cité de sainte Marie, dont sa bannière portait l'effigie. C'est dire que la croisade fut délibérément placée sous le patronage de la Vierge qui, de ce fait, allait, curieusement, devenir l'un des «*saints patrons*» de la chevalerie.

A cette date du 15 août, alors que les princes se préparent à peine à partir, une «*immense armée*» de croisés dirigés par Pierre l'Ermite, a déjà passé le Bosphore et s'apprête à en découdre avec les Turcs. Pierre avait réuni cette armée par une prédication de moins de 100 jours à travers le Berry, l'Orléanais, le Chartrain, puis le Beauvaisis, la Champagne et les pays de Moselle. De là, il se met en route le 8 mars, presque six mois avant l'heure fixée, à la tête de plusieurs milliers de cavaliers et, surtout, de piétons.

D'autres troupes se dirigent aussi vers Constantinople, pillent en chemin les régions traversées et se rendent odieuses aux populations. C'est le cas des armées du prêtre Folkmar, qui exercent leurs déprédations autour de Prague le 30 mai et sont exterminées un mois plus tard près de Neitra[1] ; ou de celles d'un autre prêtre, Gottschalk, parti des rives du Rhin à la suite d'une prédication de Pierre l'Ermite, entraînant une grande quantité de guerriers, «*aussi bien des chevaliers que des piétons*», précise Albert d'Aix[2] ; leurs pillages et leurs atrocités décidèrent le roi de Hongrie à lancer contre eux ses armées : ils avaient empalé un jeune Hongrois[3]. A Semlin, les pillages de Gautier Sans-Avoir (probablement Gautier de Boissy-Sans-Avoir, près de Montfort-l'Amaury) irritent les habitants qui capturent quelques traînards de sa troupe, les dépouillent et les relâchent complètement nus. Pour venger cet affront, Pierre l'Ermite, qui suivait de près, ordonne le siège de la ville qu'il prend bientôt et dont il fait massacrer tous les habitants. Ses armées y restent même 5 jours car, nous dit-on, la ville regorgeait de toutes sortes de provisions : grains, bétail, boisson, chevaux[4]. De telles mentions en disent long sur le dénuement de ces croisés et sur les excès de leur comportement, fait de pillages, de brigandages et d'exactions diverses commis aux dépens de populations chrétiennes.

D'autres armées se sont également rendues tristement célèbres par leurs méfaits et leurs violences, comme celles que dirigeaient le comte Hartman de Dillingen, le vicomte Guillaume le Charpentier ou le comte Emich de Leiningen, finalement disloquées, elles aussi, par les armées hongroises au moment même du départ fixé aux croisés, à la mi-août 1096[5].

Il s'agit pourtant bien de croisés... mais est-ce bien ici la croisade prêchée par Urbain II ?

Les populations chrétiennes, en cours de route, ne furent pas épargnées, principalement pour des raisons économiques : le ravitaillement de ces troupes assez imprévoyantes exigeait le pillage. Il en va tout autrement des communautés juives qui furent l'objet de persécutions systématiques que l'on ne peut expliquer par des motifs semblables. L'étude des sources, latines et hébraïques, permet de rectifier quelque peu les anciennes conceptions qui attribuaient ces exactions à des bandes mal contrôlées de paysans incultes, et cherchaient à en exonérer les croisés. On peut avancer désormais plusieurs certitudes[6].

Les pogroms sont bien le fait des croisés

La chronologie ne trompe pas : partout, les troubles commencent avec l'arrivée des croisés dans la région, particulièrement ceux que dirigeait Emich de Leiningen, que les sources hébraïques appellent «*l'ennemi de tous les juifs*», ou ceux de Folkmar. C'est le cas à Spire le 3 mai, à Worms le 18, à Mayence les 25, 26 et 27 mai ; il en est de même à Metz, Trèves, Cologne, Ratisbonne ou Prague.

Les autorités religieuses locales sont vite débordées

Dès l'approche des croisés, les communautés juives viennent se réfugier au palais épiscopal, ce qui suppose une bonne entente au plan local. Les évêques font parfois de très louables efforts pour les protéger. A Spire, par exemple, où l'évêque Jean fait arrêter et châtier quelques bourgeois de sa ville qui avaient participé aux massacres et aux pillages. Mais la pression des croisés se révèle vite trop forte et les évêques prennent peur : à Mayence, l'évêque Ruthard retire ses gardes et laisse les juifs se défendre seuls. A Worms, à Trèves, à Prague, les bonnes résolutions des évêques ne résistent pas non plus aux manœuvres d'intimidation des croisés qui les menacent parfois ouvertement.

Certains évêques profitèrent-ils des circonstances pour s'approprier les biens des juifs ou obtenir leur conversion ? Les sources hébraïques l'affirment pour quelques cas, mais il est intéressant de noter que c'est le clergé local, et non les croisés, qu'elles accusent de cupidité. Ces derniers semblent avoir poursuivi d'autres buts.

Quant à la population locale, elle prend souvent la défense des communautés juives au tout début des troubles, mais se rallie aux croisés par la suite, dès que les combats commencent ou que les croisés répandent à propos des juifs calomnies ou rumeurs de complots ou d'empoisonnement des sources. La solidarité ethnique et religieuse l'emporte alors sur les considérations de justice. Peut-être faut-il aussi simplement incriminer la lâcheté, d'autant plus que la force armée des croisés et leur farouche détermination rendent toute protection illusoire et vaine[7].

Les pogroms ne sont pas le fait de «pauvres paysans égarés»

Certes, les armées de Folkmar, de Gottschalk ou de Pierre l'Ermite comptent beaucoup plus de «*piétons*» que de chevaliers ; mais ce ne sont pas pour autant des bandes acéphales de pauvres hères. Parmi les chefs de ces bandes, on relève les noms de princes notables : à ceux que l'on a déjà cités, on peut ajouter le comte palatin Hugues de Tübingen, le duc Gautier de Tesk, et de nombreux chevaliers de rang très honorable, comme Thomas de Marle, Clarembaud de Vandeuil ou Drogon de Nesle[8]. Il ne s'agit pas, par ailleurs, de pogroms accidentels résultant de pillages dus aux débordements de troupes mal contrôlées. Les chefs de ces troupes ne furent pas débordés : ils dirigèrent des massacres organisés qui ne furent ni spontanés ni fortuits.

La spoliation des richesses n'est pas le but principal

Certes, cet aspect existe. Pierre l'Ermite, par exemple, s'était procuré — par quels moyens de pression ? — auprès des communautés juives de France, une lettre qui invitait leurs coreligionnaires, dans les régions traversées, à lui fournir vivres et subsides afin que ce moine «*de grande réputation*» parle d'Israël «*en termes aimables*». A Trèves, Pierre l'Ermite obtint d'ailleurs les subsides demandés et continua sa route «*pacifiquement*»[9]. A Mayence, les juifs crurent que les croisés d'Emich désiraient la même chose. Ils lui offrirent de l'argent et des lettres destinées aux autres communautés afin de les disposer à ouvrir leur bourse. Ils constatèrent bien vite que cela ne leur serait d'aucun secours : Emich voulait tout autre chose[10] ! Les pillages et les spoliations furent bien réels, mais ils accompagnèrent les massacres bien plus qu'ils n'en furent la cause.

L'extermination des juifs comme «ennemis de Dieu»

Tel semble bien être le but à atteindre si l'on en juge par l'acharnement avec lequel ils furent recherchés, traqués, poursuivis jusqu'au dernier. Le caractère systématique de l'extermination est souligné par le fait que les juifs, sachant qu'ils n'avaient aucune chance d'en réchapper, préfèrent le plus souvent s'immoler eux-mêmes, en une sorte de sacrifice volontaire à Dieu, plutôt que de périr de la main des chrétiens. Cette attitude ne fit d'ailleurs qu'exciter encore plus les croisés à assouvir leur vengeance sur eux.

Les sources hébraïques affirment en effet que les croisés voulaient exercer leur «*vengeance*» sur le peuple qui avait crucifié Jésus. Les sources chrétiennes ne disent d'ailleurs pas autre chose : ceux qui massacraient les juifs estimaient qu'ils accomplissaient ainsi «*le commencement de leur expédition et de leur service contre les ennemis de la foi chrétienne*»[11].

Abolissaient-ils ainsi le temps, comme on l'a souvent dit, voulant venger, sur les juifs du XIe siècle, la crucifixion de Jésus dont ils rendaient coupables leurs ancêtres ? C'est possible. Mais on peut aussi y voir l'accomplissement d'appels adressés aux fidèles et vassaux du Christ (*fideles et milites Christi*) à venger leur maître de tous ses ennemis : musulmans occupant Jérusalem, l'héritage du Christ, mais aussi juifs et hérétiques, qui ne furent pas non plus épargnés. La *Chanson d'Antioche* exprime bien la conception populaire de l'époque, pour laquelle juifs et musulmans ont mené et mènent le même combat contre le Christ, qui les mobilise pour libérer «*sa ville*». Parmi les chrétiens de l'époque, nombreux étaient ceux qui partageaient l'opinion qu'il y avait quelque incohérence à se lancer dans une expédition lointaine pour aller combattre chez eux les ennemis de Dieu tout en laissant subsister, au cœur même de la chrétienté, d'autres ennemis de Dieu, ceux qui ont crucifié Jésus[12]. Baudri de Dol, évêque cultivé et poète précieux, partage pourtant la mentalité commune lorsqu'il relate et explique, sans émotion, la destruction d'une ville d'hérétiques (probablement des pauliciens), que les croisés brûlèrent... avec ses habitants :

> *«Car en vérité, tous ces pèlerins considéraient comme également haïssables les juifs, les hérétiques et les sarrasins, qu'ils appelaient tous 'ennemis de Dieu'»*[13].

La logique, sur ce plan, était sauve : pourquoi venger une offense faite à la ville sainte, prise par les musulmans 450 ans plus tôt, et laisser impuni l'affront de la crucifixion, accompli 1 000 ans auparavant ?

D'ailleurs, n'imaginait-on pas que les juifs et musulmans avaient partie liée ? Adémar de Chabannes, vers 1030, et Raoul Glaber, vers 1050, se font les échos d'une croyance populaire : au début du XIe siècle, les juifs d'Occident auraient écrit au calife al-Hakim pour le prévenir d'une expédition que l'Occident prévoyait d'entreprendre pour délivrer les lieux saints. C'est pour rendre inutile une telle entreprise qu'al-Hakim aurait alors ordonné la destruction du Saint-Sépulcre[14]. Tout est faux dans ces allégations, mais elles prouvent que l'idée d'une campagne militaire pour délivrer les lieux saints était déjà dans l'air à cette date, et que juifs et musulmans — on le croyait du moins — avaient tout naturellement partie liée pour s'y opposer.

L'idée de vengeance, peut-être à peine effleurée par Urbain II à Clermont, fut sans aucun doute agitée par les prédicateurs populaires qui lancèrent sur les chemins les bandes responsables des plus anciens pogroms d'Occident. Elle conduisit à une forme virulente d'antisémitisme que les premiers croisés manifestèrent par les massacres que l'on sait.

Les princes furent-ils exempts de telles pensées ? Les premiers massacres conduisirent en tout cas l'empereur Henri IV à prendre des dispositions pour en empêcher désormais la réalisation. Ce n'était peut-être pas inutile. Godefroy de Bouillon, par exemple, n'avait-il pas déclaré avant son départ qu'il vengerait le sang du Christ par le sang des juifs et qu'il exterminerait ceux-ci jusqu'au dernier ? Ces propos, rapportés à l'empereur, auraient incité celui-ci à ordonner aux princes, et en particulier à Godefroy, de protéger au contraire les juifs de toute exaction. Godefroy aurait aussitôt protesté de ses bonnes intentions à leur égard, et les communautés juives de Cologne et de Mayence lui auraient alors offert chacune 500 pièces d'argent, ce qui ne rassure guère sur les sentiments de Godefroy[15]. On peut certes douter de l'authenticité de ses propos, mais pas des mesures de protection prises par l'empereur. Godefroy semble d'ailleurs avoir conservé par la suite une attitude assez peu amène envers les juifs : à Jérusalem, selon le chroniqueur arabe Ibn al-Qalanisi, les Francs, dont Godefroy était alors un des principaux chefs, rassemblèrent les juifs dans la synagogue et les y brûlèrent vifs[16]. Notons par ailleurs que de nombreux guerriers qui faisaient partie des bandes responsables de ces pogroms rejoignirent, après leur dispersion par les Hongrois, l'armée que dirigeait Godefroy. C'est le cas par exemple du sinistre Guillaume le Charpentier et de quelques autres ; il est peu probable qu'ils aient à ce moment renié tout antisémitisme. Peut-être ont-ils trouvé, dans cette armée, un climat favorable à son accueil.

Ce pourrait bien être, plus encore, le but recherché par les croisés utilisant la technique «*crois ou meurs*». On en a la preuve dans leur désappointement lorsqu'ils constatent que les juifs se donnent eux-mêmes la mort, aux précautions qu'ils prennent pour que leurs prisonniers ne se tuent pas et aux moyens les plus divers qu'ils emploient pour arracher les «*conversions*» : promesses, intimidation, terreur, tortures. Les chroniques latines notent d'ailleurs presque exclusivement le baptême de nombreux juifs ; elles rejoignent ainsi sur ce point les sources hébraïques qui affirment que les croisés «*ne voulaient pas tuer les juifs, mais les convertir de force*»[17]. Le refus de la plupart d'entre eux de renier leur foi leur apparut comme une preuve de leur «*folie*», voire une justification. En bref, ces fanatiques sanguinaires et obstinés accusèrent leurs victimes de fanatisme et d'obstination. Le procédé, on le sait, fera fortune...

Pourquoi cet acharnement à convertir les juifs ? Il est à mettre au compte de l'attente messianique de la fin des temps, déjà évoquée. L'idée de la conversion finale des juifs puise ses racines dans les premiers âges du christianisme et a été clairement exprimée par les plus grands docteurs de l'Eglise médiévale, de Grégoire le Grand à Bernard de Clairvaux[18]. Elle figure aussi, en bonne place, dans de très nombreux textes pseudo-prophétiques en faveur dans les milieux monastiques du XIe siècle[19] : avant la fin des temps, selon ces traditions, on verra paraître un roi franc, qui deviendra roi des Grecs et des Romains ; il ira à Jérusalem pour combattre l'Antichrist et convertira à la vraie foi juifs et musulmans[20].

La conversion des juifs pouvait donc apparaître comme un geste d'autorité à portée messianique, et c'est probablement ainsi que le comprenait le principal responsable des pogroms, Emich de Leiningen : il prétendait avoir reçu les stigmates de la croix du Christ et la mission divine d'aller en Italie du Sud (gréco-romaine), pour y être investi de la couronne royale[21]. Emich, à n'en pas douter, connaissait les traditions apocalyptiques et les légendes relatives au «*roi des derniers jours*». Il s'appliqua à lui-même ces prophéties et chercha à en réaliser une partie en s'acharnant, avec la cruelle efficacité que l'on sait, à la conversion des juifs ou, à défaut, à leur extermination.

Ces croisés pourfendeurs de juifs ne tenaient sans doute pas de telles notions d'Urbain II. Il faut plutôt en voir l'origine chez ces prédicateurs populaires qui, comme Pierre l'Ermite, lancèrent sur les chemins, bien avant la date prévue, des croisés fanatisés pour lesquels tous les moyens étaient bons pour convertir ou pour exterminer les «*ennemis du Christ*» qu'ils prétendaient venger pour le servir.

L'ignorance dans laquelle nous sommes de la teneur de ces messages de croisade laisse ouverte cette question : y eut-il UNE ou PLUSIEURS «première croisade» ?

L'ERMITE ET LE BASILEUS

Le *basileus* Alexis fut très vite informé de l'approche des croisés.

Le fut-il par des lettres des princes, ou d'Urbain II lui-même ? C'est très probable. On voit mal en effet comment les princes d'Occident auraient pu envisager de traverser les Etats impériaux sans l'en aviser. Il subsiste d'ailleurs quelques traces de cette correspondance[1]. Mais ces missives relatant le départ des princes arrivent trop tard ! Lorsqu'elles sont envoyées, les premiers croisés sont déjà aux portes de l'empire.

Ce qu'Alexis apprend par la rumeur publique l'inquiète. Car ces innombrables contingents qui s'avancent vers ses frontières ne correspondent en rien à ce qu'il espérait. Il attendait des renforts de guerriers mercenaires pour reprendre l'offensive contre les Turcs, et on lui décrit l'arrivée d'une multitude hétéroclite de guerriers fanatiques et pillards, mêlés à des masses de pauvres, de femmes, de moines et de moniales et autres *inermes*. Il apprend aussi les méfaits qu'ils ont accomplis jusqu'ici, ce qui accroît sa méfiance et sa perplexité.

Il prend aussitôt les mesures qui s'imposent : il faut contenir ces bandes turbulentes, les encadrer par une sorte de service d'ordre strict composé de ses propres troupes, et aussi assurer le ravitaillement de ces multitudes affamées[2].

Il cherche d'abord la conciliation. Le 14 juillet 1096, il envoie à Pierre l'Ermite une ambassade pour le rassurer ; il ne lui tiendra pas rigueur des exactions commises en Bulgarie et il se dit prêt à ravitailler ses troupes. Mais à une condition : elles ne devront pas demeurer au même endroit plus de trois jours, jusqu'à leur arrivée à Constantinople[3].

Elles y parviennent le 1er août 1096. Pierre y retrouve Gautier Sans-Avoir, déjà sur place depuis une dizaine de jours. Dès le lendemain, Pierre est reçu en audience par le *basileus* qui obtient confirmation de ce qu'il pressentait : les armées de Pierre ne cherchent qu'une chose, passer le Bosphore au plus vite et continuer leur pèlerinage vers Jérusalem pour y délivrer le Saint-Sépulcre. Il ne s'agit nullement de renforts de mercenaires.

Alexis comprend qu'il ne peut rien attendre de ces masses plus ou moins misérables, sinon pillages et troubles de toute sorte. Il les maintient d'abord à l'écart des murailles de la ville et tente de les occuper par un approvisionnement abondant : elles pourront festoyer ! Mais ces festivités bienvenues ne suffisent pas à calmer l'ardeur destructrice des premiers croisés. Les saccages commencent. Des bandes de casseurs se répandent dans la ville, pillent quelques palais et y mettent le feu. Certains vont jusqu'à arracher, pour le revendre, le plomb des toitures[4].

Alexis trouve la parade à ces exactions. Puisque ces «*pèlerins*» veulent poursuivre leur route, il leur fait traverser le Bosphore, protégeant ainsi sa capitale. L'autre rive est encore entre ses mains, jusqu'aux montagnes. Il leur conseille donc de s'y tenir tranquilles en attendant l'arrivée des armées princières auxquelles ils pourront se joindre.

Mais l'inaction pèse aux «*pèlerins*» de Pierre. Ils se querellent, se mettent ici aussi à piller maisons et églises et ne tiennent pas compte des avertissements. Le 6 août ils marchent vers Nicomédie, puis établissent leur camp près de Civitot. L'unité relative de ces armées hétérogènes ne dure guère. Les rivalités ethniques se font jour. Les Allemands se séparent des Français, qu'ils jugent (déjà!) méprisants, prétentieux et arrogants. Ils se donnent un chef, un certain Renaud. Les Normands font de même, et tous se répandent dans la campagne d'alentour pour piller ou pour provoquer l'ennemi, qui n'est pas loin. Renaud et sa bande occupent, le 24 septembre, une forteresse probablement abandonnée ; ils y sont bientôt assiégés par une petite armée turque.

Premier contact, premier désastre : après 8 jours de siège, ces croisés, privés d'eau, agonisent dans d'horribles souffrances. Quelques-uns passent à l'ennemi et se convertissent à l'islam. D'autres se rendent et sont exterminés ou vendus comme esclaves[5].

Pendant ce temps, Pierre l'Ermite a quitté le camp principal de Civitot où son autorité ne s'impose plus guère, pour aller chercher auprès du *basileus* du ravitaillement et des renforts pour encadrer cette masse indisciplinée. En son absence, le camp est attaqué par les Turcs. Gautier Sans-Avoir ne peut les repousser. C'est un désastre : le camp est totalement saccagé, les «*pèlerins*» massacrés ou éparpillés. Trois mille d'entre eux parviennent à se réfugier dans une forteresse voisine, où les Turcs les assiègent aussitôt. Ils ne sont délivrés qu'à l'annonce du retour de Pierre l'Ermite, avec une importante armée envoyée par le *basileus*[6].

De «*l'immense multitude*» des contingents de Pierre,

il ne reste plus que des débris.

La croisade a-t-elle trouvé là ses premiers «*martyrs*» ? Les avis sont partagés sur ce point. A cette extermination de masses «*populaires*», Baudri de Dol trouve aisément une explication logique et théologique : ils sont morts à cause de leurs péchés ! Ils s'étaient «*vautrés dans leurs excréments*», ils avaient endurci leur cœur, comme jadis le Pharaon contre Moïse et contre Dieu. Il en conclut : «*Ils ne pouvaient donc en aucune manière être agréables à Dieu ; c'est pourquoi ils périrent (...). Nous n'en doutons aucunement : cela leur est arrivé en expiation de leurs crimes*»[7]. D'ailleurs, ajoute-t-il, cette extermination devait servir d'avertissement pédagogique (*exemplum*) à ceux qui les suivaient et qui apprirent à se mettre en règle avec Dieu avant de se jeter à l'attaque de l'adversaire.

Les participants, cependant, n'interprétèrent pas ce désastre de la même manière. Certains y virent l'aboutissement d'un dessein machiavélique du *basileus* pour se débarrasser de ces troupes encombrantes. L'Anonyme de la première croisade, qui a côtoyé certains rescapés du désastre, témoigne de ce courant d'opinion lorsqu'il affirme qu'à la nouvelle de cette déroute Alexis manifesta «*une grande joie*». Il s'indigne du fait que le *basileus*, instruit par l'expérience précédente, faisait désarmer les rescapés avant de leur faire repasser le Bosphore pour les installer à nouveau à l'abri près de sa capitale. Le «*perfide empereur des Grecs*», comme le nomment la plupart des sources occidentales, n'avait donc pas trouvé grâce aux yeux de ceux-là mêmes qu'il venait d'arracher aux Turcs, et qui l'accusaient de les avoir livrés à eux[8].

Alexis, quoi qu'il en soit, avait désormais les mains plus libres pour «*accueillir*» les croisés d'Occident, les princes, cette fois. En cette fin d'octobre 1096, ils s'avancent, en armées distinctes : Hugues le Grand approche de

Constantinople, Godefroy de Bouillon est aux frontières de l'empire, Bohémond de Tarente vient de franchir l'Adriatique, Robert de Normandie, Etienne de Blois et Robert de Flandre campent à Rome ; seuls, Raymond de Saint-Gilles et Adémar du Puy n'ont pas encore quitté leur lointain Occident.

Les négociations s'annoncent difficiles, car certains de ces princes — Bohémond et Tancrède en particulier — font partie des ennemis déclarés de l'Empire tandis que d'autres partagent avec le petit peuple franc de solides préjugés antigrecs. De plus, l'ambiguïté demeure quant aux buts réels de ces armées et aux relations de dépendance que leurs chefs sont prêts à accepter vis-à-vis du *basileus*.

Toute la politique d'Alexis va tendre à ce seul but : obtenir de ces princes, au fur et à mesure de leur arrivée à Constantinople, un serment de fidélité destiné à préserver les intérêts de l'empire. Puisqu'il apparaît clairement que ce ne sont pas les mercenaires attendus, il faut du moins éviter que les chefs de ces armées occidentales effectuent, sur l'ancien territoire de l'empire, des conquêtes pour leur propre compte, comme ce fut le cas de certains capitaines, il n'y a pas si longtemps. Alexis se souvient en particulier de ce que fit Roussel de Bailleul, un aventurier normand venu en Italie du Sud vers 1065, et qui s'était mis au service de l'empereur précédent, Michel VII Doukas. Chargé de combattre les Turcs en Asie Mineure, il en avait profité pour se tailler une principauté, battant même une armée byzantine envoyée contre lui. Pour s'en défaire, Michel VII avait dû faire appel à... ses ennemis turcs, ceux-là mêmes qui avaient écrasé les Grecs à Mantzikert, trois ans plus tôt, en 1071 ! Ravis de l'aubaine, ils s'empressèrent de le satisfaire et capturèrent Roussel. Mais celui-ci obtint sa libération moyennant rançon et se mit à nouveau à écumer la région. Alexis, qui n'était pas encore *basileus*, avait fini par le prendre à son service et à l'utiliser pour sa politique personnelle. Alexis se souvient aussi des déboires qu'a connus récemment l'empire, entre 1081 et 1085, face aux armées normandes de Bohémond et de son père Robert Guiscard, victorieux, la même année, de deux empereurs ! Il a donc d'excellentes raisons de se méfier[9].

Pour éviter de voir ces princes s'emparer des anciennes terres byzantines, récemment occupées par les Turcs, et de se constituer ainsi des principautés autonomes, Alexis est bien décidé à leur imposer un serment qui le reconnaîtrait pour le seul légitime souverain des terres à reconquérir, au moins jusqu'à Antioche. Un serment de type occidental, par exemple, une sorte d'hommage féodal anticipé.

Pour y parvenir, il dispose de plusieurs atouts qu'il s'apprête à utiliser au mieux : prince fastueux, il sait recevoir et éblouir. Il est prêt aux plus grandes largesses pour s'acquérir la «*fidélité*» de ces princes d'Occident qu'il sait sensibles à ces formes d'honneur ; il sait aussi que les croisés ont besoin de lui pour assurer leur ravitaillement et protéger leurs arrières ; il sait, enfin, que les princes arriveront les uns après les autres à Constantinople, et qu'il disposera ainsi de quelque temps pour convaincre chacun d'eux de prêter serment avant que la concentration des troupes occidentales n'exerce sur lui une pression trop forte.

Une partie diplomatique délicate commence. Alexis s'y prépare.

LE PERFIDE EMPEREUR DES GRECS EFFÉMINÉS

Le ballet diplomatique commence, à Constantinople, avec l'arrivée d'Hugues le Grand, duc de Vermandois, frère du roi de France. Parti vers le 15 août 1096, il avait averti Alexis de son arrivée par une lettre que celui-ci avait jugée pleine de vanité, par laquelle il lui demandait de lui fournir un accueil digne de son rang[1]. Il était descendu en Italie par les cols alpins, avait gagné Rome, puis Bari, où il s'était embarqué pour Durazzo, sur la côte adriatique. La traversée fut mouvementée : une tempête dispersa ses navires sur les côtes dalmates que surveillait Jean Comnène, le neveu de l'empereur. Jean avait reçu l'ordre d'amener Hugues à Constantinople, auprès du *basileus*, sous bonne escorte, ce qui fut fait. Mi-hôte, mi-otage, dans une liberté dorée mais surveillée, Hugues demeura à Constantinople auprès de l'empereur, en fort bons termes, semble-t-il : il pourrait avoir, sans difficulté, prêté le serment de fidélité que lui demandait Alexis[2].

Godefroy de Bouillon est le second prince à se présenter. Parti du nord de la France, il emprunte le même itinéraire que les croisés de Pierre l'Ermite et a dû consentir, pour traverser la Hongrie, à remettre en otage au roi son propre frère Baudouin et sa famille, et promettre qu'il punirait de mort toute violence ou pillage de ses soldats. Les otages lui furent rendus aux frontières de l'empire grec, où des ambassadeurs d'Alexis viennent à leur tour s'assurer des bonnes intentions de ses armées. Là encore, on échange les promesses : moyennant la stricte interdiction de tout pillage ou exaction, Alexis assurera le ravitaillement des croisés. Malgré quelques incidents mineurs, ce pacte semble avoir été respecté des deux côtés, jusqu'au moment où Alexis invite Godefroy à Constantinople, probablement pour l'inciter à prêter hommage.

Godefroy décline l'invitation. Il vient de récupérer dans son armée les restes épars des troupes de Pierre l'Ermite, très montées contre Alexis ; ils tiennent ce dernier pour responsable de leurs malheurs et mettent en garde le duc de Lorraine : le *basileus* leur paraît capable de toutes les félonies, y compris le poison[3]. Godefroy établit alors son camp à l'écart des murailles de la ville, cherchant avant tout à gagner du temps jusqu'à l'arrivée des autres princes.

C'est ce qu'Alexis veut éviter à tout prix ! Il dispose d'un atout majeur, mais d'usage difficile : le ravitaillement des troupes de Godefroy. Il décide de l'interrompre, mais le duc ne cède pas. Pour vivre, son armée pille la région et l'affrontement direct menace ! Alexis y répugne et prend prétexte de l'approche de Noël pour rétablir le ravitaillement et proclamer une trêve : il fait héberger la troupe de Godefroy dans un faubourg de la ville, où il espère pouvoir mieux la surveiller. Mais la trêve ne dure pas. Tout au long du mois de janvier, les incidents se multiplient, certains se soldent par plusieurs morts. Godefroy en vient même à quitter la ville et à regrouper ses armées sous les murailles, après avoir pillé et incendié le quartier abandonné[4]. Nouvelles tensions, nouvelles représailles : Alexis, encore une fois, coupe les vivres et, encore une fois, Godefroy y supplée en pillant les campagnes. Mais celles-ci s'épuisent et on risque d'en venir à l'affrontement massif que veulent éviter les deux princes. Hugues de Vermandois s'interpose alors et parvient à convaincre Godefroy et ses lieutenants de s'entendre avec Alexis.

L'entrevue a lieu au palais impérial, le 20 janvier 1097. Les princes francs, non sans quelques gestes de mauvaise humeur, se soumettent aux usages orientaux : les princes s'agenouillent devant l'empereur, assis sur son trône, qui leur donne le «baiser d'adoption». Puis ils prêtent l'hommage, à l'occidentale : mettant ses mains dans celles d'Alexis, Godefroy se déclare son vassal[5].

Alexis est parvenu, non sans peine, à ses fins. Aussitôt, pour avoir les mains libres et préparer l'accueil du prochain prince, il fait passer le Bosphore aux troupes de Godefroy, après les avoir récompensées de leur obédience : il promet d'assurer le ravitaillement et, pendant près de trois mois, ses envoyés porteront par la suite au duc de Lorraine d'importantes sommes d'argent, «*pour les pauvres*», selon l'Anonyme ; «*pour payer ses chevaliers*», selon Albert d'Aix. Les deux états n'étaient pas, au demeurant incompatibles[6].

C'est à présent au tour de Bohémond, à la tête des Normands de Sicile et d'Italie du Sud, d'entrer dans l'empire grec. Il a décidé, brusquement, de se croiser alors qu'il était en train d'assiéger, pour le compte de son oncle Roger, la ville révoltée d'Amalfi. Il avait appris que les troupes normandes du duc Robert, venues de Normandie, descendaient la botte italienne aux cris de «*Dieu le veut*». Aussitôt, nous dit l'Anonyme, «*poussé par le Saint-Esprit*», il avait décidé de se croiser à son tour et avait entraîné derrière lui, à ses frais, un grand nombre de chevaliers. D'autres seigneurs l'avaient imité et avaient devancé les troupes de Robert, franchissant, avant l'hiver, la mer Adriatique, le 26 octobre 1096.

Le Saint-Esprit était-il seul responsable de cette décision ? Bohémond est ambitieux et son horizon italien demeure limité. Depuis l'annulation du mariage de sa mère, Auberée, et le remariage de son père Robert Guiscard, l'héritage de la Pouille lui échappe : il revient à son demi-frère, Roger Borsa, soutenu par leur oncle commun, le puissant comte de Sicile, Roger 1er. Après la mort de Robert Guiscard, en 1085, une réconciliation entre les deux demi-frères a bien eu lieu, Bohémond recevant une petite partie de la Pouille et la ville de Bari. Mais c'est trop peu pour satisfaire l'ambitieux Bohémond. Celui-ci comprend vite ce que la croisade peut lui rapporter. Sa connaissance des Byzantins et des Arabes lui ouvre des perspectives séduisantes dans le conflit à venir, aux côtés, cette fois, des Byzantins. Il sait que la croisade ne peut réussir qu'avec l'aide de l'empire grec, mais il sait aussi, à l'inverse, que l'apport massif des guerriers d'Occident constitue pour Alexis une chance unique de reconquérir les territoires récemment perdus après Mantzikert. Il espère donc pouvoir s'entremettre entre Alexis et les princes croisés, et obtenir du *basileus* une dignité dans l'empire ou, pour le moins, la concession de terres reconquises, sous la suzeraineté de l'empereur... ou non. Il est prêt, en tout cas, à jouer d'abord cette carte de la conciliation et l'hommage lui paraît une formalité nécessaire, quitte à en contester le sens à l'avenir[7].

Il se montre donc très aimable envers l'empereur, et cherche à le rassurer. A l'hostilité méfiante des mercenaires impériaux qui osent même attaquer ses troupes alors qu'elles franchissent le Vardar, le 18 février 1097, il répond par la mansuétude : il libère les prisonniers que son neveu Tancrède avait capturés et interdit formellement à celui-ci d'attaquer un village fortifié, pourtant bien garni de richesses et de provisions. Tancrède et ses chevaliers en conçurent à son égard amertume et ressentiments. Plus encore, il consent, sans trop de difficultés, à venir trouver Alexis à Constantinople, «*avec une faible escorte*», au grand désappointement de Tancrède qui y voit une forme de lâcheté ; il partageait en effet le préjugé antigrec des chevaliers normands, et «*avait en horreur la perfide amitié des Grecs*»[8]. A la même époque, sans lien avec la croisade, Guillaume de Pouille traduit les mêmes sentiments désobligeants : les Grecs sont, pour lui, «*comme des femmes*» ; ils sont couards, pleutres, lâches, «*dissolus et perdus de débauche*», sans valeur virile car ils préfèrent le luxe et l'oisiveté aux rudes exercices de la chevalerie[9].

Si l'on en croit Albert d'Aix, c'est Godefroy, lui-même récent vassal d'Alexis, qui aurait pressé Bohémond d'accepter de rencontrer le *basileus* : le 10 avril, en effet, Bohémond se rendit à Constantinople et y prêta le serment de fidélité et d'allégeance, devenant à son tour «l'homme d'Alexis»[10].

Reçut-il alors des promesses du *basileus* ? Selon Anne Comnène, la fille d'Alexis, Bohémond aurait demandé à Alexis la fonction, très élevée, de «*Grand Domestique d'Orient*» ; mais le *basileus* aurait fourni à Bohémond une réponse dilatoire. Le clan normand de Bohémond, quant à lui, affirme que, pour prix de son hommage, Bohémond aurait reçu promesse d'obtenir «*en fief, au-delà d'Antioche, une terre de 15 journées de marche en longueur et de 8 en largeur*»[11].

Un tel accord n'aurait rien de surprenant : au-delà d'Antioche, les terres reconquises le seraient sur des territoires perdus par l'empire depuis fort longtemps et la présence d'un Etat vassal servirait avantageusement de zone tampon protégeant un empire byzantin restauré dans ses frontières d'avant 1071. Alexis aurait tout à y gagner... si toutefois le pacte devait être respecté de part et d'autre. On sait qu'il ne le fut pas.

La réaction des troupes normandes, et probablement de tous les «petits chevaliers», à un tel hommage de leurs chefs fut l'indignation et la stupeur. L'Anonyme traduit bien leur désarroi et leur profonde désapprobation devant un hommage qui leur semblait indécent :

> «*Peut-être arrivera-t-il encore que nous soyons déçus par nos chefs. Que feront-ils en fin de compte ? Ils diront que, poussés par la nécessité, il leur a fallu, bon gré, mal gré, s'humilier devant la volonté de l'empereur (...) Comment des chevaliers si braves et si rudes ont-ils agi ainsi ? Sans doute étaient-ils contraints par une dure nécessité*»[12].

Visiblement, les raisons avancées ne le satisfont guère !

Tancrède, quant à lui, parvint à se soustraire à l'hommage en passant le Bosphore à l'insu du *basileus*. Bohémond, à la demande de celui-ci, dut s'engager lui-même à sa place. L'attitude de Tancrède traduit parfaitement les sentiments des simples chevaliers : ils n'aiment guère Alexis, qu'ils soupçonnent de ne songer qu'à les utiliser pour accroître son empire. Pour lui, la croisade n'est qu'une opération militaire de reconquête de ses territoires perdus. Son but, c'est Antioche. Pour eux, c'est Jérusalem et le Saint-Sépulcre. Le divorce est en germe dans ces divergences d'approche.

Rassuré par ce succès auprès de Bohémond, Alexis s'apprête à rencontrer le comte de Toulouse, Raymond de Saint-Gilles. Celui-ci partit tardivement avec Adémar, bien après la date fixée par Urbain II. On le voit encore, deux mois après cette date, à l'abbaye de la Chaise-Dieu, acquérir des reliques avant son départ. Lui aussi franchit les cols des Alpes, mais il choisit la voie de terre, suit la vallée du Pô en direction de Venise, puis longe la côte Dalmate, rude et inhospitalière, jusqu'à Durazzo où il retrouve l'antique *Via Egnatia* qu'avaient déjà suivie Hugues et Bohémond. Elle le mène à Constantinople où il arrive le 21 avril 1097.

En cours de route, les accrochages avec les troupes impériales ne manquèrent pas. Il est vrai qu'en Dalmatie, pays pauvre et sauvage, les habitants ne voulurent fournir ni guides ni ravitaillement. Il en résulta des tensions, probablement des pillages, à coup sûr des affrontements avec les populations slaves. Le comte lui-même fut en péril ; attaqué alors qu'il chevauchait avec une faible escorte, il ne parvint à se dégager qu'en utilisant la terreur : il fit très vite mutiler les prisonniers slaves qu'il venait de capturer, pour faire diversion le temps de regagner le gros de la troupe. Son panégyriste, Raymond d'Aguilers, n'hésite pas à qualifier cet épisode «*d'exploit glorieux*»[13].

Les harcèlements ne cessèrent pas pour autant, même en territoire impérial, où les Provençaux reçurent à Durazzo un message d'amitié du *basileus*. Celui-ci les fit toutefois surveiller de très près par ses mercenaires, Bulgares, Hongrois et même... Turcs qui avaient l'ordre de réprimer toute velléité de sortir de la route normale, sous surveillance. Cette interdiction, violée ici ou là, entraîna des escarmouches. Il y eut des victimes, et l'évêque Adémar lui-même, qui s'était écarté de la route, sur sa mule, fut dépouillé et frappé avant d'être secouru.

Ces harcèlements irritèrent les Provençaux qui furent outrés du «*mauvais accueil*» que leur réserva la ville de Rousa, déjà éprouvée par le passage des croisés précédents. Ils finirent par faire le siège de la ville et s'en emparèrent, enlevant un immense butin[14].

C'est dire que les rapports entre les Provençaux et les impériaux n'étaient pas très chaleureux. Les populations grecques en souffraient, et l'évêque d'Ochrida, où eut lieu la mésaventure d'Adémar, en témoigne avec une pointe d'ironie fataliste lorsqu'il écrit qu'après le passage des premiers croisés — ou bien faut-il dire l'invasion ? — la population a beaucoup souffert, mais qu'elle s'en plaint moins maintenant, car elle en a pris l'habitude[15] !

Alexis tente alors d'amadouer Raymond de Saint-Gilles. Les ambassadeurs du comte reviennent auprès de leur maître, comblés de présents et porteurs d'un message l'invitant à son tour à venir conférer avec Alexis. Les autres princes, déjà vassaux du *basileus*, l'y incitent afin de mettre au point la marche vers Jérusalem. Ils espèrent obtenir d'Alexis qu'il se mette lui-même à la tête de l'expédition[16]. Le comte de Toulouse se rend donc à Constantinople. Mais l'entrevue tourne court, car Raymond affirme très clairement «*qu'il n'était pas venu pour reconnaître un autre sire, ni pour servir un autre seigneur que Celui pour lequel il avait quitté sa patrie et ses biens*»[17]. En revanche, il acceptait de se placer sous l'autorité d'Alexis si celui-ci entreprenait la marche vers Jérusalem.

Alexis refusa tout net de prendre cet engagement, invoquant les nécessités du gouvernement de son empire qui exigeaient sa présence à Constantinople. La rupture paraissait consommée, d'autant plus qu'en l'absence de Raymond un conflit avait mis aux prises Provençaux et impériaux. Mais l'enquête révéla que les Provençaux étaient à l'origine de l'altercation et Raymond de Saint-

Gilles, pressé par les autres princes, dut céder en partie aux exigences d'Alexis. Il accepta de jurer qu'il n'attenterait en rien à la vie et à l'honneur du *basileus*. C'était vraiment peu, mais Alexis parut s'en contenter, car Raymond avait réaffirmé qu'en aucun cas, dût-il y perdre la vie, il n'accepterait de prêter hommage au *basileus*. Incarnait-il alors le «pur» idéal de croisade? Voulait-il réserver la suzeraineté des terres à conquérir à Jésus-Christ et à son «lieutenant» sur la terre, le pape Urbain II? Ou bien était-ce là un manifeste d'indépendance à l'égard d'Alexis, voire d'inimitié personnelle envers lui? Il est bien difficile d'apprécier le dosage de ces divers mobiles dans son attitude. Quoi qu'il en soit, on ne s'étonnera pas d'apprendre qu'Alexis ne l'apprécia guère: «*Il ne lui fit que peu de présents*»[18].

On était alors fin avril. Début mai, les armées de Godefroy, Hugues le Grand, Robert de Flandre et Tancrède quittent Constantinople et se mettent en route vers Nicée, dont elles entreprennent le siège le 6 mai. Une semaine plus tard, Raymond de Saint-Gilles part à son tour. La place est donc libre pour recevoir les dernières armées, celles de Robert de Normandie et d'Etienne de Blois.

Elles arrivent dans la deuxième quinzaine du mois de mai, après avoir traversé sans incident notable les territoires impériaux. A Constantinople, instruit par les expériences précédentes, Alexis veille à établir leur campement à l'extérieur des murailles et il n'autorise l'entrée des Occidentaux dans la ville que par petits groupes, presque «touristiques», de 5 à 6 chefs à la fois. En même temps, il assure au camp un abondant ravitaillement et se montre, envers les princes, un hôte large et fastueux.

Etienne de Blois, par exemple, demeure en son palais plus de 10 jours. Il est à la fois flatté, touché et ébloui de l'accueil chaleureux du *basileus* et il s'en ouvre à sa femme par une lettre dont les accents montrent bien à quel point il est conquis, tout acquis à la personne de l'empereur :

> «*Grâce à Dieu, me voici donc arrivé à Constantinople, pour ma plus grande joie ! L'empereur m'a reçu avec beaucoup d'empressement et d'égards, presque comme si j'étais son fils. Il m'a comblé d'innombrables cadeaux précieux. Dans toute l'armée de Dieu — qui est aussi la nôtre — il n'est aucun duc, comte ou autre personnage puissant auquel il manifeste plus qu'à moi confiance et faveur. En vérité, ma chérie, Sa Majesté Impériale nous a souvent incités — il nous incite encore ! — à lui confier l'un de nos fils. Il promet même de le combler de tant d'honneurs qu'il n'aurait nulle raison d'envier notre propre situation. Vraiment, je te l'affirme, il n'y a aujourd'hui sous le ciel aucun homme qui puisse lui être comparé : il enrichit tous nos princes de ses fastueuses largesses, il soulage par ses dons nos chevaliers, il assure la subsistance de nos pauvres par ses aumônes*»[19].

Etienne, en prince cultivé, raffiné, apprécie le luxe et la culture, les honneurs et le faste de la cour impériale. Il ne partage pas les préjugés hostiles des chevaliers envers Alexis. Son témoignage ne peut être valablement invoqué pour affirmer qu'à cette date, il n'y a pas de tension entre Grecs et Occidentaux. Il prouve, à l'évidence, qu'Etienne était très favorable à la personne d'Alexis. Les sources ne font aucune allusion à un quelconque hommage d'Etienne ou de Robert, mais on peut le tenir pour acquis. Dans un tel climat entre les deux hommes, il semble aller de soi.

Alexis avait donc obtenu pleinement satisfaction, à l'exception des réticences de Raymond et de la dérobade de Tancrède. L'épreuve délicate passée, croisade et reconquête pouvaient donc commencer.

DE CONSTANTINOPLE
À ANTIOCHE

Le siège de Nicée

Le 29 mai, Etienne de Blois et Robert de Normandie quittent à leur tour Constantinople pour rejoindre les autres armées, déjà occupées à assiéger Nicée depuis trois semaines. Aux charmes et au luxe de la cour succèdent maintenant des images de désolation et d'horreur : sur leur chemin, les innombrables ossements des troupes de Pierre l'Ermite et de Gautier Sans-Avoir, massacrées sept mois plus tôt[1].

L'accord semble alors pleinement rétabli entre les croisés et Alexis. Le *basileus* s'engage à assurer aux troupes d'Occident ravitaillement et subsides, aux pèlerins la sécurité dans son empire. Il promet aussi de se mettre, plus tard, à la tête des croisés. Pour l'instant, il fournit seulement un contingent commandé par un général au nez coupé, Tatikios, que les sources occidentales nomment Tatin. En revanche, il est convenu que, conformément à leur serment d'hommage, les croisés remettront à l'empereur les villes et territoires reconquis.

Nicée se trouve être la première. C'est une ville très fortifiée, protégée par de solides murailles flanquées de nombreuses tours, défendue de plus, à l'ouest, par le lac Ascanien. Dans la ville, se trouvent la femme et les enfants du prince turc Kilij Arslan, qui semble alors occupé à guerroyer contre ses rivaux danishmendites à Mélitène[2]. A-t-il sous-estimé le danger, trop sûr d'écraser aisément les envahisseurs comme il l'avait fait des troupes de Pierre l'Ermite ? L'armée de secours qu'il envoie pour dégager Nicée ne résiste pas, en tout cas, aux charges des croisés, en particulier ceux de Raymond de Toulouse arrivé depuis peu. Pour terroriser la garnison de Nicée, les croisés coupent les têtes des Turcs tués et les envoient dans la ville par-dessus les murailles, avec des balistes. D'autres têtes sont aussi expédiées à l'empereur Alexis, qui semble avoir été ravi de ce macabre témoignage de sollicitude, gage de victoire : il décida d'accroître encore son aide en nature et en espèces[3].

Mais Nicée résiste. Une sape dans la muraille ne fait que la fissurer : le lendemain, elle est déjà réparée, et le siège se prolonge. Les assiégés ne sont nullement bloqués, car ils ont des barques et des bateaux, et peuvent entrer et sortir par le lac. Les croisés, privés de flotte, n'y peuvent rien. Ils demandent alors à Alexis de leur fournir des bateaux. On les amène, par voie de terre, tirés par des attelages de bœufs, à travers les montagnes, en quatre jours. Le 17 juin on les met à l'eau. Le 18, cette flotte grecque dirigée par Butumitès, attaque la ville par le lac tandis que les Occidentaux se lancent à l'assaut des murailles. La garnison préfère se rendre très vite à Butumitès : les habitants sont autorisés à conserver leurs biens et se mettent sous la protection des armées byzantines tandis que les croisés se voient interdire l'entrée (et surtout le sac !) de la ville, restituée à Alexis, selon les conventions.

Cet arrangement ne reçoit pas une adhésion unanime ! Certes, Etienne de Blois, toujours favorable au *basileus*, souligne la générosité d'Alexis : selon sa promesse, pour les dédommager du «manque à gagner», il aurait récompensé très largement les *princes* sur ses propres trésors, les *chevaliers* par de l'or et de l'argent prélevé sur le butin de la ville et les *piétons* par d'abondantes victuailles[4]. Mais Foucher de Chartres, lui, indique que l'empereur a distribué or et argent et étoffes précieuses aux princes et... menue monnaie de bronze aux piétons, oubliant ainsi les chevaliers. Guibert de Nogent renchérit et justifie même cet oubli, conformément à ses préjugés «aristocratiques» : ce sont les princes seuls qui ont mené le siège et en ont supporté les frais, il est donc normal que ce soient eux qui en soient récompensés[5].

Mais les princes eux-mêmes ne semblent pas avoir tous été satisfaits de cet arrangement qui les privait d'un riche butin. Anselme de Ribemont, dans sa lettre, tempère quelque peu l'enthousiasme d'Etienne de Blois lorsqu'il décrit leur entrevue avec Alexis :

> «*Les princes de l'armée accoururent vers l'Empereur qui était venu pour rendre grâce ; après avoir reçu de lui des dons d'une valeur inestimable, ils se retirèrent, les uns de bonne grâce, les autres, autrement*»[6].

Tancrède, à cause de ses dérobades, fit très probablement partie de ces «autres» là ! Son panégyriste, Raoul de Caen, nous le décrit avec délectation dans une attitude volontairement insolente : à l'empereur qui, selon la coutume de courtoisie, offrait à l'avance de satisfaire la demande des princes, quelle qu'elle fût, Tancrède aurait fait savoir son désir : la propre tente impériale, un véritable palais démontable ! C'était de la provocation ! Alexis refusa, ajoutant qu'il s'attendait de la part de Tancrède à quelque mouvement de révolte, mais qu'il se souciait peu de l'avoir pour ami ou pour ennemi. Tancrède, avec un dédain frisant l'outrecuidance, lui aurait alors fait répondre ces paroles pleines de morgue «chevaleresque» : il voulait bien, pour sa part, avoir Alexis pour ennemi, mais certainement pas pour ami[7].

Raymond de Saint-Gilles, lui aussi, avait quelques raisons d'être amer. Il estimait avoir largement contribué à la victoire, en repoussant les armées de secours de Kilij Arslan et en sapant les murailles. Or, il ne fut que très médiocrement récompensé, et son chapelain exprime les ressentiments de son armée :

> «*Dès que la cité lui fut rendue, Alexis témoigna de sa reconnaissance à l'armée de telle manière que le peuple, aussi longtemps qu'il vivra, le maudira toujours et le proclamera traître*»[8].

L'Anonyme et Tudebode abondent dans le même sens ; ils expriment la rancœur des guerriers de l'armée occidentale, privés des ressources escomptées du butin et du pillage, que ne compensaient évidemment pas les pièces de bronze distribuées par l'empereur selon la stricte hiérarchie sociale. L'Anonyme n'hésite pas à l'accuser de collusion avec l'ennemi et de trahison envers les croisés[9].

La fissure s'était donc élargie entre les Grecs et les Francs. Il n'est pas nécessaire de croire que ces témoignages d'hostilité sont tardifs ou remaniés après la défection de l'empereur à secourir Antioche. Ils expriment au contraire pleinement la mentalité profonde des chevaliers et des piétons d'Occident, que tout séparait d'un Orient byzantin trop riche, trop fastueux, trop «policé» pour leur rudesse guerrière et que l'étalage de ce faste irritait.

Ils traduisent aussi leur approche radicalement différente de la croisade : ils sont prêts à mourir pour le Christ en guerroyant pour délivrer les lieux saints de Jérusalem, mais pas à perdre leur vie pour accroître l'empire byzantin, comme des mercenaires d'un empereur chrétien, certes, mais «étranger», au service d'un seigneur qui ne leur est rien. Cette fissure a pu s'élargir par la suite ; elle n'en existe pas moins dès l'origine, à Constantinople et plus encore à Nicée. Elle est due à des mentalités différentes, à des buts de guerre différents ; elle explique dans une large mesure les attitudes ultérieures de Tancrède à Tarse, de Baudouin à Edesse et de Bohémond à Antioche, désireux de conserver désormais pour leur propre compte le bénéfice des conquêtes militaires de leurs troupes.

La bataille de Dorylée

L'amertume de certains croisés envers Alexis s'accroît encore lorsqu'ils constatent que l'empereur ne reprend pas la route avec eux comme il semblait l'avoir promis : il désire en effet parachever la reconquête du littoral et ne fournit à l'expédition qu'un contingent limité dirigé par «Tatin». Ils n'en espèrent pas moins arriver à Jérusalem dans un délai de 5 semaines[10]. C'est compter sans la réaction des Turcs, les terrifiantes difficultés de la traversée des plateaux désertiques d'Anatolie et la résistance opiniâtre de la ville d'Antioche, verrouillant l'accès à la Terre Sainte. Peu après Nicée, déjà, les armées de Kilij Arslan préparent une embuscade.

Elles profitent d'une erreur de parcours, volontaire ou non, d'une partie des croisés qui se sont divisés en deux corps et suivent des itinéraires différents. Le plus faible des deux, composé principalement des Normands de Robert et de ceux de Bohémond ainsi que d'Etienne de Blois, est attaqué le 1er juillet, près de Dorylée ; c'est le premier choc véritable entre deux cavaleries réputées, celles des Francs et celle des Turcs, jusqu'alors tenues toutes deux pour invincibles.

Deux techniques radicalement distinctes s'affrontent à Dorylée : à la grande surprise des chevaliers francs, les Turcs ne font pas la guerre comme eux et ils en sont désorientés. A la charge massive et brutale des chevaliers d'Occident, classique depuis une trentaine d'années, s'oppose l'attaque virevoltante des Turcs ; à la puissance redoutable de la lance des Francs, les cavaliers d'Allah répliquent par la dérobade, la fuite simulée, divergente, provoquant la poursuite, et la flèche décochée de près par le «fuyard» sur son poursuivant[11]. Ils se dérobent devant la charge impétueuse, refusent le choc frontal lance contre lance, évitent la mêlée et le combat à l'épée, dans la «presse». Ils se contentent de lancer de loin flèches et javelots et de rompre en ordre dispersé pour se regrouper à nouveau en deux colonnes, cherchant toujours à envelopper l'adversaire, à disjoindre la charge compacte et massive des chevaliers d'Occident[12].

Les deux adversaires sont déroutés : les chroniqueurs chrétiens soulignent le désarroi de leurs chevaliers devant cette méthode, devant la nuée de flèches et de javelots qui s'abat sur eux. Foucher de Chartres le précise :

> «*Il ne faut pas s'en étonner, car, pour nous tous, ce genre de combat était totalement inconnu*»[13].

Guibert de Nogent, moine-historien demeuré en Occident, éprouve plus encore le besoin d'expliquer à ses lecteurs ce qui pouvait paraître incroyable à leurs yeux : la chevalerie franque mise en difficulté ! C'est l'occasion pour lui de souligner à la fois les méthodes déroutantes des Turcs et la réelle valeur de leurs cavaliers :

> «*Mais quelqu'un objectera peut-être : 'Il s'agissait là de troupes de paysans, de chevaliers domestiques, rameutés d'un peu partout'. En fait, les Francs eux-mêmes, qui affrontèrent tant de périls, reconnaissent qu'ils n'ont jamais rencontré une autre race d'hommes qui puisse être comparée aux Turcs, tant ils firent preuve de courage et de vaillance au combat. Lorsqu'ils les affrontèrent pour la première fois dans une bataille, ils furent presque poussés au désespoir à cause de la nouveauté de leurs armes. Les nôtres étaient en effet dans l'ignorance totale de leur habileté à chevaucher, de leur étonnante capacité à éviter nos charges et nos coups et en particulier de l'habitude qu'ils ont de continuer à combattre même pendant leur fuite, en tirant des flèches*»[14].

Pas de doute, les Turcs sont de très vaillants chevaliers ! Les chroniqueurs le reconnaissent tous et traduisent à leur manière l'estime réciproque que se portent chevaliers chrétiens et cavaliers turcs : ils ne peuvent être que frères de race, descendant d'un même ancêtre, probablement les Troyens ! En tout cas, Turcs et Francs sont d'accord sur un point : eux seuls méritent de porter le nom de *chevalier*. Si seulement ces Turcs avaient «conservé» la vraie foi ! Ils seraient alors les meilleurs chevaliers du monde[15].

Peut-on trouver meilleure illustration de cette conscience de l'Occident de posséder à la fois la meilleure religion, la meilleure chevalerie ? Les infidèles ne peuvent que s'en approcher, quelles que soient les qualités naturelles qu'on leur reconnaît.

Le fait est qu'à Dorylée, malgré l'effet de surprise, les Turcs ne purent l'emporter. Le combat dura près de six heures. Un messager, envoyé par Bohémond, ramena enfin sur le champ de bataille l'autre corps d'armée et les deux corps réunis taillèrent en pièces les cavaliers turcs, les poursuivant sur une très grande distance. Raoul de Caen, à la fois chevalier et lettré, chante en vers latins les exploits chevaleresques qu'accomplirent, à Dorylée, Robert de Flandre et Hugues le Grand. Il les compare aux deux héros épiques les plus célèbres du moment, Roland et Olivier, que l'on croirait voir ici, dit-il, ressuscités, tailler de l'épée et frapper de la lance[16].

La réputation de la chevalerie franque se répandit aussi chez l'ennemi. Désormais, les Turcs éviteront la bataille rangée en terrain découvert. Seules, par la suite, les armées énormes de Karbuqâ à Antioche et les troupes égyptiennes à Ascalon s'y risqueront, chaque fois avec une très nette supériorité numérique de leur cavalerie sur celle des Francs, et chaque fois sans succès. Quelles que soient par ailleurs les autres causes réelles de ces défaites, on ne peut omettre, parmi celles-ci, la valeur de la chevalerie franque. Le courage et la valeur militaire des chevaliers constituaient même, aux yeux de la plupart des musulmans de ce temps, les seules véritables qualités que l'on pouvait reconnaître aux Francs[17] !

La marche vers Antioche

Après la bataille rangée, le harcèlement et les pièges. Les Turcs décident d'affaiblir l'armée croisée par la faim, en détruisant les approvisionnements sur le chemin qu'elle doit suivre. Ils y parviennent en partie, si l'on en juge par la remarque de l'Anonyme qui décrit cette longue poursuite d'un ennemi insaisissable, entre Dorylée et Iconium, dans des régions désertées et incendiées, sans eau, «d'où nous eûmes du mal à sortir vivants», note-t-il brièvement[18]. Il y eut de nombreux morts, de faim et de soif, et surtout les chevaliers chrétiens perdirent la plus grande partie de leurs chevaux, force principale de leur armée.

Les mêmes souffrances et les mêmes pertes les attendaient à nouveau dans la très difficile traversée des montagnes de l'Anti-Taurus, entre Césarée et Marasch, montagnes que l'Anonyme qualifie de «diaboliques», où les chemins étroits bordés de précipices causèrent la mort de nombreux chevaux et le découragement des chevaliers privés de leurs montures et encombrés de leurs hauberts et de leurs boucliers ; beaucoup les jetèrent ou les vendirent pour des sommes dérisoires à d'autres chevaliers plus fortunés, poursuivant leur route en simples fantassins, espérant que les faveurs de la guerre leur permettraient de récupérer la monture indispensable à tout chevalier. Ils parvinrent enfin à Antioche le 20 octobre 1097, après d'innombrables souffrances et de nombreuses pertes.

Beaucoup de villes fortifiées, peuplées en majorité de chrétiens, Syriens ou Arméniens, leur ouvrirent spontanément leurs portes. D'autres, même, les appelaient à venir les délivrer de leurs anciens maîtres turcs lorsque leur garnison, trop peu nombreuse, se repliait ailleurs. Ces appels attisent les convoitises des princes. Puisque l'ennemi fuit et que les populations semblent prêtes à changer de maîtres, pourquoi ne pas occuper ces villes, se tailler des fiefs, voire des principautés autonomes, au lieu de les remettre purement et simplement à l'empereur, qui a promis de venir les rejoindre avec une grande armée, mais qui tarde à accomplir sa promesse ? Ce n'est certainement pas la masse des petits chevaliers qui s'y opposerait !

Commence, alors, la rivalité entre les princes pour la possession de ces terres jadis lointaines, mais que l'on découvre maintenant, et qui sont riches, et peuplées de chrétiens d'Orient que l'on est venu secourir, et qui les acceptent pour seigneurs. Fin septembre, à l'approche de Tarse, déjà, Tancrède et Baudouin se séparent du gros de l'armée pour la précéder. Chacun cherche à devancer l'autre pour hisser sa bannière sur les murailles de la ville en signe de prise de possession. Tancrède arrive le premier à Tarse, entre en pourparlers avec la population que la garnison turque a abandonnée. Il va en prendre possession lorsque Baudouin arrive à son tour... avec une armée bien plus forte. Tancrède doit céder la place ! Baudouin s'établit dans la région, y installe des «vassaux» et élargit même ses Etats. Plus tard, à Antioche, Baudouin apprend qu'à Edesse le gouverneur arménien de la ville, Thoros, un vieillard sans enfant, l'appelle pour faire de lui son héritier. Il s'y précipite et se plie au rite prévu pour l'adoption des bébés... et qui prête à sourire à propos de ce robuste guerrier : il doit se glisser entre la chemise et le corps nu de son «père» adoptif, puis de sa «mère», l'épouse, âgée elle aussi, du roi Thoros. Peu après, une «providentielle» émeute de la population massacre Thoros. Baudouin devient le «*seigneur d'Edesse*».

Pendant ce temps, son rival Tancrède ne reste pas inactif : il conquiert la région de Mamistra, où il prend deux villes et de nombreux châteaux et y installe aussi ses propres chevaliers en garnison, au début du mois d'octobre. Les chroniqueurs désignent cette région par l'expression : «la terre de Tancrède»[19]. Il n'est pas le seul : tandis que les chefs de l'armée distribuent à quelques-uns de leurs chevaliers les châteaux et les terres conquises, Raymond de Saint-Gilles apprend que la ville d'Antioche serait, elle aussi, délaissée par sa garnison turque. Il y envoie aussitôt 500 de ses chevaliers pour en prendre possession. Fausse nouvelle ! Ils trouvent une ville bien défendue, dont il leur faudra faire le siège. Le verrou annoncé tient bon. L'épisode n'en est pas moins révélateur de l'état d'esprit qui se développe alors parmi les princes croisés. Car, notons-le, à l'approche d'Antioche, jamais il n'a été question de remettre les villes conquises à une garnison impériale en attendant l'arrivée d'Alexis. Ce sont les Latins qui les ont prises, ce sont eux qui les occupent et qui reçoivent des princes croisés, «en fief», les seigneuries ainsi constituées[20].

Jusqu'alors on pouvait croire que deux thèses seulement s'affrontaient parmi les croisés : celle de la reconquête des territoires pour le compte de l'empire byzantin et celle du pèlerinage armé pour la délivrance du Saint-Sépulcre. Ici se fait jour un troisième objectif, qui a mûri depuis Nicée, voire avant (?) chez de nombreux princes : se tailler pour eux-mêmes des domaines, s'approprier ces terres, transformant ainsi la croisade en une entreprise qui n'est plus très éloignée, quoi qu'on en dise, d'une expédition coloniale.

ANTIOCHE

«La main de Dieu
est-elle trop courte
pour sauver ?»

L'aspect «colonial» de la croisade devient manifeste à propos de la possession d'Antioche, cité riche et opulente, convoitée par tous à cause de son intérêt économique et commercial autant que stratégique : elle commande le passage vers la Syrie-Palestine.

Mais cette ville est une forteresse, entourée d'une puissante muraille flanquée de plus de 400 tours. Elle est protégée par une citadelle construite sur la montagne que les murailles escaladent, et par un fleuve, l'Oronte, dont les gorges rendent difficile l'établissement d'un siège efficace.

Contrairement aux espérances du comte de Toulouse, la garnison turque se prépare à résister. Lorsque les croisés arrivent, le 20 octobre, au «Pont de Fer» (qui franchit l'Oronte à quelques kilomètres d'Antioche et en commande l'accès), les Turcs sont en train de convoyer vers la ville troupeaux et ravitaillement nécessaires pour soutenir un siège. La charge des chevaliers de Bohémond les disperse et permet un abondant butin[1].

Le siège commence. Il va durer 7 mois ! Sept longs

mois de souffrances et de découragement, marqués par une succession d'escarmouches, de sorties de la garnison contre le camp chrétien mal défendu, de randonnées de plus en plus lointaines destinées à ramener au campement le fourrage pour les chevaux et les vivres pour les hommes. Un ravitaillement précaire, en l'absence de prévoyance et de stockage des denrées alimentaires. La pénurie engendre une hausse des prix catastrophique pour les plus pauvres qui meurent de faim, en grand nombre ; des pluies anormalement abondantes transforment de plus le camp en bourbier, que l'absence d'hygiène rend malsain : la maladie frappe durement même les princes qui, les uns après les autres, vont se faire soigner dans les forteresses environnantes tombées entre leurs mains.

De toutes les épreuves subies par les croisés, celles d'Antioche furent probablement les plus rudes. Leur armée y perdit, dans les combats, la famine, la maladie et les défections qui en résultèrent, une part énorme de ses effectifs[2]. Ils n'en vinrent à bout que par un concours de circonstances qu'ils attribuèrent à la main de Dieu réalisant des miracles. Ces circonstances ont profondément marqué les croisés et transformé l'état d'esprit de certains d'entre eux. Il faut donc prêter quelque attention à ces faits et à l'interprétation qu'ils en donnèrent.

Les premières semaines du siège se passent dans l'inaction de part et d'autre. La garnison d'Antioche a expulsé de la ville les chrétiens, Syriens et Arméniens, suspects de complicité avec les croisés, et qui, de fait, servirent d'espions pour les deux camps. Le maître d'Antioche, Yâghi Siyân, n'est pas très aimé dans la région, ce qui explique peut-être la reddition relativement aisée des forteresses des environs. Il vient, de plus, de dresser contre son «suzerain», Ridwân d'Alep, le frère de celui-ci, Duqâq de Damas, s'alliant successivement à l'un et à l'autre. Il n'en espère pas moins leur aide et leur envoie, par son fils Chams-ed-Dawla (le *Sansadoine* des chroniques), des appels au secours, ainsi qu'au prince de Mossoul Karbuqâ, le plus puissant chef d'armée du sultan. Il se contente donc d'attendre la suite des événements à l'abri derrière ses murailles.

Les croisés, eux aussi, s'installent, sans ordre ni précaution[3], pour un siège dont ils ne peuvent pas attendre grand-chose. D'abord parce que la configuration du terrain leur interdit de réaliser un blocus efficace de la ville ; ensuite parce que, eux aussi, espèrent bientôt recevoir des renforts, ceux d'Alexis et ceux que les flottes italiennes, et génoises en particulier, s'apprêtent à envoyer. Celles-ci arrivent en effet au Port-Saint-Siméon, à une vingtaine de kilomètres d'Antioche, mais en nombre moins grand qu'on l'espérait. Il faut intensifier le siège et pourvoir au ravitaillement qui manque à nouveau ; les ressources des champs s'amenuisent. On est alors à la mi-novembre et la mauvaise saison commence. Les sorties incessantes des habitants d'Antioche et les embuscades que tendent les Turcs de la forteresse voisine, à Harenc, conduisent les croisés à mener une expédition victorieuse contre ce château et à construire un fortin dominant le camp de Raymond de Saint-Gilles ; chaque chef, à tour de rôle, devra occuper ce «château» nommé Mauregart. La protection du camp s'améliore alors et les écuyers et paysans qui vont fourrager sont moins souvent massacrés.

Mais la situation devient vite mauvaise sur le plan du ravitaillement. En décembre, la famine fait son apparition et Godefroy tombe gravement malade. Les chefs croisés se réunissent alors le 23 décembre et décident d'envoyer Bohémond et Robert de Flandre vers Alep, pour y chercher des vivres. Après avoir fait un abondant butin, ils sont attaqués à leur retour, le 31 décembre, par deux armées turques. Ils parviennent à s'échapper, non sans laisser sur le terrain de nombreux morts et la totalité du butin. Ils rentrent donc au camp les mains vides ! Pendant leur absence, les Turcs d'Antioche ont, eux aussi, attaqué le camp affaibli et tué de nombreux chrétiens. Pour assombrir encore la situation, le comte de Toulouse, à son tour, tombe malade et un tremblement de terre succède à une aurore boréale, le 30 décembre. Tout va mal !

Les croisés sont abattus, découragés. L'évêque Adémar ordonne alors, en pleine période de disette, un jeûne de trois jours et des prières publiques. Il est évident à ses yeux que ces malheurs sont l'effet d'un châtiment divin dû aux péchés des croisés : ils se sont livrés à la débauche, à la luxure, aux excès de festivités, au temps de l'opulence, à leur arrivée à Antioche[4].

La famine, toutefois, s'amplifie. Elle fait des ravages tout au long du mois de janvier. Les chevaux, eux aussi, meurent et se font rares, au point que les chevaliers n'osent plus sortir pour protéger les écuyers et les petites gens qui fourragent ou cherchent des vivres dans les environs. Raymond doit, pour les y convaincre, proposer une sorte de caisse de solidarité qui les assure de retrouver le cheval qu'ils perdraient dans cette indispensable fonction de protection des humbles.

A cette date, le découragement atteint de nombreux croisés qui ne songent qu'à s'enfuir. C'est le cas, entre autres, de Pierre l'Ermite et de Guillaume le Charpentier, qui sont rattrapés par Tancrède et humiliés par Bohémond[5].

Le contingent grec dirigé par Tatin quitte également le camp au début de février 1098. Les raisons de ce départ demeurent obscures : est-ce par découragement ? Par lâcheté ? Faut-il y voir le résultat des intrigues de Bohémond cherchant à se faire reconnaître la possession (future) d'Antioche et menaçant de rentrer chez lui si cette possession ne lui était pas garantie ? Toutes ces raisons ne sont pas totalement incompatibles et il est possible que Tatikios, à cette date, ait cru préférable de quitter la place, estimant que la défaite était inéluctable et que la victoire, très douteuse, ne rapporterait rien à l'empire par suite des ambitions fermes de Bohémond sur la ville[6].

Ce départ affaiblit encore l'armée, mais laisse les mains libres à Bohémond qui, déjà en contact avec un habitant d'Antioche, tente d'obtenir la prise de la ville par quelque trahison. Il lui faut faire vite, car une armée de secours, dirigée par Ridwân d'Alep, est annoncée. Les croisés décident de ne pas l'attendre : ils confient la garde du camp aux piétons tandis que les chevaliers se portent au-devant des Turcs qu'ils parviennent à mettre en fuite ; mais, pendant leur absence, la garnison d'Antioche a à nouveau réussi une sortie meurtrière. Il faut donc accélérer le siège, et l'on manque de machines pour le mener à bien. Raymond de Saint-Gilles et Bohémond conduisent, le 5 mars, une expédition vers le Port-Saint-Siméon, où une flotte vient d'arriver, pour en ramener les ouvriers capables de les construire. Leurs troupes sont attaquées à leur retour et dispersées. Raymond et Bohémond parviennent à rentrer au camp, mais ils sont vaincus et ont perdu de nombreux guerriers. Les chrétiens du camp, ulcérés, parviennent cependant à intercepter les Turcs alors qu'ils s'apprêtent à rentrer dans la ville avec leur butin ; ils en tuent un grand nombre, que les Turcs ensevelissent pendant la nuit, et... que les chrétiens déterrent le lendemain pour les dépouiller de leurs bijoux éventuels et couper leurs têtes, ce qui leur permet de les compter (1 500 têtes) et d'en envoyer quelques-unes dans la ville pour la terroriser. D'autres têtes sont également offertes en cadeau aux ambassadeurs du pouvoir fatimide, désireux de s'allier aux croisés et de partager avec eux les territoires repris ensemble aux Turcs[7].

Cette victoire est suivie d'un blocus plus étroit de la ville, interdisant désormais toute sortie. Mais le péril, maintenant, vient d'ailleurs : une grande armée de secours, commandée par Karbuqâ, s'est en effet mise en route au début du mois de mai. Elle ne marche cependant pas tout de suite vers Antioche. Karbuqâ veut d'abord assurer ses arrières et, pour cela, soumettre Edesse, où Baudouin règne en maître depuis un mois. Il en fait vainement le siège pendant trois semaines. C'est assez pour que la rumeur en parvienne à Antioche. Les croisés apprennent en effet le 28 mai que l'armée de Karbuqâ approche. Le 29, ils promettent à Bohémond de lui laisser la possession de la ville s'il parvient à la prendre. Le 2 juin, malade... ou terrorisé, Etienne de Blois, qui avait été élu «chef des armées chrétiennes», se retire avec une partie de ses troupes à Alexandrette. Devant la menace qui monte, il décide de rentrer en France, persuadé que l'armée chrétienne est perdue. Il l'annonce à l'empereur Alexis, qu'il rencontre en Asie Mineure, sur le chemin du retour, le dissuadant d'aller porter aux croisés un secours qu'il estime inutile[8].

Les chrétiens semblent perdus, coincés entre les murailles d'une ville qu'ils assiègent et l'armée turque qui s'approche. Le 4 juin, l'avant-garde de Karbuqâ arrive à Antioche. C'est pour y voir le camp chrétien déserté et la bannière rouge de Bohémond flotter sur la ville.

La veille, en effet, au point du jour, Bohémond était parvenu à entrer dans la ville ; ses hommes avaient, avant l'aurore, escaladé une tour que leur livrait le préposé à sa garde, un certain Firouz[9].

La catastrophe finale évitée de justesse, la situation n'en demeure pas moins grave, car la citadelle dominant la ville demeure entre les mains de la garnison turque. Karbuqâ, qui n'a guère confiance en eux, se la fait livrer et y installe ses gens. Chez les chrétiens assiégés, les provisions trouvées sur place, d'abord consommées sans discernement et gaspillées, s'épuisent vite et la maladie — propagée peut-être par les cadavres des habitants massacrés — reprend de plus belle. Les défections aussi. Le 10 juin, pendant la nuit, de nombreux croisés se laissent glisser par une corde le long des murailles de la ville (on les appelle pour cela «les funambules») et tentent de gagner le port Saint-Siméon. Le découragement semble être à son comble.

C'est alors qu'intervient le surnaturel.

Dieu n'a pas abandonné les siens : il le fait savoir par des visions. C'est ce qu'affirme Pierre Barthélémy, un pauvre «piéton» au service d'un croisé de l'armée de Saint-Gilles. Il raconte que, bien avant la prise d'Antioche, saint André lui est apparu, à l'époque du tremblement de terre qui avait terrifié les croisés, 6 mois plus tôt. Il lui avait montré, en vision, l'endroit où se trouvait la sainte Lance, que le soldat Longin avait utilisée pour percer le côté du Christ en croix. Cette précieuse relique, gage de la fidélité de Dieu à la cause des croisés, se trouverait dans la cathédrale Saint-Pierre, à Antioche. Barthélémy, lors de sa première vision, de crainte qu'on ne le croie pas, s'était tu. Une deuxième, puis une troisième vision lui ordonnent de parler.

Il parle enfin, le 10 juin. Adémar, qui l'écoute, ne lui accorde aucun crédit ; mais le comte, lui, le croit aussitôt[10]. Le lendemain, un prêtre nommé Etienne voit apparaître Jésus, qui reproche aux croisés leurs débauches passées et leur incrédulité présente : qu'ils se repentent, et Dieu les aidera. Les princes, ébranlés, se réconfortent :

ils jurent qu'ils mourront dans Antioche plutôt que de fuir, ce qui rassure enfin le petit peuple, persuadé, nous dit Raymond d'Aguilers, que les princes avaient résolu de s'enfuir vers le port et de les abandonner aux mains des Turcs[11].

Dans la nuit du 13 au 14 juin, une «étoile» (météorite) traverse le ciel et semble tomber dans le camp des Turcs : heureux présage ! Le lendemain, en présence de nombreux témoins (dont Raymond d'Aguilers, le chapelain du comte de Toulouse, qui raconte la scène), Pierre Barthélémy, descendant parmi les ouvriers qui creusent le sol à l'endroit indiqué, trouve la «sainte Lance» sous le dallage de l'église Saint-Pierre, à une profondeur de plus de trois mètres, après avoir creusé jusqu'au soir.

C'est la réponse de Dieu pour encourager son peuple !

Cette découverte rencontre quelques incrédules, mais galvanise la confiance de nombreux croisés, malgré la famine et la maladie qui s'amplifient. Raymond de Saint-Gilles, à nouveau, tombe malade, et c'est Bohémond qui prend le commandement. Une nouvelle vision prescrit un jeûne de trois jours et des processions, mais promet aussi la victoire si les croisés combattent en priant Dieu et en renonçant à tout pillage. Après ce jeûne, Bohémond se livre à une dernière manœuvre d'intimidation : il envoie Pierre l'Ermite et Herluin, qui connaît l'arabe, au camp de Karbuqâ, pour sommer les Turcs de se convertir au christianisme et de quitter ces terres qui sont chrétiennes. Sinon, il offre un combat singulier ayant valeur d'ordalie ou de duel judiciaire entre quelques chevaliers champions du christianisme et un nombre égal de cavaliers de l'islam.

Karbuqâ, sûr de sa position de force, lui rit au nez et offre à son tour aux chrétiens le choix entre l'apostasie ou l'esclavage, ajoutant que la famine aura bientôt tranché le débat[12].

Les croisés se décident donc à combattre. Laissant la garde de la ville à Saint-Gilles, malade, et à quelques soldats, ils sortent le matin du 28 juin pour se ranger en ordre de bataille, en six corps de chevalerie. Les prêtres, en procession, les accompagnent tandis que d'autres prient sur les murailles, avec les *inermes*. Karbuqâ les laisse sortir : il croit pouvoir exterminer d'un coup cette armée affaiblie par la faim et la maladie, et qui ne dispose plus que de quelques centaines de chevaux valides, entourant des prêtres groupés en procession !

Le combat s'engage. Karbuqâ tente un mouvement tournant auquel les chrétiens s'opposent en chargeant. Brusquement, les armées turques se débandent et les chevaliers francs les poursuivent, sans se préoccuper du butin (ce qui n'était pas habituel), taillant en pièces l'adversaire, aidés en cela par les Syriens et les Arméniens des environs, qui choisissent alors délibérément leur camp.

Cette victoire, totalement imprévisible, est inexplicable pour les deux parties.

Pour les musulmans, il s'agit d'une trahison. Karbuqâ avait tellement méprisé ses alliés que ceux-ci auraient décidé de se retirer dès les premières charges et de le laisser supporter seul le poids du combat[13].

Pour les chrétiens, la victoire est un miracle accompli par Dieu à travers eux. D'ailleurs, plusieurs témoins affirment que les chevaliers francs n'ont pas combattu seuls : à leurs six bataillons s'est ajouté celui, tout de blanc vêtu, des chevaliers célestes. Ils surgissent des montagnes voisines, conduits par les saints militaires, patrons de la chevalerie : Georges, Démetrius, Mercure, Théodore, suivis d'innombrables guerriers des armées célestes[14].

C'était bien ici l'aide de Dieu promise aux humbles dépositaires des visions. Les princes, désormais, devraient en tenir compte.

JÉRUSALEM... Ô ! JÉRUSALEM

Après cette victoire quasi miraculeuse, on aurait pu croire que les chrétiens allaient profiter de la débandade des armées turques pour se ruer vers Jérusalem dès que possible.

Il n'en fut rien !

Après une pause indispensable pour reprendre leurs forces et reconstituer leur cavalerie, les princes semblent au contraire chercher, par tous les moyens, à retarder leur départ, voire à y renoncer. Leur intention, de plus en plus manifeste depuis que le contingent grec les a quittés, c'est de se constituer dès maintenant des principautés. La fidélité à l'hommage prêté à Alexis ne semble guère les troubler.

L'été, l'automne, l'hiver, puis le printemps se succèdent et la route qui conduit à Jérusalem reste vide... Jérusalem oubliée ?

Cette longue parenthèse est également marquée par la recrudescence des calamités qui frappent durement les «pèlerins» : les maladies (parmi lesquelles la peste et la dysenterie), la famine, les défections ravagent l'armée des «pèlerins» et font plus que la décimer. Malgré quelques renforts qu'apportent les flottes d'Occident, l'armée s'amenuise.

Tout cela exaspère les masses populaires qui se sentent trahies, frustrées, et qui redoutent de ne jamais atteindre le but qui demeure le leur : Jérusalem, le pèlerinage au Saint-Sépulcre, la libération des lieux saints. Elles en viennent à perdre confiance en leurs chefs et leur hostilité envers eux se manifeste de plus en plus clairement. Pour calmer ces «miséreux», les princes organisent des razzias destinées à la fois à affermir leur domination sur ces régions et à fournir aux guerriers et aux «pauvres» qui y participent exutoire et butin. Mais l'impatience croît et l'exaspération, attisée par la recrudescence du «merveilleux», contraint les princes à céder. La croisade redevient alors un pèlerinage armé, jusqu'à la prise de Jérusalem, «purifiée» par un abominable bain de sang.

Quelques jours après leur victoire sur Karbuqâ, les princes croisés envoient à Constantinople deux d'entre eux, Hugues le Grand et Baudouin de Hainaut, pour en avertir Alexis et lui demander de venir honorer ses engagements et recevoir Antioche[1]. Est-ce la preuve qu'ils entendent renoncer à sa possession et à celle du pays ? Nullement, et la suite le montre assez : la région les intéresse et ils font tout pour s'en assurer la domination. On peut admettre qu'à cette date, avant la rupture définitive avec Alexis, les princes d'Occident envisageaient deux possibilités : ou bien Alexis arrivait bientôt, conformément à ses engagements, et ils honoreraient également les leurs, transformant peut-être leur domination sur la région en principautés vassales, *de jure*, de l'empereur grec ; ou bien, constatant la défection d'Alexis, ils se sentiraient déliés de leur engagement et les seigneurs conquérants établiraient leur pouvoir à la mode occidentale, par des seigneuries juxtaposées, liées entre elles par leur commune dépendance vassalique envers leurs princes respectifs. Cette «pyramide vassalique» aurait pu remonter jusqu'à une pointe unique qui aurait dû être l'empereur, mais la présence de celui-ci n'était pas indispensable au fonctionnement d'un tel système de relations.

Cette soif de possessions territoriales les occupe visiblement plus que toute autre chose. Elle dresse parfois les uns contre les autres les princes qui retardent volontairement leur départ : le 3 juillet, le «conseil des princes» décide de repousser ce départ au 1er novembre 1098, sous prétexte d'éviter de se mettre en route par les fortes chaleurs de l'été. Prétexte notoire ! En plein été, les chevaliers ne cessent de guerroyer un peu partout. Avant de se retirer «chacun dans sa terre», les princes et les seigneurs de moindre importance qui ont déjà acquis des domaines recrutent, avant de quitter Antioche (où sévit l'épidémie), des chevaliers isolés dans l'intention évidente d'agrandir ou de fortifier leurs domaines. D'autres, encore peu ou mal pourvus, recrutent également, comme Raymond Pilet, pour en conquérir. Tout ceci dans la pleine chaleur de l'été[2]. Bohémond, qui se dispute Antioche avec Raymond, part vers la Cilicie et Godefroy de Bouillon, encouragé par le succès de Baudouin à Edesse, s'y rend également, tandis que Raymond de Toulouse, appelé à l'aide par Godefroy pour conquérir Hazar, échoue et se replie sur Antioche avant de tenter sa chance vers Albara, avec plus de succès : il y installe un évêque de sa troupe, un Latin d'Occident, bien entendu, ce qui manifeste pour le moins une certaine indépendance envers Alexis, auquel il n'a d'ailleurs pas prêté hommage[3]. C'est pourtant lui qui s'oppose avec le plus de virulence à Bohémond pour la possession d'Antioche lorsque les princes, réunis dans cette ville, comme convenu, à partir du 1er novembre, tiennent conseil : pour préserver les droits d'Alexis — et ne pas se parjurer, dit-il — il refuse qu'Antioche soit donnée à Bohémond[4]. On évite de justesse l'affrontement armé entre ces deux princes. Adémar, l'évêque du Puy, le seul qui ait sur eux quelque autorité, est en effet mort de la peste le 1er août et les princes agissent désormais à leur guise. Ils ont attendu le 11 septembre pour informer le pape Urbain II de leur victoire d'Antioche et lui demander de venir achever la conquête. La substance de cette lettre est d'ailleurs révélatrice de leur état d'esprit ; elle raconte : les croisés ont vengé sur les Turcs les injures commises contre Jésus-Christ, ils ont affermi la gloire de la foi chrétienne, Antioche est désormais entre leurs mains, soumise à la foi et à la religion *romaine*, mais Adémar, le légat que le pape leur a donné, est mort et ils se sentent orphelins. N'est-il pas juste qu'Urbain II, qui leur a fait commencer cette entreprise, vienne lui-même achever «sa guerre» ? Qu'il vienne affermir la foi chrétienne dans les terres reconquises sur les infidèles mais peuplées encore de tant d'hérétiques. Eux, les chefs croisés, ne peuvent rien contre ceux-ci. Que le pape vienne donc dans cette capitale de la chrétienté qu'est Antioche, éradiquer lui-même, par sa présence, par son autorité, ces hérésies multiformes, poursuivre et détruire les hérétiques qui pullulent sur ces terres et que la lettre énumère : Grecs, Arméniens, Syriens, Jacobites. Qu'il vienne et alors, avec lui, reprendra le pèlerinage «*que lui seul a fait entreprendre*» vers le Saint-Sépulcre, vers Jérusalem[5].

Cette lettre, dont rien ne nous permet de suspecter l'authenticité, montre clairement que les princes croisés cherchaient alors à gagner du temps, à retarder leur départ pour Jérusalem, et qu'ils entendaient également faire des régions reconquises au-delà de l'Anti-Taurus des terres occidentales, gouvernées par des princes latins et relevant de l'obédience religieuse romaine, même si l'on peut suspecter quelques amplifications ultérieures du vocabulaire antigrec dans la lettre.

A Bari, du 3 au 10 octobre, Urbain II présida un concile où l'on évoqua les affaires de la croisade, mais le pape se garda bien d'entreprendre un voyage qui aurait aussi ouvertement revendiqué, contre Alexis et l'Eglise grecque, les droits romains et latins[6]. Les princes attendirent donc en vain.

Cette attente les arrangeait, mais irritait fort les «petites gens» : à défaut d'accord, irréaliste, entre les princes, ils réclament alors un chef, n'importe lequel, qui les conduise au terme de leur pèlerinage. Mais les princes s'obstinent. Raymond et Robert entreprennent le siège de Ma'arrat, où la masse des «petits» vient les rejoindre, ainsi que Bohémond. Ils s'en emparent enfin le 12 décembre, la pillent et massacrent ses habitants, en dépit de la parole donnée par Bohémond. Quant à la reprise du «pèlerinage», elle est à nouveau remise à plus tard, d'autant plus que Bohémond et Raymond entrent à nouveau en conflit à propos du butin et des visions qui ont repris, dans le camp du comte de Toulouse, et que les Normands ridiculisent. Bohémond propose même, le 29 décembre, de repousser encore le départ après Pâques !

Le découragement et l'irritation des «petites gens» atteignent alors leur paroxysme. Nombreux sont ceux qui abandonnent un pèlerinage dont ils n'espèrent plus rien. D'autres, au contraire, sont prêts à tout pour contraindre les «Grands» à reprendre la route. Une partie du clergé les soutient. Les visions se multiplient, dans un climat de tension et d'inquiétude accrues par la fatigue et la famine qui survient à Ma'arrat, en décembre et en janvier : les plus pauvres, les Tafurs, les anciens fanatiques de Pierre l'Ermite, se livrent même au cannibalisme, n'hésitant pas à se nourrir des cadavres des Turcs tués. Les musulmans des environs en sont tous terrorisés[7].

Le comte de Toulouse tente alors de concilier ses propres ambitions et les appels des masses populaires qui le pressent de partir. Il propose aux princes de fortes sommes d'argent s'ils s'engagent à son service. Tancrède, seul, accepte, pour 5 000 sous ; mais les autres se dérobent et le petit peuple, cette fois, se révolte et contraint le prince au départ : il se met à détruire systématiquement les fortifications de la ville de Ma'arrat, où Saint-Gilles a établi son quartier général. Emeute efficace : le comte y reconnaît, nous dit son chapelain, un effet de la volonté divine. Une semaine plus tard, le 13 janvier 1098, il reprend la route de Jérusalem, pieds nus, en pèlerin, après avoir «brûlé ses vaisseaux» : il fait incendier sa ville de Ma'arrat. Tancrède l'accompagne avec ses chevaliers. Ils sont rejoints, le lendemain, par Robert de Normandie. Quant aux autres princes, ils se réunissent à Antioche le 2 février et décident de reprendre eux aussi la marche sur Jérusalem le 1er mars : huit mois après la victoire sur Karbuqâ, la croisade est enfin relancée !

La marche des croisés vers le Sépulcre n'est cependant pas aussi rapide que l'on pouvait l'espérer. Pourtant, de nombreuses villes musulmanes cherchent à traiter avec eux, promettant de fournir chevaux et ravitaillement pourvu que les armées franques passent au large. Mais d'autres résistent et les croisés s'attardent parfois à les assiéger : c'est le cas d'Arqa, où Anselme de Ribemont, auteur de deux précieuses lettres, trouve la mort ; on raconte qu'il en avait été averti par une vision céleste.

A Arqa, en effet, les visions reprennent de plus belle : Pierre Barthélémy, à nouveau, reçoit la visite de saint

André, mais aussi de saint Pierre et du Christ. Il stimule l'ardeur des croisés, les presse de se hâter de prendre Arqa et réaffirme la valeur de la sainte Lance. Dans le camp normand, on met en doute cette vision, tout comme la véracité de cette sainte Lance : tout cela favorise par trop le camp de Raymond de Toulouse. Arnoul, le chapelain de Robert de Normandie, souligne qu'Adémar lui-même était sceptique à propos de la lance ! D'autres visionnaires, en revanche, confirment l'authenticité de cette relique : des prêtres, comme Etienne, Evrard, Bertrand et même un prélat, l'évêque d'Agde. Tous du camp de Raymond. Les sceptiques du clan normand ricanent. Pour les faire taire, Pierre Barthélémy offre une ordalie :

> «*Je veux, et même je supplie, que l'on fasse un très grand feu ; et moi, je passerai au milieu, avec la lance du Seigneur. Si c'est bien la lance du Seigneur, je traverserai sain et sauf. Sinon, que je sois consumé par ce feu. Je vois bien en effet que l'on ne croit ni les apparitions, ni leurs témoins !*»[8]

L'ordalie eut lieu en effet le Vendredi saint. Pierre traversa un brasier de 13 pieds de long formé de deux rangées de fagots séparés par un espace d'un pied. Il en ressortit vivant. La foule se précipita sur lui pour constater le miracle... et il mourut quelque jours plus tard, sans que l'on puisse savoir si ce fut des suites de ses brûlures, comme l'affirment ses détracteurs, ou de l'excès de ferveur de ses partisans, trop tôt avides de ses reliques[9].

La route de Jérusalem était encore longue et tous les princes ne se décidaient pas à l'entreprendre. Malgré une attaque commune, victorieuse, contre Tripoli, les querelles reprennent. Alexis s'est plaint de l'attitude de Bohémond à Antioche, réclame la ville et promet aux princes de leur donner de l'or et de l'argent s'ils l'attendent pour marcher sur Jérusalem. Raymond de Saint-Gilles, ne serait-ce que par haine de Bohémond, s'est réconcilié avec lui et se dit prêt à l'attendre. Godefroy, quant à lui, se montre de plus en plus jaloux du rôle de chef des croisés que prétend s'attribuer Raymond. Tancrède le rejoint, mécontent de «l'avarice» du comte. Le petit peuple, à nouveau, gronde et regimbe contre ces atermoiements continuels. Il veut que l'on s'en tienne à son unique but : marcher sur Jérusalem.

Ce parti populaire l'emporte, enfin. Le 16 mai, à regret (il en entreprendra plus tard la conquête), Raymond de Saint-Gilles quitte Tripoli, avec ce qui reste des croisés : ceux qui ont survécu à tant de combats, de maladies et de famines ; ceux qui ne sont pas restés dans leurs terres conquises, comme Baudouin et Bohémond, ou rentrés chez eux comme Etienne de Blois et tant d'autres après lui. Le 19, les croisés-pèlerins sont à Sidon, le 20 à Beyrouth, le 25 à Césarée, où ils célèbrent la Pentecôte. Le 3 juin, ils arrivent à Ramleh, que ses habitants ont abandonnée : ils y installent un évêque latin, Robert de Rouen[10]. Le 6 juin, Tancrède se détache de l'armée et pousse une pointe jusqu'à Bethléem où il plante sa bannière sur l'église de la Nativité (on le lui reprochera : une église ne peut être un «butin») ; puis il rejoint les croisés qui investissent déjà Jérusalem. Enfin !

Le siège commence aussitôt : un premier assaut échoue, faute d'échelles. Les assiégés ont empoisonné toutes les sources et l'armée des croisés souffre de la soif : il faut aller chercher de l'eau dans des outres, à plusieurs kilomètres de là. La faim, elle aussi, commence à se faire sentir. Heureusement, une flotte génoise apporte des vivres, mais c'est trop peu ! Beaucoup de pèlerins sont découragés et regagnent l'Europe. Ils se sont baignés dans le Jourdain, ont cueilli des palmes sur ses rives ; ils estiment avoir accompli leur pèlerinage et se tiennent quittes vis-à-vis de leurs vœux.

Le siège se prolonge ; la flotte génoise fournit des charpentiers, capables de construire les machines de siège nécessaires, mais on manque de bois, malgré la destruction volontaire des bateaux génois[11]. Mais voici que l'on découvre, comme par miracle, quelques madriers dissimulés dans un grotte.

Le miracle, d'ailleurs, revient en force : Pierre Didier, en vision, n'a-t-il pas vu l'évêque du Puy, Adémar, lui apparaître pour recommander aux chrétiens de jeûner et d'organiser une procession autour de la ville ? Si les chrétiens sont fidèles, Jérusalem tombera entre leurs mains, après 9 jours d'assaut...

La procession est accomplie, sous les yeux des musulmans goguenards qui, sur leurs murailles, injurient les croix et les tournent en dérision. Des machines, enfin, sont construites. L'assaut général a lieu le 14 juillet. Le 15, *«à l'heure où le Christ fut mis en croix»*, les premiers croisés parviennent à prendre pied sur les murailles. Adémar, dit-on, leur montre le chemin. Ils sont suivis par la meute des guerriers chrétiens fanatisés qui se répandent dans la ville en massacrant tous ceux qu'ils rencontrent dans les rues, dans les mosquées et jusque sur les toits, sans distinction d'âge ni de sexe. C'est un véritable bain de sang que tous les chroniqueurs décrivent à l'envi, sans émotion excessive. Pour eux, c'est bien là en effet la juste vengeance de Dieu. Un témoin, Raymond d'Aguilers, décrit brièvement la scène des massacres dans le Temple :

> *«Qu'advint-il en ce lieu ? Même en ne disant que la simple vérité, on dépasse déjà l'incroyable ! Nous dirons seulement que dans le Temple, et dans le portique de Salomon,*

on chevauchait dans le sang jusqu'aux genoux, jusqu'au frein des chevaux. C'est par un juste jugement qu'a été versé en ce lieu le sang de ceux qui, pendant si longtemps, y avaient proféré contre Dieu leurs blasphèmes»[12].

Le soir, fatigués de tuer, ces farouches guerriers redeviennent enfin des pèlerins :

«*Puis, tout heureux et pleurant de joie, les nôtres allèrent adorer le sépulcre de notre Sauveur et s'acquittèrent de leur dette envers lui*»[13].

Il restait à préserver Jérusalem reconquise contre l'armée de secours des Fatimides d'Egypte, qui arrivait pour la délivrer. Les croisés n'attendirent pas : ils se lancèrent au-devant de cette armée, la rencontrèrent à Ascalon, la chargèrent, la dispersèrent et revinrent victorieux à la ville sainte, avec un immense butin et la certitude que Dieu, une fois de plus, avait triomphé par leur bras.

Il restait à établir sur cet héritage du Christ un vicaire capable de le «tenir» face aux musulmans vaincus et disposés, pour l'heure, à traiter, mais qui par la suite ne manqueraient pas de l'attaquer à nouveau. Tout semblait désigner le comte de Toulouse : ce fut Godefroy de Bouillon qui fut élu[14]. Il prit le titre «*d'avoué du Saint-Sépulcre*», par humilité, dit-on, et par soumission au roi des cieux.

Le choix d'un patriarche était encore plus délicat, en l'absence de prélat d'envergure. On nomma Arnoul, par intérim, en attendant que le pape ait fait connaître son choix.

Les croisés avaient accompli leur vœu : ceux qui le voulurent demeurèrent en Terre Sainte, pour gouverner les territoires conquis, les «tenir» contre l'ennemi. Quant aux autres, bien plus nombreux, ils rentrèrent chez eux. Pour eux, le «pèlerinage» s'achevait ; la croisade, elle, allait se poursuivre pendant près de trois siècles dans les faits, bien plus longtemps dans les pensées. Sa puissance d'évocation fut telle qu'elle en vint à se transformer en idéologie, pour ne pas dire en mythe, pour aboutir aux fantasmes de notre époque[15].

Idéologies

DE JÉSUS À SAINT AUGUSTIN

De la non-violence à la guerre légitime

Jésus et la non-violence

Sans être le doux rêveur parcourant les collines de Galilée qu'imaginait Ernest Renan, Jésus n'en était pas moins un ferme apôtre de la non-violence.

Toute sa vie en fait foi ; et ce n'est pas l'unique épisode, sans cesse rappelé et déformé, où il chasse les vendeurs du Temple, qui peut amoindrir en quoi que ce soit cette évidence[1]. Il s'indigne seulement, ici, d'un procédé qui, sous prétexte de faciliter aux pèlerins l'achat d'animaux «sains» destinés à leurs sacrifices, permettait un commerce monopolistique et lucratif, doublé d'une forme d'escroquerie monétaire puisque les transactions devaient se faire uniquement à l'aide d'une monnaie spéciale, dite «du Temple», que l'on se procurait sur place — d'où la présence des changeurs —... à un taux de change évidemment favorable aux changeurs et défavorable au public. Cette exploitation systématique de la piété des fidèles, doublée d'une hypocrisie manifeste, scandalisa Jésus. D'où sa réaction vigoureuse. Mais il n'est pas nécessaire pour autant de l'imaginer, comme on le fait parfois, en train de frapper gaillardement les fautifs. Quelques coups de fouets sonores, dans le vide, au-dessus du bétail rassemblé, une ou deux tables renversées ont probablement suffi à disperser les animaux et à éparpiller les pièces de monnaie, créant ainsi une pagaille que l'on imagine, chacun cherchant avant tout à récupérer son bien. Cela dut frapper les esprits d'alors : on en discute encore...

Il n'est donc pas plausible de croire que Jésus aurait ici usé, à l'encontre des personnes, d'une violence physique que toute sa vie démentirait. N'a-t-il pas refusé d'être défendu par ses disciples au moment où les sbires amenés par Judas viennent se saisir de lui dans le Jardin des Oliviers[2] ? N'a-t-il pas même prié Dieu de pardonner à ceux qui le clouaient sur la croix[3] ? N'a-t-il pas surenchéri sur la loi de Moïse prescrivant : «Tu ne tueras pas», en ajoutant que l'insulte et l'animosité étaient déjà condamnables[4] ? N'a-t-il pas prêché constamment à ses disciples de ne pas résister aux méchants, d'aimer même leurs ennemis, de bénir ceux qui les maudissent et de prier pour ceux qui les persécutent et les maltraitent ? Et n'a-t-il pas proscrit l'usage des armes, affirmant que quiconque prendrait l'épée périrait par l'épée[5] ? C'est bien, du reste, cette attitude de leur maître que cherchent à imiter les premiers chrétiens. Pourchassés, persécutés, ils se contentent généralement de fuir, dédaignant parfois de se cacher, allant même, dans certains cas, jusqu'à se livrer eux-mêmes à leurs bourreaux. Pline le Jeune en témoigne, à la fin du Ier siècle, lorsqu'il constate que ses efforts sont par trop couronnés de succès, que ses prisons sont pleine de chrétiens venus parfois se livrer spontanément, et qu'il leur conseille, non sans humour, d'avoir plutôt recours aux cordes et aux précipices s'ils cherchent vraiment à mourir[6]...

Qu'en est-il, alors, de l'usage des armes et de l'attitude à prendre envers la guerre ? La question est plus délicate, car le message de Jésus s'adressait aux consciences, et ne prononçait aucune exclusive : il ne rejetait pas les publicains ni les «femmes de mauvaise vie» (au grand scandale des bigots de l'époque), mais ne cautionnait pas pour autant leur conduite, les appelant à se convertir, à changer de vie. Il ne condamna pas la femme coupable d'adultère, que ses «censeurs» voulaient faire lapider, mais il n'en justifiait pas pour autant l'adultère lui-même. Au contraire : il situait la culpabilité bien avant l'acte, au niveau de l'intention, fût-elle inaccomplie[7]. On ne peut donc nullement tirer argument du fait que Jean-Baptiste, ou Jésus, n'ont pas rejeté les soldats désireux de se convertir pour en conclure que la guerre ou même le métier militaire avaient leur approbation.

De fait, très tôt, se posa le problème de l'attitude des chrétiens devant le service militaire. Tant qu'il demeurait un service volontaire, engagement personnel dans une armée de métier, ce problème ne se posait qu'à ceux qui, déjà soldats, devenaient chrétiens par la suite. Aux IIe et IIIe siècles, sous des empereurs païens, la question fut probablement tranchée dans le sens de l'incompatibilité des deux «services». C'est ainsi que le grand Origène, dans l'Orient grec, ou Tertullien, dans l'Occident latin, critiquent sévèrement les chrétiens qui acceptent de faire le service militaire[8]. Certains le refusent, au péril de leur vie, et s'en justifient en termes non équivoques : ainsi, à la fin du IIIe siècle, Maximilien déclare très nettement qu'il ne lui est pas permis de «*servir par les armes*», parce qu'il est chrétien[9]. En 298, l'un des «martyrs de Tanger», le centurion Marcel, n'hésite pas à jeter ses armes, et s'en justifie auprès de son supérieur : «*Il ne convenait pas*, dit-il, *qu'un chrétien soit soldat dans l'armée du monde, lui qui est un soldat du Seigneur Christ*»[10].

A cette époque, pour une fraction assez large de l'Eglise au moins, service militaire et service de Dieu semblent incompatibles, au point que plusieurs textes exigent nettement d'un soldat qui aspire au baptême qu'il abandonne d'abord l'armée, et prescrivent de renvoyer un «fidèle» qui voudrait se faire soldat.

La conversion de l'empereur Constantin modifia considérablement ces perspectives. Lactance, le futur précepteur des enfants de Constantin, écrivait encore : «*Si un catéchumène ou un fidèle veut se faire soldat, qu'on le renvoie, car il a méprisé Dieu*»[11]. Mais cette position radicale n'est plus guère tenable. En effet, les nécessités de la défense de l'Empire, maintenant chrétien en majorité, et celles du maintien de l'ordre exigent l'existence d'une force armée qu'il serait délicat de confier aux seuls païens ! D'ailleurs, l'intérêt aidant, les conversions au christianisme se multiplient et les païens deviennent minoritaires. Sans doute y a-t-il alors plus de baptêmes que de réelles conversions, ce qui inquiète et parfois scandalise les tenants de l'attitude rigoriste. Certains d'entre eux vont se raidir dans leur refus des «valeurs mondaines» qui pénètrent alors dans l'Eglise. La naissance et le développement du monachisme répondent en partie à des préoccupations de cet ordre. La solitude du «désert» et l'ascèse personnelle tiennent lieu de persécutions et contribuent à isoler l'élite spirituelle qui se veut «pure» de la masse des fidèles «ordinaires», «compromis dans le siècle».

Le développement de l'institution cléricale répond aux mêmes préoccupations, même s'il ne touche pas forcément les mêmes personnes. Les valeurs profanes imprègnent trop la vie quotidienne des chrétiens «ordinaires», devenus majoritaires dans l'Empire. Le nombre des chrétiens augmente, mais leur valeur et leurs motivations diminuent. Désormais, on *naît* chrétien, bien plus qu'on ne le devient. La progressive disparition — encore lente, il est vrai, puisqu'il reste des païens — des baptêmes par immersion, à l'âge adulte, témoigne de cette évolution.

On ne saurait imposer à tous ces baptisés les exigences morales que s'imposaient les fidèles d'autrefois. De plus, l'organisation d'une Eglise aussi nombreuse impose la spécialisation des fonctions. De plus en plus, de la masse des laïcs, émerge l'élite des moines qui vouent leur vie à la prière, et des membres du clergé, chargés d'administrer l'Eglise et les sacrements, dont la valeur intrinsèque s'accroît. Ce clergé mène désormais l'Eglise et se distingue des fidèles qui la composent.

C'est sur ce clergé que l'on fait reposer quelques-unes des exigences qui, primitivement, s'imposaient à l'ensemble des chrétiens. Dans le même temps, le sacramentalisme croissant conduit également à certaines formes de «tabous». Les deux principaux sont certainement ceux du *sang* et du *sexe*, dont le clergé doit s'abstenir, tout comme les moines. Il s'agit là, pour eux, d'une forme d'ascèse, marque de leur rejet du monde. Ils sont, par ailleurs, exemptés par l'Etat de tout service public, en particulier du service militaire (immunité).

A la fin du IVe siècle, le cas de saint Martin de Tours illustre bien ce glissement. Comme beaucoup de chrétiens du siècle précédent, ce soldat rejette le service militaire, l'usage des armes, lorsqu'il se convertit à l'appel monastique. Il le fait en termes très semblables[12], affirmant qu'il ne lui est plus permis de combattre, car il est devenu un *miles Dei* (soldat de Dieu). En effet, le futur saint Martin partage désormais son temps entre la prédication et les activités monastiques, avant de devenir évêque de Tours. Désormais, les *milites Dei* ne sont plus les chrétiens, mais les clercs et les moines, ceux qui «servent» Dieu, à plein temps, et qui, à cause de leur statut particulier, doivent se tenir éloignés des impuretés du sexe et du sang. Ces deux prescriptions, d'ailleurs, eurent beaucoup de mal à s'imposer par la suite.

La lutte contre les Barbares

La situation politique de l'empire chrétien, cependant, rend nécessaire l'usage des armes par les chrétiens laïcs. La menace des Barbares s'accroît ; ils sont partout, s'infiltrent dans l'empire, en quête de terres ou d'emplois, particulièrement dans l'armée, qui les recrute en grand nombre. A l'extérieur, d'autres Barbares, poussés par les Huns, se pressent aux frontières, prêts à rejoindre leurs «frères». En Occident, c'est le péril germanique, en Orient, le péril perse. Pour y faire face, l'empire a de plus en plus besoin de soldats, et l'attitude de l'Eglise à l'égard de la guerre se modifie : désormais, le pouvoir n'est plus exercé par des empereurs païens, assimilables au «Prince de ce monde», mais par des souverains chrétiens. Dieu a donc pris soin de diriger, par eux, son peuple ! Constantin est bien le nouveau David, l'Eglise et l'empire en viennent à confondre leurs destins, et saint Augustin, tout comme Ambroise de Milan, apaise les scrupules ou les doutes qui subsistent chez certains soldats chrétiens : leur combat contre les Barbares est légitime, car ils défendent la Patrie menacée. Ils ne tuent pas pour des motifs de vengeance personnelle, ou pour un gain sordide, mais au contraire pour protéger leurs frères, faibles et désarmés ; et ceci, sur ordre d'un pouvoir légitime, instauré par Dieu. Bien qu'il n'ait pas véritablement élaboré de manière construite la théorie de la «guerre juste» qu'on lui prête, saint Augustin n'en a pas moins posé les fondements de toute réflexion ultérieure sur ce thème[13].

Ainsi s'amorce un premier virage, décisif : lorsque l'empire était païen, les chrétiens pouvaient demeurer respectueux de l'autorité de l'Etat tout en s'abstenant, au nom de leur fidélité à Dieu, de servir les armes à la main. Cette position, qui n'était sans doute pas générale, était très mal perçue et donnait lieu à des critiques. Certains ne s'en privaient pas, et A. Bayet peut ironiser à ce propos : «*Les païens iront se battre, les chrétiens prieront pour que les païens se battent bien*»[14]. La plupart des soldats étant alors des Barbares mercenaires recrutés par l'empire, ou recrues issues des régions marginales de celui-ci, la défection des chrétiens n'était pas irrémédiable. Elle le devient lorsque, à la suite de l'empereur, l'empire devient chrétien, d'abord massivement, puis presque totalement à partir de Théodose qui impose le christianisme comme religion de l'Etat. Dès lors, dans un empire de baptisés, il se produit un glissement : la masse des chrétiens est autorisée, voire incitée, à combattre pour la défense d'un empire romain assimilé à ce que nous appellerions aujourd'hui la chrétienté. Le clergé, lui, hérite du rôle que jouaient jadis tous les chrétiens. Parodiant A. Bayet, on pourrait alors dire : «*Les soldats chrétiens iront se battre, les prêtres prieront pour que ces chrétiens se battent bien.*»

Jadis, nous l'avons vu, les soldats devaient renoncer à leur profession militaire pour devenir chrétiens. Plus tard, c'est à la prêtrise que les anciens soldats ne pourront accéder, le sang versé demeurant pour eux comme une macule indélébile.

Pour les laïcs, en revanche, s'atténue le tabou du sang versé dans une guerre justifiée, décrétée par les autorités légitimes voulues de Dieu et destinée à protéger ses habitants et ses terres, ou à les récupérer sur un ennemi qui les aurait spoliées.

Ainsi s'amplifie, en ce domaine comme en beaucoup d'autres, la différence de statut entre le clergé et le monde laïc.

De l'empire chrétien à l'Eglise romaine

La dislocation de l'empire romain et la formation des royautés barbares accentue encore ce phénomène. Sous les coups des Barbares, en effet, l'ordre romain s'effondre et l'administration, qui en était jadis le fleuron, s'efface. L'Eglise — nous entendons ici désormais le clergé, et en particulier les évêques — apparaît comme la seule structure organisée qui subsiste et peut apporter un peu d'ordre et de stabilité dans cette genèse chaotique du monde nouveau. Un peu partout, à Rome comme dans d'autres villes de l'ex-empire, l'autorité de l'évêque sort renforcée de l'épreuve. Il représente à la fois la culture, le droit, le recours des populations, le dispensateur des sacrements salvifiques.

L'attitude de l'Eglise à l'égard de la guerre et des guerriers se trouve cependant une nouvelle fois modifiée : l'unité romaine est désormais rompue dans les faits, même si l'idée d'empire universel persiste dans les mentalités, au moins celle des lettrés, et continue à nourrir les rêves. On ne peut donc plus invoquer les nécessités de la guerre pour la défense de l'*Ecclesia* au sens ancien de communauté étendue à la totalité des chrétiens. Les nouveaux royaumes barbares morcellent maintenant la partie occidentale de l'ancien empire, la seule qui nous intéresse désormais et que l'on peut appeler l'Occident chrétien. Or, ces royaumes ont bien des populations majoritairement catholiques, du moins dans les villes, en plein déclin, mais leurs *rois*, les chefs de guerre barbares, sont de religion autre. La plupart sont chrétiens, mais «hérétiques» aux yeux des populations et plus encore du clergé d'obédience romaine : c'est le cas des Wisigoths qui dominent une bonne partie de l'Espagne et du sud de la France actuelle, dirigés par des rois de tendance arienne (disciples d'Arius), chrétiens pour lesquels Jésus était bien le Sauveur, mais pas le Fils de Dieu au sens quasi biologique où l'entend le catholicisme. Les Burgondes sont également ariens, bien qu'ils pratiquent une remarquable tolérance envers le catholicisme, au point que Clotilde, princesse burgonde, future épouse de Clovis, était ouvertement catholique[15]. Les Ostrogoths sont également ariens, tandis que d'autres Barbares, en particuliers les Francs, demeurent païens. Ces farouches guerriers ne vont pas tarder à attirer l'attention.

Les conflits qui opposent entre elles ces royautés barbares ne laissent pas indifférente l'Eglise catholique. On sait quels furent les efforts prodigués par l'évêque de Reims et par Clotilde pour convertir à la foi catholique le chef franc Clovis, victorieux, peu à peu, de tous ses rivaux. L'épisode bien connu (jadis du moins) du «vase de Soissons«, même s'il n'est pas authentique (ce qui reste à prouver) n'en exprime pas moins deux notions fort importantes : le caractère guerrier des nouveaux pouvoirs royaux (le terme *rex* lui-même en témoigne), d'une part ;

l'alliance résolue de la hiérarchie catholique avec la royauté franque, d'autre part. Quelques exemples traduisent ce dernier point : en 511, le concile d'Orléans stipule qu'aucun laïc ne pourra devenir clerc sans l'autorisation du roi franc ; au milieu du VIe siècle, le roi franc s'est assuré le contrôle des désignations épiscopales. L'alliance, fructueuse pour les deux parties, du trône et de l'autel remonte, en France, à Clovis. Elle sera confirmée par la suite.

Ces deux faits ne sont pas sans conséquence pour ce qui nous concerne ici : les vertus guerrières constituaient en effet des valeurs fondamentales dans les mentalités des peuples germaniques, qui désormais, dirigent l'Europe. Le *rex* barbare est, avant tout, un chef de guerre, un chef d'armée. Tout pacifisme est donc désormais banni des classes dirigeantes laïques. Au contraire, la valorisation de la guerre s'accentue chez les prélats, recrutés bientôt tant dans l'ancienne aristocratie «gallo-romaine collaboratrice» que dans la nouvelle aristocratie barbare s'imprégnant de romanité[16]. Dans le nouveau système de gouvernement qui s'impose en Occident, la fidélité au roi se traduit avant tout par le service militaire que lui rendent tous les membres de son aristocratie et même tous les hommes libres. L'économie, parallèlement, continue le mouvement de ruralisation qui s'était déjà manifesté avant l'arrivée des Barbares. La terre, dès lors, devient de plus en plus la première, sinon la seule source de richesse et de puissance. Ainsi se mettent en place, dans l'Occident chrétien, les structures économiques et sociales qui sont à l'origine de ce que l'on appelle, non sans excès, la féodalité et qui, pour l'heure, ne sont encore que le patronage, et que l'on peut grosso modo résumer ainsi : une société rurale, agricole, de paysans cultive la terre, dominée par une aristocratie militaire de propriétaires terriens qui la «protègent» et l'exploitent et qui fournissent au roi, dont ils sont les compagnons de guerre, le *servitium*, le service armé, signe de leur dépendance envers lui et fondement de la puissance royale. Cette société tout entière est régie par les lois de l'Eglise, lois que le clergé, en particulier les évêques (eux aussi aristocrates), rappelle aux gouvernants, par la parole et par l'écrit.

La guerre juste (ou, mieux, la guerre justifiable) n'est plus, dès lors, celle que menait un empire chrétien uni contre les «barbares païens» qui la menacent ; c'est maintenant celle que l'Eglise, par la bouche des évêques et en particulier celui de Rome, aura cautionnée parce qu'elle menace les intérêts de l'Eglise en telle de ses parties. Le caractère plus ambigu de la définition d'une telle *guerre juste* rend plus nécessaire la déclaration ecclésiastique qui, d'autorité, en prendra l'initiative. Pourtant, quelques occasions de guerres de ce genre se font jour. Au VIIIe siècle, de nouveaux périls s'annoncent, à l'extérieur comme à l'intérieur de l'empire désormais éclaté. A l'extérieur, ce sont de nouvelles invasions «païennes», celles des musulmans, au sud ; des Hongrois, à l'est ; celles, surtout, des Normands, un peu partout. Ces nouveaux périls accélèrent la relance de l'idéologie de la *guerre juste*. Parallèlement, le développement de l'autorité ecclésiastique sous une forme monarchique autour de l'évêque de Rome conduit à la naissance d'une papauté qui, comme tous les pouvoirs politiques de l'époque, doit s'appuyer sur les deux bases déjà mentionnées, à savoir une assise territoriale et une force militaire capable de la défendre.

Il en résultera un deuxième infléchissement, tout aussi décisif que le premier, dans la manière de l'Eglise de considérer la guerre et les guerriers. L'accent nouveau mis sur l'Ancien Testament dans la prédication de l'Eglise et dans sa liturgie n'est pas étranger à cette nouvelle et profonde mutation.

DE LA GUERRE LÉGITIME À LA GUERRE SACRÉE

Le VIIIe siècle introduit un nouveau tournant dans l'évolution des idées concernant la guerre.

L'empire romain unifié avait laissé la place à des royaumes, mais il subsistait un tissu idéologique commun, celui de la religion, malgré quelques nuances doctrinales ou plus souvent liturgiques. La vague déferlante des conquêtes musulmanes vient submerger, en quelques dizaines d'années, la partie méridionale du monde chrétien d'Occident. L'Afrique du Nord est bientôt conquise par un islam impitoyable envers les païens, mais d'une assez large tolérance envers les juifs et les chrétiens, adeptes d'une religion révélée monothéiste dans laquelle il plongeait également ses racines. Cette tolérance explique dans une certaine mesure que les minorités chrétiennes, jusqu'ici dominées assez rudement par le pouvoir politico-religieux de Byzance, virent arriver les musulmans sans grand déplaisir, tandis que d'autres chrétiens, peu informés des nuances religieuses, distinguèrent mal l'islam de certaines formes du christianisme. Ces faits, ajoutés à la ferveur guerrière des «cavaliers d'Allah» et à la déstabilisation comme à la désunion politique des régions concernées, en Occident du moins, contribuèrent à faciliter la rapide conquête musulmane. Après le franchissement, en 711, du détroit de Gibraltar par le chef berbère Tarik qui lui donna son nom, les armées arabo-berbères se répandent dans toute la péninsule et en prennent possession au nom de l'islam. Laissant pour plus tard (en fait pour jamais) la conquête des montagnes cantabriques et des Pyrénées occidentales, elles pénètrent en Gaule par l'orient de cette chaîne, envahissent la Francie occidentale dans la partie sud, poussent même parfois des reconnaissances ou des razzias vers la Loire, la Saône, les Alpes.

La spécificité de leur religion apparaît peu à peu, en particulier la place fondamentale du prophète Mohammed (Mahomet). L'Occident chrétien de ce temps, certes, ignore presque totalement, même ses élites, la teneur de la religion musulmane. Les chrétiens en retiennent seulement le caractère conquérant, guerrier, prônant comme une vertu ou un devoir la conquête, pour l'islam, de territoires les plus étendus possibles. L'opposition religieuse diffuse se double, de manière très concrète, d'une hostilité politico-militaire. Les Arabo-Berbères (que les sources occidentales nomment Sarrasins) apparaissent, à l'évidence, comme des ennemis farouches et redoutables, guerroyant pour leur foi et pouvant gagner, les armes à la main, des récompenses éternelles en cas de mort au combat[1].

Un péril pour l'Occident chrétien d'Europe, menacé de disparaître ? Au niveau des faits, pas longtemps, car les conquêtes s'essoufflent vite. Mais au niveau de l'inconscient collectif, le péril demeura profondément marqué. La victoire que remporta sur eux en 732 près de Poitiers, le maire du palais d'Austrasie, Charles Martel, n'eut probablement pas l'importance militaire qu'on lui accordait jadis. L'islam, déjà, avait connu des coups d'arrêt, en Gaule même, et l'expédition musulmane vers Tours n'était probablement qu'une razzia. Mais le retentissement de cette victoire fut, sans nul doute, considérable : Charles apparut alors comme le champion de toute la chrétienté, de toute l'Europe chrétienne. Le prestige fut tel que, quelques années plus tard, à Cordoue, en pleine Espagne musulmane, un poète chrétien anonyme glorifia la victoire des «Européens» (le terme est là, qui mérite attention !) sur les armées musulmanes. C'est donc tout naturellement vers les vainqueurs, les maires du palais d'Austrasie, que se tournèrent les papes lorsqu'ils furent menacés.

Ce fut le cas à cette époque. Les invasions lombardes, en Italie, risquaient de transformer le pape en simple évêque lombard d'une ville ordinaire ! Un premier appel de Grégoire IV, en 739, priait le chef franc de venir le secourir contre les Lombards qui «*menaçaient la sainte Eglise de Dieu et le patrimoine du Bienheureux Pierre, Prince des apôtres*». Charles, prudent, éluda la question. Un second appel eut lieu un peu plus tard, adressé cette fois au fils de Charles Martel, Pépin. Celui-ci avait auparavant «tendu la perche» au pape Zacharie en lui posant, par lettre, cette question : que penser des rois qui, en Francie, n'exercent pas la réalité du pouvoir ? Le pape comprit à demi-mot et répondit que certainement «*il valait mieux appeler roi celui qui avait le pouvoir plutôt que celui qui ne l'avait pas*». Il soulignait aussi le nécessaire accord des *bellatores* (les princes guerriers) et des princes de l'Eglise que sont les évêques, afin que le pays tout entier soit gouverné selon la volonté divine[2].

C'était cautionner un coup d'Etat, un changement de dynastie. Pépin, encouragé, n'hésita plus. Il relégua dans un monastère, tondu, le roi mérovingien Childéric III et occupa le trône à sa place, fondant du même coup, avec la bénédiction du pape, renouvelée par saint Boniface, la dynastie des Carolingiens, qui allait par la suite jouer un rôle si considérable dans l'histoire et parfaire l'union des papes et des rois de France déjà esquissée à l'époque précédente. Des rois qui, désormais, comme l'étaient déjà les rois aquitains, comme l'avaient été les rois wisigoths, reçurent, lors de leur couronnement, l'onction qui leur conférait un caractère sacré.

La guerre, nécessité vitale en ces temps troublés, ne pouvait qu'être valorisée, surtout lorsqu'elle était menée contre les envahisseurs «infidèles». Elle le fut, par exemple, par le moyen de la liturgie. On possède en effet la trace de l'existence, dès cette époque, de bénédictions sur les rois qui vont combattre contre les païens, et l'on prononce alors des prières pour que Dieu leur accorde la victoire[3]. Elle se multiplieront au siècle suivant.

L'usage des armes, justifié par l'Eglise contre les infidèles, l'est également lorsqu'il s'agit de mener un combat en faveur de la papauté à nouveau menacée, sur le plan politique cette fois. Le milieu du VIIIe siècle marque en effet une étape importante dans l'histoire qui nous occupe ici. Il convient de s'y arrêter un instant.

Lorsqu'il vint trouver Pépin au palais de Ponthion en 754 pour lui demander, à nouveau, de le secourir contre les Lombards menaçants, le pape Etienne II conclut avec le roi franc un pacte par lequel Pépin s'engageait à assurer la défense du duché de Rome, petit domaine dont saint Pierre était le patron. Le pape conféra à Pépin le titre de Patrice des Romains et accorda à nouveau l'onction royale à Pépin et à ses deux fils, Charles et Carloman, excommuniant même par avance quiconque oserait élire un roi franc en dehors de sa descendance. Le coup d'Etat pépinide, mal perçu par une partie de l'aristocratie catholique et légitimiste, se voyait donc à nouveau pleinement cautionné par la plus haute autorité catholique de l'Occident. Un si grand service appelait contrepartie. Elle vint en effet, d'abord parce que Pépin entreprit de diffuser dans toute la Gaule la discipline ecclésiastique romaine et sa liturgie ; ensuite, et plus encore, sur le plan politique, Pépin aida à la réalisation de l'ambition pontificale.

C'est à cette époque, même si ce n'est pas avec certitude pour cette occasion même, que la curie romaine fabriqua le faux le plus notoire du Moyen Age : la prétendue «donation de Constantin». Quelle que soit la date précise de sa rédaction (on hésite entre 754 et 760), l'idéologie qu'elle exprime traduit bien la pensée politique de la papauté dès 754. Ce document imagine l'empereur romain, désireux de fonder sur le Bosphore une nouvelle capitale qui porterait son nom, établissant un acte par lequel il abandonnerait à l'évêque de Rome son palais du Latran, le duché de Rome (ce qui est exact), mais aussi l'Italie et... toutes les provinces occidentales de l'empire[4].

Certes, il est peu probable que Pépin ait accordé foi à un tel texte ; mais il faut toutefois noter qu'après deux campagnes contre les Lombards, Pépin donna au pape 22 cités de l'exarchat de Ravenne et de la Pentapole. Les textes disent qu'il les lui fit *restituer*. Or, ces territoires n'avaient jamais appartenu aux papes : ils relevaient, en bon droit, de l'empire byzantin. Ajoutés aux premières possessions territoriales du pape, ils allaient former les bases d'un Etat pontifical, le «Patrimoine de saint Pierre». Le mot *restitution*, qui figure dans plusieurs textes contemporains, montre pour le moins que la fausse donation de Constantin reflète les prétentions territoriales de la curie romaine de l'époque et qu'elle avait su les diffuser assez largement autour d'elle. L'idée de la suzeraineté pontificale sur les terres d'Occident fut d'ailleurs utilisée par la suite dans d'autres revendications. Ces possessions permettaient au pape d'intervenir à plus d'un titre dans les affaires politiques de l'Occident, non seulement en tant que chef spirituel de la catholicité, mais aussi en tant que gérant, au nom de saint Pierre, des nouveaux territoires pontificaux, embryon d'une chrétienté future rassemblée autour de Rome, comme jadis, mais cette fois sous la conduite éclairée du Souverain Pontife.

La forte personnalité de Charlemagne, pour l'heure, ne permet pas aux papes de l'époque de tirer tous les bénéfices possibles d'une telle innovation. Le souverain franc se considère bien comme le *Protecteur de l'Eglise de saint Pierre*, mais son autoritarisme est tel qu'il gère lui-même... le nouvel Etat pontifical. Il n'en reste pas moins que les textes demeurent, acquérant même, au fil du temps, la respectabilité que leur apporte l'âge. Demeure aussi la notion, fort importante pour notre propos, d'un devoir de l'empereur franc de protéger et de défendre, par les armes, les terres pontificales et les intérêts de l'église romaine. Il y a là un nouveau facteur de légitimation des guerres entreprises pour la protection de Rome et de l'Eglise.

Les guerres de conquête entreprises par Charlemagne pour «dilater l'empire» en fournissent un autre. Charles, glorifié comme le *nouveau David*, entreprend en effet des campagnes que l'on a parfois qualifiées de «missionnaires». Il se dresse contre ses ennemis de l'Est, qui se trouvent être aussi des païens, adversaires, donc, de la religion chrétienne. Charles, d'ailleurs, paraît lui-même tout à fait convaincu de la mission divine qui lui échoit d'étendre son royaume, ce qui, à ses yeux, équivaut à accroître le royaume de Dieu. Il mène donc plusieurs expéditions :

— *Contre les Musulmans*, il conduit par exemple une campagne au-delà des Pyrénées, en 778, pour secourir le gouverneur de Saragosse contre l'émir de Cordoue et peut-être aussi pour aider les rois des Asturies dans leur entreprise de *Reconquista* qui commence alors. Charles échoua dans cette expédition demeurée célèbre parce qu'à son retour, son arrière-garde, commandée par Roland, fut attaquée par surprise par les guerriers basques à Roncevaux. Ce désastre eut alors un grand retentissement et découragea un moment les chrétiens d'Espagne. L'épisode donna lieu, probablement très tôt, à des complaintes, à des poèmes en latin avant qu'un trouvère de génie — car le génie «populaire» n'en demeure pas moins individuel, et non pas collectif comme on le croit encore trop — en fasse notre «*Chanson de Roland*», trois siècles et demi plus tard. La lutte contre les Sarrasins, en France comme en Catalogne, fut également poursuivie sous l'impulsion du fils de Charlemagne, Louis, duc d'Aquitaine, qui leur enleva Barcelone et la «Marche d'Espagne» ; cette fois encore, les exploits des guerriers chrétiens furent probablement glorifiés par des clercs et par des jongleurs avant de donner naissance aux chansons de geste regroupées autour du héros Guillaume de Toulouse, assimilé par la suite au fondateur de l'abbaye de Gellone[5]. Le fait que ces glorifications eurent très probablement une origine au moins en partie cléricale montre que les guerres menées par les Carolingiens contre les Sarrasins de Gaule ou d'Espagne revêtaient aux yeux des clercs un caractère moral hautement louable.

— *Contre les Saxons*, de nombreuses et violentes campagnes militaires furent menées avec l'approbation des autorités religieuses de l'empire et au nom de la religion. Avec une telle brutalité même, qu'Alcuin dénonça la trop grande rigueur du *Capitulaire saxon* dont on peut résumer l'esprit en quelques mots : «La conversion ou la mort !»

— *Contre les Avars*, les expéditions furent, elles aussi, présentées par la propagande comme «*une riposte à l'oppression que ces détestables païens avaient fait peser depuis le VI*^{e} *siècle sur le peuple chrétien, plus encore, en assimilant les Avars aux Huns*»[6].

On s'éloigne donc ici des caractères qui, selon saint Augustin, rendent justifiable l'état de guerre, puisqu'il s'agit, au moins dans ce dernier cas, de guerres de conquête et non de défense ou de récupération de territoires spoliés.

On sait, enfin, que Charlemagne — comme l'avait fait Pépin — alla secourir le pape, à nouveau menacé, à Rome, par le roi lombard Didier. A cette occasion, il aurait alors «confirmé» au pape la donation que lui aurait jadis faite Pépin... à savoir la domination sur presque toute l'Italie ! Même si Charles ne tint aucun compte de cette prétention dans les faits, ceignant lui-même la couronne de fer des rois lombards et imposant au pape sa propre autorité, là encore, les textes demeurèrent. Par ailleurs, les guerres de Charlemagne avaient, aux yeux des autorités ecclésiastiques, un caractère providentiel et éminemment moral. Sous son règne, le «peuple franc» se trouve assimilé à la chrétienté tout entière ; le prestige de Charlemagne était alors si grand auprès du clergé romain que le pape n'hésita pas à le couronner *empereur*, en 800, restaurant ainsi l'empire en Occident. Malgré sa situation délicate (il était en péril à Rome même, accusé de tous les maux, hérésie et immoralité), Léon III n'en conservait pas moins, à ce moment, une très haute conception du pouvoir pontifical. Il fit illustrer ce programme dans deux mosaïques de son palais du Latran : sur la première, on voit saint Pierre confier à Léon III le *pallium* et à Charlemagne le *vexillum* ; sur la seconde, le Christ remet les clefs au pape

Sylvestre et... le même *vexillum* à Constantin. Rien ne pouvait mieux figurer l'idéologie romaine de l'époque : Charles, nouveau Constantin, tient son pouvoir de saint Pierre, dont le pape est ici-bas le Vicaire.

En tout cas, Charlemagne, pénétré de sa mission divine, se comporte en unique guide du peuple chrétien, Protecteur des églises et du Saint-Siège. A la même date, le fait mérite attention, le Patriarche de Jérusalem lui envoya les clefs du Saint-Sépulcre, le reconnaissant par là comme le «Protecteur des lieux saints». L'idée fera son chemin : elle resurgira à la fin du XIe siècle, à la veille de la croisade.

Les vicissitudes de l'empire carolingien au IXe siècle n'atténuèrent pas ce caractère «pieux» des guerres menées pour la défense ou l'extension de la religion chrétienne. On pourrait presque soutenir le contraire, car cette fois les «païens» sont les agresseurs, et la chrétienté prend conscience d'elle-même en constatant les malheurs qui l'unissent : Hongrois et Normands sèment la terreur dans le monde chrétien. C'est l'époque ou l'on prononçait, dans les églises, la prière «*Libera nos a furore Normannorum*», et où furent composées plusieurs prières liturgiques pour la bénédiction des rois, des princes et des guerriers qui allaient combattre contre les ennemis, souvent nommément désignés : les païens, les Danois, les ennemis de la foi chrétienne, etc.[7] Même s'il est de bon ton, aujourd'hui, de minimiser les ravages des Normands, de souligner qu'ils ne furent pas universels (heureusement !), et qu'on les connaît surtout par les gémissements des moines qui fuyaient les monastères, lesquels constituaient leur principale cible parce qu'ils y trouvaient des richesses à piller, on possède tout de même assez de traces de ces pillages, des incendies de villages et de la terreur qu'ils suscitaient là où ils pouvaient frapper (c'est-à-dire à peu près partout surtout le long des fleuves) par les «trésors» enfouis à la hâte, et que l'on retrouve encore assez souvent de nos jours. Si l'on peut douter de l'ampleur réelle des dégâts causés à l'économie, il n'est pas sage de minimiser la très évidente terreur qu'ils suscitaient alors, et l'idéologie qui en résulta. Les textes liturgiques, entre autres, en font foi. Lors du sacre des rois francs d'Occident, d'ailleurs, l'officiant demande clairement à Dieu qu'il fortifie la puissance du roi pour qu'il triomphe de ses ennemis et châtie les rebelles et les nations païennes[8]. Soulignons en passant que, déjà, apparaît, dans la liturgie, la mission confiée au roi de contenir, à l'extérieur du royaume, les nations païennes et de réprimer, à l'intérieur, les hérétiques[9].

Quant aux Sarrasins, malgré leur repli au-delà des Pyrénées, ils portent encore de rudes coups à l'Europe chrétienne. Au début du IXe siècle, ils s'emparent de la Sicile et, en 846, ils vont même jusqu'à mettre Rome à sac et à piller l'église Saint-Pierre ! Cette menace, cette atteinte directe aux intérêts du Saint-Siège conduisirent, une fois de plus, le pape à faire appel aux guerriers francs, un an plus tard, pour défendre la ville. Cet appel du pape Léon IV n'a donc rien d'original. Il l'est cependant, car il présente un caractère nouveau de la plus haute importance : pour la première fois, en effet, le pape promet explicitement le paradis aux guerriers qui viendraient à mourir au combat pour «*la vérité de la foi, le salut de la Patrie et la défense des chrétiens*»[10]. On ne saurait exprimer mieux l'usage, par la papauté, de rétributions spirituelles dans l'Au-Delà pour les guerriers trouvant ici-bas la mort dans une guerre entreprise pour l'église romaine. L'expression «Guerre du Seigneur» fut d'ailleurs peut-être employée pour l'occasion[11].

Un peu plus tard, le pape Jean VIII consacra lui aussi

une bonne partie de son activité à promouvoir la lutte contre les Sarrasins, maîtres de la Méditerranée et menaçant Rome à partir de l'Italie du Sud et de la Sicile. Aux évêques francs qui lui demandent si ceux qui sont tombés pour la défense de la sainte Eglise de Dieu, pour la «République» (de Rome) et pour la religion chrétienne pourraient en retirer l'indulgence de leurs péchés (*indulgentia delictorum*), le pape répondit de manière tout à fait officielle : «*Ceux qui, avec piété, tombent en combattant dans une guerre de la religion catholique recevront le repos de la vie éternelle*»[12]. De telles déclarations, même isolées, suffisent à établir que, dès cette époque, la guerre entreprise contre les «infidèles» ou les païens menaçant la chrétienté et plus particulièrement le patrimoine de saint Pierre se trouvait sacralisée par le pape qui la prêchait[13].

Cette sacralisation provenait-elle de la «qualité» de l'adversaire, en d'autres termes de son état d'infidèle ? On pourrait le croire à propos de Léon IV et de Jean VIII, qui utilisent, pour désigner les Sarrasins, des termes très virulents traduisant leur volonté de *démonisation* de l'adversaire et, par contre-coup, de *sanctification* des combattants chrétiens qu'ils nomment «*athletae Christi*», une expression jadis réservée aux martyrs de la foi[14]. Notons toutefois qu'aucune guerre menée par Charlemagne pour repousser les «païens» et accroître l'empire ne reçut pareille consécration. On peut donc se demander si le caractère sacré des guerres ne tient pas davantage, dans l'esprit des papes, au fait qu'elles ont été prêchées par le Pontife et entreprises pour le bien de l'église de Rome. Les papes des IXe et Xe siècles, contrairement à ce que l'on croit depuis C. Erdmann, n'ont nullement été des représentants d'un quelconque courant «pacifiste» de l'Eglise. Il suffit, pour s'en convaincre, de remarquer qu'ils ont constamment lutté contre les Sarrasins ou contre les Bulgares, comme le firent Nicolas Ier (867), Adrien II (868), Jean X (877) ou Jean XII (955), qui défendit Rome les armes à la main. Nicolas Ier apaisa même les scrupules qui subsistaient encore chez quelques-uns en affirmant que, si une guerre était juste (on a vu le sens que l'on pouvait donner alors à cette expression), on pouvait sans aucune crainte s'y livrer pendant les fêtes religieuses[15]. La violence des temps se reflète également dans la vie et dans la mort des papes de l'époque. La plupart d'entre eux prirent part à des conflits et périrent de mort violente[16].

Les prélats, en effet, se montrent volontiers alors sur les champs de bataille. La plupart, d'ailleurs, sont des laïcs ! On ne s'étonne pas, alors, de voir des évêques et des abbés se mêler aux guerriers qu'ils dirigent. L'archevêque Turpin de la *Chanson de Roland* ne surprend personne. A la fin du IXe siècle, lorsqu'il raconte le siège de Paris par les Normands en 888, Abbon de Saint-Germain décerne des louanges à l'évêque Gozlin et à l'abbé Ebble qui combattirent avec ardeur les païens, les armes à la main, avec l'aide céleste de saint Germain[17]. Notons par ailleurs qu'au Xe siècle, par l'intermédiaire du Pontifical Romano-Germanique, se répandent dans toute la chrétienté d'Occident des formules liturgiques de bénédiction des rois, des armes et des guerriers. Elles véhiculent la mentalité germanique selon laquelle la guerre menée par les rois pour la «Patrie» revêt un caractère sacré[18]. Dans le même temps, les *Miroirs des Princes* montrent aux rois que leur devoir à la tête de l'*ordo* des laïcs consiste principalement à défendre par les armes la paix de la sainte Eglise tandis que les moines prieront pour leur salut et que les évêques veilleront sur eux tous[19]. La défense de l'Eglise et de ses biens figure également, en bonne place, dans les serments que prononcent les rois lors de leur sacre.

Ainsi, du VIIIe au XIe siècle, la guerre fut une réalité constante en Occident et les papes lui accordèrent un intérêt d'autant plus grand que la chrétienté subit à cette époque les assauts multiples des Sarrasins, Hongrois, Bulgares et Normands, tous païens ou considérés comme tels en Occident. Ce caractère contribua dans une large mesure à la sacralisation des combats menés contre eux et à la qualité de martyr conférée à ceux qui viendraient à mourir dans ces entreprises menées pour le triomphe de la foi. La menace que faisaient peser ces peuples, et principalement les musulmans d'Afrique et de Sicile, sur les nouveaux Etats pontificaux joua également un grand rôle dans cette phase nouvelle de sacralisation de la guerre et des guerriers qui la mènent à l'initiative des pontifes romains.

L'ÉGLISE ET ET LA GUERRE AU XIe SIÈCLE

Dans la première moitié du XIe siècle, les papes traversent une période difficile : ils doivent constamment lutter pour maintenir leur autorité, dans Rome même, face à une aristocratie turbulente. L'entente idéale entre le nouvel empire romain germanique et la papauté, un moment réalisée sous Otton III, ne résiste pas au temps. Les papes, toujours menacés, dans une Italie dont l'instabilité politique s'accentue, ont besoin du soutien des empereurs investis de la mission de protection de l'église romaine dont ils sont officiellement les «*avoués*». Les forces particularistes, seigneuries rurales et urbaines, commencent à jouer contre l'autorité impériale en Italie, et la papauté participe à ce mouvement général d'émancipation qui s'amorce. La seconde moitié du siècle en fournira la preuve.

Pour l'heure, du côté oriental, la chrétienté enregistre quelques succès dont profite la papauté : en l'an mille, le roi Etienne de Hongrie se convertit au catholicisme et «fait tradition» de son royaume à saint Pierre ; la Pologne se convertit également, ouvrant la voie à de nouvelles conquêtes vers le monde païen.

En revanche, la situation intérieure de la chrétienté se dégrade, particulièrement dans sa partie occidentale. Non plus en raison des invasions, qui ont presque totalement cessé, mais par suite de l'instabilité politique et de la profonde crise de pouvoir que ces invasions ont, en partie, contribué à instaurer. En France, le prestige des souverains de l'ancienne lignée carolingienne ne résiste pas aux invasions normandes qui en révèlent la faiblesse et excitent les convoitises des puissants. La dynastie capétienne, qui vient de la remplacer, n'a pas encore de réelle autorité, malgré la gloire acquise pour elle par Eudes de France, défenseur de Paris contre les Normands et malgré le caractère sacré des rois — que l'on ne remet aucunement en cause — et le soutien des principaux dignitaires du haut clergé. Les princes territoriaux qui ont élu Hugues Capet n'entendent pas abdiquer leur liberté acquise. A l'époque impériale succède le temps des princes, bientôt celui des seigneurs : ce que l'on nomme, non sans excès, l'époque féodale[1].

Il en résulte, pour ce qui concerne l'idéologie ecclésiastique de la guerre, de profondes modifications qui, amplifiant les infléchissements déjà décrits précédemment, conduisent l'Eglise à cautionner et à sanctifier certains types de guerres et de guerriers. Cette attitude prépare et annonce la prédication de la croisade à la fin de ce siècle.

L'Eglise, au XIe siècle, se trouvait en présence de plusieurs types de conflits. Pour chacun d'entre eux, elle précisa son idéologie.

Guerres entre «nations» ou conflits dynastiques

Parfois soutenues par une partie au moins du clergé, ces guerres ne recueillaient pas, en général, l'approbation ecclésiastique. Les pontifes y voyaient, à juste titre, la marque pécheresse de la division du monde chrétien. Toutefois, ce désavœu n'était pas absolu et il arriva que la papauté prît fermement position pour un camp contre l'autre, particulièrement lorsqu'elle espérait en tirer profit. C'est le cas, plus fréquemment, dans la seconde moitié du XIe siècle. Ainsi la conquête de l'Angleterre par le duc normand Guillaume, en 1066, si fit avec l'approbation du pape qui lui avait envoyé le *vexillum sancti Petri*, ce qui traduit, pour le moins, la volonté de Grégoire VII de faire du futur roi d'Angleterre un vassal du Saint-Siège[2]. Dans ce cas, il va de soi que les combattants du «bon camp» se trouvent valorisés. Même s'il s'agit de combats entre chrétiens. Il y a là une réelle extension de la notion augustinienne de guerre justifiable, voire sacrée.

Guerres «privées» ou «féodales»

Plus fréquentes à cause de la multiplication des principautés, seigneuries ou châtellenies rivales, les guerres qui mettent aux prises des seigneurs entre eux dégénèrent parfois en vendetta, et même s'éparpillent en pur brigandage de la soldatesque. Les principales victimes des exactions ainsi commises par les *milites* sont les détenteurs de biens aisément pillables : bétail des paysans, mais plus encore richesses somptuaires des prélats, trésors des églises ou des abbayes. L'Eglise est ainsi doublement victime des *milites* turbulents que l'autorité royale, affaiblie ou lointaine, et même parfois l'autorité princière plus proche ne parviennent plus à contrôler. C'est donc à la fois par intérêt matériel (ce qui n'est pas péjoratif !) et par souci de morale religieuse que l'Eglise tente de prendre en mains les destinées de la paix publique si souvent violée, particulièrement dans la France méridionale. Les *institutions de paix*, par lesquelles les évêques réunis en synodes tentent d'obtenir des «seigneurs de la guerre» de s'engager par des serments à contenir leur violence, à la canaliser, se développent d'abord en Aquitaine à la fin du Xe siècle pour s'étendre ensuite au XIe dans les régions voisines, jusqu'aux frontières de l'empire germanique. La multiplicité même de ces conciles, tout au long du XIe siècle (en 1095, le concile de Clermont est encore avant tout un concile de paix !) montre à l'évidence que la guerre privée n'avait pas été extirpée.

Au demeurant, plus qu'une tentative (illusoire) de mise hors la loi de la guerre (privée), les institutions de paix furent davantage une recherche de moralisation des activités guerrières. Limiter la guerre et ses effets aux seuls guerriers, tel semble en être le véritable but. Et, pour cela, obtenir que les *milites* s'engagent à ne point attaquer, pour les dévaliser ou les rançonner, les *inermes* non accompagnés de guerriers : femmes, enfants, paysans, chevaliers sans armes, et bien sûr, ecclésiastiques. Faire, en quelque sorte, la part du feu en édictant des règles morales constituant l'ossature d'une sorte de code déontologique particulier à cette profession militaire que prisent fort les aristocrates de ce temps.

La *paix de Dieu* ne jette donc pas totalement le discrédit sur la guerre : elle vise à moraliser celle-ci, à en faire une sorte de sport, réservé aux élites, aux professionnels, et dont les ecclésiastiques pourraient être désormais les arbitres et non plus les victimes[3]. Ce n'est qu'en

1054 que le concile de Narbonne tire de ces prémices une maxime morale beaucoup plus générale : «*Celui qui tue un chrétien verse, à coup sûr, le sang du Christ*»[4]. Comme il n'était pas envisageable de supprimer, ni même de restreindre à l'extrême, dans le temps, les activités guerrières des chevaliers, activités réduites à quelques jours par semaine par la *Trêve de Dieu*, il fallait nécessairement trouver un exutoire à leur violence. On peut en déduire très logiquement, avec l'historien suisse Paul Rousset, que la *Reconquista* et la croisade sont filles des institutions de paix, dont elles sont à la fois conséquence logique et preuve de leur échec relatif[5]. Si cette tentative de soumettre les puissances aristocratiques à un certain contrôle de l'Eglise a échoué en grande partie, elle a cependant préparé les esprits à considérer l'Eglise et le pape comme garants naturels de la paix pour toute la chrétienté.

Guerres de reconquête contre les «infidèles»

Nous avons déjà noté ses caractères et l'intérêt que leur ont porté les papes avant l'an Mil. Cet intérêt ne faiblit pas au XIe siècle, bien au contraire. La *Reconquista* espagnole, en effet, s'accentue sous l'impulsion des rois d'Aragon et de Castille, et l'Eglise accélère ce mouvement et l'encourage, en particulier par l'intermédiaire des moines de l'ordre clunisien[6]. Les papes ont également encouragé les expéditions normandes en Sicile contre les Sarrasins qui l'occupaient, remettant aux princes normands qui les entreprenaient le *vexillum sancti Petri*[7] : ils devenaient vassaux du Saint-Siège.

Ce mouvement de reconquête, en Sicile comme en

Espagne, n'avait pas pour seul intérêt, en effet, de rendre à la foi catholique des terres jadis chrétiennes : il permettait aussi à la papauté d'imposer la liturgie romaine à des territoires qui avaient conservé le rituel wisigothique et, mieux encore, de revendiquer (peut-être au nom de la fausse donation de Constantin) la suzeraineté du Saint-Siège sur les terres reprises aux infidèles. La diffusion de cette conception politique amena le roi d'Aragon Sancho Ramirez à devenir vassal du pape en 1068, et Grégoire VII à rappeler au chef normand Ebble II de Roucy, au moment où il se préparait à mener une campagne en Espagne, qu'il devait s'engager à tenir ces terres de saint Pierre, «*puisqu'elles relèvent de lui*»[8].

Cette double signification des combats entrepris dans le cadre de la *Reconquista* valorisait bien entendu ceux qui les menaient. Nous possédons un intéressant témoignage de ce trait : il s'agit de l'indulgence proclamée en 1063 par le pape Alexandre II en faveur de ceux qui iraient combattre les infidèles en Espagne. Le pape, par l'autorité de saint Pierre et de saint Paul, lève leur *pénitence* et leur accorde la *rémission de leurs péchés*[9]. Cette déclaration marque un nouveau pas dans la sanctification de certaines guerres prêchées par le pape pour la récupération de terres chrétiennes.

Guerres de défense ou de protection des églises

La fausse donation de Constantin, on l'a vu, pouvait servir à justifier la revendication, dans tout l'Occident, de la suzeraineté pontificale. Mais, dans les conditions présentes, l'indépendance du Saint-Siège et sa souveraineté dans les seuls territoires acquis du patrimoine de saint Pierre nécessitait encore l'usage de la force armée. Sa protection incombait théoriquement à l'empereur. Depuis l'époque carolingienne, l'empereur portait, entre autres, les titres de *defensor* de l'église de Rome et, plus tard, de *miles sancti Petri* exprimant son devoir d'assistance militaire. Toutefois, cette protection n'était ni suffisante ni sans danger. Elle plaçait le Saint-Siège dans un état de dépendance à l'égard de l'empereur qui avait pris l'habitude d'influer grandement sur la nomination et sur la politique des papes. Dans la seconde moitié du XIe siècle, un vent de réforme et de «libération» souffle sur l'Eglise. Il s'agit de l'affranchir de la mainmise des puissances laïques qui, depuis longtemps déjà, s'exerçait partout. Les seigneurs nommaient les desservants de l'église paroissiale, les rois désignaient les évêques dans leur royaume et le pape était devenu l'homme de l'empereur. De tels procédés, rendus presque inévitables par l'implication de l'Eglise dans le système économico-social de cette époque «féodale», n'étaient pas nécessairement mauvais : lorsque l'empereur était pieux (ce qui était fréquent), il plaçait sur le trône de saint Pierre des papes dignes... mais ceux-ci, précisément parce qu'ils l'étaient, s'appliquaient aussitôt à purger l'Eglise de ses principales tares, parmi lesquelles la mainmise des laïcs et le *trafic des charges ecclésiastiques* figuraient en bonne place. Il est clair en effet que le choix d'un prélat par un prince laïc pouvait répondre davantage aux intérêts politiques du prince qu'à ceux de l'Eglise universelle ou, plus prosaïquement, des fidèles.

La lutte des papes réformateurs, entreprise pour «libérer l'Eglise» de cette tutelle et de cette mainmise des laïcs sur l'Eglise, ou plutôt sur le clergé et ses biens, heurtait nécessairement les intérêts des rois, et principalement de l'empereur. Il en résulta un grave conflit, connu sous le nom de «querelle du sacerdoce et de l'empire», mais qui dépasse largement ce seul problème. Les péripéties, passionnantes au demeurant, de ce conflit ne nous concernent ici que par ses implications : voulant se libérer de la tutelle protectrice mais aussi pesante des princes, les églises — et en premier lieu celle de Rome — durent chercher d'autres défenseurs que ceux qu'elles avaient l'habitude d'appeler à l'aide.

Depuis longtemps déjà, les établissements ecclésiastiques, évêchés et surtout monastères, avaient confié leur défense à des membres de l'aristocratie de la région, qui devenaient ainsi leurs défenseurs (*advocati*, ou avoués). Elles avaient également, pour assurer plus directement leur protection, recruté des soldats (*milites*), gagés par elles et combattant sous la bannière du saint patron de l'église locale qui les employait. Ce phénomène, déjà connu au IXe siècle, particulièrement en France, contribua d'une manière non négligeable à la promotion idéologique des entreprises militaires menées par ou pour l'église locale, et à la sacralisation des guerriers qui combattaient sous sa bannière ; cette sacralisation se manifeste dans la liturgie déployée lors de leur entrée en fonction. Nous possédons quelques témoins de tels rituels, qui furent souvent mal interprétés. C'est le cas du célèbre *ordo* de Cambrai. On y voyait jadis le plus ancien rituel d'adoubement d'un chevalier dans un chevalerie que l'on décrivait comme une institution pan-chrétienne. En fait, l'*ordo* de Cambrai n'est pas un rituel d'adoubement : c'est un *ordo* d'investiture, destiné à marquer l'entrée en fonction d'un défenseur d'église ou d'un *miles ecclesiae*[10].

Il n'en reste pas moins que, à ce niveau, et par le moyen de la liturgie, l'Eglise imputait maintenant à ces guerriers qu'elle recrutait une part de l'idéologie autrefois royale, en particulier le devoir de protection des églises et des faibles. Ces rituels réutilisent en effet des prières et des formules de bénédiction qui furent jadis composées pour des rois. Par ce biais, elle contribuait à la promotion idéologique de ces guerriers, à une époque où le déploiement liturgique assurait aux concepts la meilleure médiatisation possible, par la parole et par le geste. Jusqu'alors, la liturgie avait prévu la bénédiction des rois ou des princes lorsqu'ils partaient en guerre, celle de leurs armes ou de leurs drapeaux; désormais, elle s'attache aussi à bénir solennellement des guerriers, ceux, du moins, qui se mettent au service d'églises qui les recrutent pour assurer leur protection. Un grand pas vient ici d'être franchi dans la sacralisation de la profession militaire.

Guerres de saint Pierre

Plus que toute autre, sans doute, l'église de Rome a besoin de protection et de guerriers. En effet, plus que toute autre elle attise les convoitises... et manifeste, aussi, de vastes ambitions. La protection des troupes de l'empereur, son *defensor* en titre, ne suffit plus: il est loin, occupé par de nombreux autres conflits et surtout, en cette deuxième moitié du XIe siècle, il peut être amené à prendre des positions singulièrement différentes de celles du pontife romain: on peut même craindre des affrontements directs! C'est pourquoi le pape s'efforce d'obtenir d'autres appuis.

Un premier moyen consiste à accroître le nombre des «vassaux», des *fideles sancti Petri*, et d'obtenir ainsi d'eux l'assistance armée à titre de *servitium*. De nombreux princes, à cette époque, se proclament *fideles sancti Petri*: dans le seul territoire de la France actuelle, mentionnons par exemple les comtes de Provence, de

Toulouse, de Bourgogne, de Savoie : ailleurs, on peut citer les princes normands de Sicile et de Pouille, les princes de Barcelone, d'Aragon, le roi de Hongrie et bien d'autres encore. Pour certains de ces princes, le titre de *miles sancti Petri* renforce une légitimité douteuse ou contestée, par exemple après l'éviction d'un frère (cas de Raymond de Saint-Gilles) ou même le meurtre de celui-ci (Raymond Béranger, comte de Barcelone).

Le système présente cependant quelques inconvénients. En particulier, il ne résout pas les problèmes posés par l'éloignement de ces princes des lieux mêmes où une présence armée est perpétuellement souhaitable.

Un second moyen consiste à recruter directement, «pour saint Pierre», des guerriers, des *milites sancti Petri* : des mercenaires, capables de combattre sur place contre les ennemis directs du Saint Siège. Ceux-ci ne manquent pas. La menace peut tout aussi bien venir des puissances aristocratiques locales que des Byzantins, des Sarrasins, des Normands de Sicile, voire de l'empereur germanique lui-même ! C'est la raison pour laquelle le pape Léon IX, par exemple, alla lui-même, au milieu du siècle, recruter dans les territoires de l'empire une armée de guerriers qu'il mena au combat contre les Normands, sur le champ de bataille de Civitate, le 17 juin 1053. Cette armée s'y fit d'ailleurs tailler en pièces...

Ce faisant, Léon IX n'innovait guère. Beaucoup de ses prédécesseurs s'étaient déjà comportés en chefs de guerre. Pourtant, la bataille de Civitate constitue un nouvel échelon dans l'escalade vers la sanctification de certaines formes de conflits armés. En effet, plusieurs textes témoignent qu'en cette occasion Léon IX assimila aux martyrs de la foi ceux des guerriers qui moururent à son service à Civitate. Peut-être les avait-il absous avant le combat, comme le dit un texte tardif[11] ? Les biographes de Léon IX, en tout cas, rapportent sans aucune réticence les paroles qu'aurait tenues le pape à ses soldats : il leur aurait promis que ceux qui mourraient seraient réunis au paradis, dans le sein d'Abraham. Après la bataille, Léon IX aurait d'ailleurs eu confirmation de la réalisation de cette promesse, puisque les guerriers morts lui seraient apparus, élevés au rang des martyrs, somptueusement vêtus, ainsi qu'il convient à ceux qui ont leur place dans le paradis de Dieu. Bonizo de Sutri range ces «martyrs» parmi les saints et, en 1090, cinq ans avant le message de croisade d'Urbain II, Bruno de Segni n'hésite pas à utiliser pour ces *milites sancti Petri* l'expression même qui désignera les croisés : *milites Christi*[12].

Jusqu'alors, la couronne des martyrs n'avait jamais été promise qu'à ceux des guerriers qui mourraient contre les infidèles. Or, ici, l'ennemi — normand — est chrétien ! La démonisation de l'adversaire, affligé de toutes les tares de l'humanité par la propagande pontificale (non sans raisons, car ces guerriers normands n'étaient certes pas des tendres... et les papes le savaient, qui firent parfois appel à eux !) ne fait ici qu'ajouter à la sanctification des guerriers du pape. Celle-ci provient principalement du fait qu'ils mènent le «bon combat», pour une «bonne cause», pour la défense du patrimoine de saint Pierre, à l'instigation du souverain pontife[13].

Quant à l'usage de l'indulgence, de la *remissio peccatorum*, elle se répand et se généralise à cette même époque. Léon IX et ses successeurs y eurent recours à l'occasion d'appels à combattre pour la cause de saint Pierre dans les nombreux démêlés qu'eurent les papes avec les Normands, les Sarrasins ou l'empereur[14]. Bien plus qu'à la «qualité démoniaque» de l'adversaire, la sanctification de la guerre, traduite par l'usage de récompenses spirituelles, paraît donc bien liée à la cause qui y est défendue et, plus encore, à la fonction pontificale qui la prêche.

Guerre à l'hérésie et au schisme

On peut, dans une certaine mesure, rattacher cette catégorie de conflits à la précédente. En effet, la nature politico-religieuse de la papauté fait que toute hérésie — ou tout schisme — affaiblit son pouvoir et la menace tout autant qu'une puissance «extérieure». La lutte contre de tels ennemis se trouve ainsi légitimée.

Les rituels de couronnement des rois, nous l'avons vu, comportaient souvent une prière rappelant au souverain, au seuil de son règne, sa mission de protection de l'Eglise et de *persécution* des hérétiques[15]. A l'époque même de la croisade, à la fin du XIe siècle, les canonistes rédigèrent des recueils de droit justifiant légalement les poursuites que l'Eglise entreprendrait contre eux, justifiant l'usage de la force armée des *milites*[16]. Il y avait là une amorce légale de sanctification de futures «croisades» contre les hérétiques ou les schismatiques qui, on le sait, eurent lieu aux XIIe et XIIIe siècles, et même de campagnes guerrières contre les antipapes. Peut-on vraiment les considérer comme des «déviations» de la croisade ? Oui, selon les termes mêmes, si l'on donne de la croisade une définition très étroite, liée à la délivrance des lieux saints de Jérusalem. Non, si l'on considère l'esprit général qui préside à la sacralisation de toutes ces guerres. Dès la seconde moitié du XIe siècle, on voit ainsi les pontifes «sanctifier» leurs partisans dans les guerres civiles qui, en Italie, opposent les pontifes à leurs adversaires. C'est ainsi que le Saint-Siège soutint activement le mouvement de la *Pataria* milanaise. L'un de ses champions, un chevalier nommé Erlembald, fut tué en 1075. Il fut assimilé à un martyr de la foi et Grégoire VII l'éleva au rang des bienheureux trois ans plus tard. Il est intéressant de constater que, là encore, bien avant la croisade, et à propos de guerriers combattant contre des chrétiens mais pour la cause du pontife romain (et non contre des païens pour la défense de la chrétienté), l'expression *milites Christi* se trouve à nouveau employée, jointe à la promesse de béatitude pour ceux qui viennent à périr dans une guerre décidément sanctifiée par la parole pontificale[17].

Tout au long du XIe siècle, et particulièrement dans sa seconde moitié, à l'époque de la réforme grégorienne, on voit donc se multiplier les interventions pontificales à propos de la guerre. L'Eglise s'inquiète des guerres privées, sources de ruine et de meurtres dont elle pâtit en premier lieu dans ses personnes et dans ses biens ; par les institutions de paix, *paix de Dieu* et *Trêve de Dieu*, elle cherche à en limiter les effets néfastes sur les *inermes* et en particulier sur les clercs. De telles guerres font inutilement couler le sang des chrétiens.

En revanche, les conflits entre Etats, inévitables, peuvent parfois être bénéfiques lorsqu'il s'agit de dilater la chrétienté ou de placer au pouvoir un prince ou un souverain favorable à l'église de Rome. Les guerres de reconquête de terres jadis envahies par les infidèles sont encore plus louables et donnent lieu à des promesses spirituelles précises : remise des péchés pour les vivants, promesse de paradis aux victimes des combats. Mais les guerres contre les infidèles ne sont pas seules à bénéficier de telles mesures : les mêmes privilèges s'attachent également aux guerres soutenues par les papes pour défendre leur territoire ou y accroître leur autorité. Les guerriers qui y participent en tant que *milites sancti Petri* sont même parfois qualifiés de «soldats du Christ» (*milites Christi*), bien avant la prédication de croisade d'Urbain II.

Les guerres entreprises par la chrétienté, et plus précisément pour le Saint-Siège, atteignent donc dès ce moment un degré de sanctification très élevé : sur ce plan, la croisade n'innovera pas. Elle ne fera que reprendre à propos des guerriers envoyés en Orient contre les infidèles les privilèges et les termes, ainsi que les promesses qui s'attachaient déjà, en Occident, aux combattants pour les causes, confondues, de la chrétienté et de l'Eglise, des églises et du Saint-Siège.

LE SIÈCLE DES *MILITES*

Le XIe siècle apparaît comme le temps des *milites*. On les rencontre partout dans les textes de toute nature : narratifs ou diplomatiques, juridiques ou liturgiques.

Encore faut-il s'entendre sur le — ou plutôt *les* — sens de ce mot, que l'on traduisait encore systématiquement, à tort, il y a quelques années, par «chevaliers».

Le mot, nul n'en doute, évoque un *service*, mais à des niveaux divers et avec des nuances honorifiques ou humbles, selon les cas. Il ne faut pas s'en étonner : à notre époque, le mot *ministre*, pourtant lui aussi d'origine humble, ne s'applique-t-il pas aux «serviteurs de l'Etat» sans que leur dignité en souffre ?

La militia *de la fonction publique*

Contrairement à ce que l'on a longtemps cru, il subsiste encore en Occident, au début du XIe siècle, quelques vestiges de l'ancien pouvoir public romain ; sinon au niveau des faits, du moins au niveau des mentalités et du vocabulaire. Les rois sont perçus comme exerçant, au nom de Dieu, l'autorité publique. Cette notion que l'on pourrait qualifier de *romaine* se mêle à la notion plus germanique de lignage, de privilège d'un sang qui, par alliances successives, irrigue (on veut le croire) l'ensemble de l'aristocratie dont le roi n'est qu'un *primus inter pares*. Ce sang «noble» confère l'aptitude, sinon le droit, à exercer la fonction publique que l'on nomme souvent *militia* et qui, de plus en plus, se confond avec la justice que l'on rend dans les châteaux, véritables lieux de concentration du pouvoir. En ce sens, entrer dans la *militia* c'est, encore au début du XIe siècle, recevoir publiquement les marques d'une autorité à la fois militaire et judiciaire[1]. On comprend que cette réception ait revêtu un caractère solennel : les princes qui sont ainsi reconnus aptes à gouverner, soit lorsqu'ils entrent effectivement en fonction, soit lorsqu'ils en atteignent l'âge, reçoivent le *cingulum militiae* contenant l'épée, symbole des deux pouvoirs laïcs, celui de faire régner l'ordre et de juger ceux qui le troublent[2]. Le jeune aristocrate, admis dans la *militia* (les textes disent aussi *miles factus*) n'est pas, alors, «fait chevalier», comme on le pensait naguère, mais plutôt reconnu comme membre à part entière de la caste dirigeante qui s'est approprié l'autorité publique. Il n'entre pas ainsi dans la *chevalerie*, mais dans la catégorie socio-juridique des gouvernants, ceux qui portent l'épée de la justice et de la force armée, les détenteurs d'un pouvoir jadis public, en voie de privatisation.

La militia *du clergé*

D'autres hommes se parent du titre de *milites* : les membres du clergé qui accomplissent sur terre le service de Dieu, chargés eux aussi d'instruire, de diriger, voire de juger les hommes et même les princes. Evêques et moines accomplissent ainsi la *militia Dei* pour servir Dieu (*militare Deo*) : ils sont les soldats-servants de Dieu (*milites Dei*) dans une armée terrestre, réplique de l'armée céleste dont Dieu est le roi suprême, entouré de ses *barons*, les saints, les anges, les archanges. En cela, ils accomplissent une fonction d'intermédiaires, reliant la terre au ciel, la milice du monde aux milices angéliques. Un service pacifique, certes, mais discipliné, et qui participe au combat des forces du bien contre celles du mal. En premières lignes.

La militia *des soldats*

On trouve encore dans les textes, mais presque moins souvent, d'autres *milites*, anonymes ceux-là, et plus proches de la notion actuelle de service : ce sont les soldats, les guerriers ordinaires, hommes libres descendant des époques mérovingiennes et carolingiennes où tout homme libre devait au roi le service militaire. A ceux-ci se sont ajoutés, au XIe siècle, en France comme dans l'empire germanique, des hommes de corps, dépendant étroitement de leurs maîtres et remarqués par les seigneurs qui les emploient comme gardes du corps, escorte ou garnison dans leurs forteresses, qui les utilisent en escadrons pour leurs coups de main.

Le vocabulaire se révèle donc trompeur : si un prince ou un grand seigneur du XIe siècle ne rougit pas de se nommer lui-même *miles* dans les documents officiels, nul ne comprend alors qu'il entre dans une sorte de confrérie sociale égalitaire où les *milites* ordinaires seraient ses pairs ! A un niveau moindre, un hobereau local peut bien avoir, en tant que *miles*, des obligations militaires, des devoirs de garde de forteresse envers son seigneur, comte ou suzerain direct, nul ne le confond pourtant, dans la réalité de la vie quotidienne, avec les simples *milites* qu'il emploie lui-même à son service, qui forment sa garde personnelle, dans sa *mesnie*, et qu'il dirige en maître, au même titre que ses autres serviteurs. S'il y a bien, autour du mot *miles*, une certaine ambiguïté, celle-ci se situe donc au niveau de *notre* perception, bien plus que de celle des contemporains. Par ailleurs, dans la seconde moitié du XIe siècle, encore, les écrivains qui s'attachent à relater les exploits militaires des princes et qui les peignent en *milites* savent fort bien utiliser de nombreuses «constellations verbales» dont ils n'usent qu'à propos des «grands», et qui font ressortir la dignité de leur statut, le prestige de leur famille et de leur fonction, la noblesse de leur origine[3].

La faveur croissante du terme *miles* se remarque également, dès le début du XIe siècle, et même un peu avant dans le «cœur historique de la Francia» où le mot se substitue de plus en plus à *vassallus*. Notons bien que ce fait ne traduit pas toujours une dégradation du pouvoir qui aurait entraîné l'essor social des *milites*. Ceux-ci demeurent encore des *mediocres*. Contrairement à ce que l'on a longtemps cru, dans de nombreuses régions françaises, le début du XIe siècle n'a pas connu la rapide désintégration du pouvoir comtal et l'érection de nombreux «châteaux adultérins», symboles de l'apparition de seigneuries châtelaines échappant au pouvoir des princes et se constituant en cellules de pouvoir indépendantes[4] : les comtes parviennent encore, en de nombreuses régions, à contrôler les seigneuries ; et les châteaux, qui se multiplient en effet, ne résultent pas partout du déclin de leur pouvoir, mais de l'implantation d'un système militaire qu'eux-mêmes dirigent, en tant que détenteurs de l'autorité publique. Ce n'est que progressivement, et à des rythmes divers selon les régions, que les châtelains s'émancipent de l'autorité des comtes ; en revanche, leur mainmise sur les populations s'est établie plus tôt, et c'est ce qui importe davantage.

La châtellenie, centre du pouvoir public

Partout, en effet, la châtellenie devient le centre local d'exercice des pouvoirs aussi bien militaire que judiciaire. Qu'ils soient ou non contrôlés par les comtes, c'est là, dans les châteaux tenus par les châtelains (*castellani*) et garnis de *milites castri* que siège l'autorité autrefois publique, devenant privée, sans que le changement soit très perceptible par les «gouvernés». Une autorité qui, de plus en plus, pèse sur les hommes et sépare la société en deux groupes, sinon deux classes : d'un côté, ceux qui, de près ou de loin, exercent cette autorité, les princes, les sires, laïcs ou ecclésiastiques, entourés de leurs forces armées, les *milites* ; de l'autre côté, la masse des paysans, soumis, subjugués par ces *milites* qui les toisent du haut de leur monture.

On reconnaît ici le schéma propre à ce que l'on nommait jadis, probablement à tort, les «structures féodales», et qu'il serait plus judicieux de nommer autrement, l'élément «fief» ne jouant pas partout, loin s'en faut, le rôle principal. Il s'agit plutôt d'un phénomène de parcellisation, d'atomisation géographique du pouvoir que, localement, les princes n'exercent plus qu'à travers les châtellenies qui, bientôt, médiatisent ce pouvoir, le confisquent à leur profit. Il n'y a pas partout, loin de là, substitution des rapports d'homme à homme (vassalité) à l'ancienne notion d'autorité publique : cette forme de vassalité de type féodal pénètre mal, et tardivement, dans les régions méridionales de la France et demeure inconnue en Espagne. Mais partout, cependant, l'autorité s'incarne en la personne de celui qui, maître du château, entouré de ses guerriers, fait régner *son ordre*, au nom du comte ou du roi représentant la légitime autorité publique, ou en son nom propre s'il s'est rendu autonome, ou indépendant de celle-ci. Partout, en tout cas, le fossé s'élargit entre ceux qui sont soumis au *ban* (c'est-à-dire au pouvoir châtelain) et ceux qui l'exercent ou s'y associent (les châtelains et leurs *milites*).

Les principautés et même les royaumes n'échappent pas à ce processus. On l'a dit fort justement : «*Le XIe siècle est un âge seigneurial parce que les principautés, la royauté même, se sont faites seigneuries*»[5]. Plutôt que de *féodalisation*, mieux vaudrait donc parler de *châtellenisation* de la société.

C'est dire que les *milites*, qui sont les mains armées des princes et, à un niveau moindre, des châtelains, profitent de cette concentration des pouvoirs entre les mains des potentats locaux. Même s'ils n'aspirent pas encore à la noblesse — ce sera pour plus tard —, il la côtoient. Comme leurs seigneurs, les *milites* du XIe siècle qui constituent leur escorte participent avec eux, bien que sous leurs ordres, aux opérations militaires ou de «police», à l'exercice direct, quoique subordonné, du pouvoir. Ce sont eux qui font régner l'ordre du sire, qui l'imposent au besoin, par la force de leurs armes. Ils constituent l'inévitable et indispensable arrière-plan de toute «cour», même royale ; et il n'est donc pas surprenant, dans un tel «paysage politique» où les centres de pouvoirs sont nombreux et dispersés, de les voir contresigner, au bas des actes de leur sire, en tant que témoins[6]. Le commun exercice du *ban*, même à des niveaux très divers, rapproche donc, dans le cadre de la châtellenie, ceux qui commandent (les châtelains) et ceux qui font exécuter les ordres du pouvoir (les *milites*). Le phénomène s'amplifie au cours du XIe siècle lorsque se généralise la privatisation de l'autorité publique.

Les milites, *agents subalternes du pouvoir*

Y a-t-il pour autant ascension sociale de la masse de *milites* qui, pour la plupart, on l'admet maintenant, sont issus des milieux de la paysannerie[7] ? C'est probable, particulièrement dans le second tiers du XIe siècle, au moment où, dans le centre de la France d'abord, puis ailleurs, plus ou moins vite, plus ou moins profondément, de nombreux personnages de second plan parviennent à exercer ou même à usurper les pouvoirs militaires et judiciaires que détenaient jusqu'alors les comtes. Lorsque le pouvoir comtal se maintient encore, l'exercice local de ce pouvoir associe de plus en plus étroitement les *milites* aux agents seigneuriaux, vicomtes ou viguiers, qui en ont reçu la charge. Les potentats locaux s'appuient tous sur leurs *milites*, vassaux non établis ; le fossé qui sépare ces petits sires de leurs guerriers ne paraît pas alors bien large. Il y a place également pour des ascensions sociales par voie de mariage : la prouesse d'un guerrier peut attirer l'attention du maître qui, parfois, consent à lui donner pour épouse une de ses proches, une veuve par exemple. A la fin du XIe siècle, l'historien Geoffroy Malaterra nous signale un tel cas de promotion sociale qui, malgré tout, devait être assez rare pour mériter, justement, la mention. Le texte, intéressant à plus d'un titre, mérite d'être cité :

> «*Un soldat ordinaire* [miles gregarius] *nommé Ingelmar avait longtemps servi le comte [= Roger de Sicile]; ce dernier voulut rémunérer son service* [servitium] *de façon convenable, ainsi qu'il en avait toujours eu l'habitude. Aussi, bien que ce* miles *eût été de basse extraction* [inferioris generis], *et à cause de la vaillance guerrière qu'il constatait en lui, il lui concéda en mariage, avec toute la dot qui lui revenait, la femme de son neveu Serlo — celui qui avait été tué en Sicile par les Sarrasins —, et ceci malgré le fait qu'elle-même y ait été très opposée; il le fit pour que la qualité de ce* miles *s'en trouve en quelque sorte rehaussée par rapport à celle de ses compagnons, par cette épouse de race illustre : elle était, en effet, fille de Rodolphe, comte de Boiano*»[8].

On notera en passant la totale autorité du comte sur la veuve de son neveu, dont l'opinion ne compte pas. On notera aussi l'insistance sur la «petite naissance» du chevalier récompensé pour sa seule prouesse guerrière. Enfin, Malaterra ne manque pas de souligner que cette promotion sociale, enviable mais trop rapide pour un *miles* de sang si obscur, lui monta à la tête, comme cela arrive à tous les «parvenus» de petite naissance : il osa se bâtir une tour fortifiée, à l'insu du comte, s'y barricada, contraignant le comte à prendre les armes contre lui et à le mettre en fuite.

Ce thème du chevalier modeste accédant à l'aisance par un mariage dû à sa seule vaillance allait d'ailleurs devenir un poncif de la littérature dite *chevaleresque*, particulièrement celle du XIIe siècle en langue romane. Mais, alors, on insiste sur sa noblesse de sang qui «mérite» mieux que son rang social dévalorisé, ce qui est la situation inverse de celle que décrit Malaterra. A son époque, les *milites* n'ont pas encore réalisé leur promotion idéologique. Le thème du vaillant *miles* gagnant les honneurs par sa prouesse, qui illustre à merveille cette promotion idéologique de la fonction guerrière au sein de la classe aristocratique, était si populaire que même les princes ne dédaignèrent pas de placer, fût-ce fictivement, un simple chevalier, un *miles* audacieux et vaillant, à l'origine de leur propre lignée[9]. Certes, ce ne sont là que faits d'exception ou fiction romanesque, mais ils traduisent bien une évolution des mentalités, une promotion idéologique du métier militaire au sein de l'aristocratie laïque.

L'essor des milites

D'autres facteurs ont contribué à l'essor des *milites* au XIe siècle. Des gestes, dans le contact quotidien, ont rapproché, uni, soudé entre eux les seigneurs et leurs chevaliers : les exercices guerriers, les plaisirs, la chasse, la guerre, le tournoi.

Il ne faut pas minimiser ces facteurs-là. Le compagnonnage guerrier, cette camaraderie sportive développée au sein des équipes qui s'affrontent dans les véritables combats collectifs organisés que sont les tournois à la fin du XIe siècle et même encore au XIIe siècle ont, probablement plus que n'importe quel décret judiciaire, contribué à former les contours de cette *chevalerie* et à fournir aux *milites* une dignité sociale qu'ils n'avaient pas à l'origine. Une tradition très ancienne attribue l'invention des tournois à Geoffroy de Preuilly, mort en 1066. Il se peut toutefois que des combats organisés aient existé avant cette date. Il est certain, en tout cas, que ces tournois, à l'origine, n'étaient autres que des affrontements guerriers collectifs organisés, mettant aux prises deux «camps» ; l'un, formé de *ceux du dedans*, occupe une place forte supposée assiégée ; l'autre, formé de *ceux du dehors*, joue le rôle des assaillants. Sorties, embuscades, mouvements d'encerclement, batailles rangées constituent des répétitions générales d'une véritable guerre, dont les tournois ne se distinguent pas[10]. Ces tournois n'abolissent certes pas les distinctions sociales : tous les *milites* qui y participent n'occupent pas le même rang : les uns commandent les troupes, les autres les forment et obéissent. Mais, sur le terrain, dans la charge collective, la primauté revient à la vaillance, à la valeur guerrière, *vertu chevaleresque* par excellence : la prouesse.

On peut en effet commencer à parler de *vertu chevaleresque* à propos des *milites*. Non pas que la cavalerie ait été jusqu'ici négligeable — dès le VIIIe siècle, au contraire, elle constituait la force principale des armées franques —, mais la cavalerie carolingienne, lourde et relativement peu mobile, a connu depuis peu une importante mutation résultant d'une innovation technique. L'usage, déjà ancien (VIIIe siècle), de l'étrier, les transformations de la selle, plus profonde, procurant une meilleure assise, l'amélioration de l'élevage, résultant à la fois d'une meilleure production agricole et, probablement aussi, l'amélioration de la race chevaline ont rendu possible l'apparition d'une nouvelle technique de combat à une date longtemps discutée. On l'a située d'abord au début du XIe siècle, voire au Xe siècle, avant de la repousser au XIIe siècle. Je crois pouvoir affirmer qu'il faut la placer peu après le milieu du XIe siècle[11]. Il s'agit de la méthode utilisant la lance, plus longue et plus grosse qu'auparavant, couchée en position horizontale fixe, bien calée sous le bras. La force de l'impact et son efficacité résultent alors non plus du mouvement du bras mais de la vitesse du cheval et de la précision de sa course. C'est la technique du choc frontal qui, désormais, va s'imposer à tous les chevaliers d'Europe. Elle donne la prééminence à la charge massive dans laquelle les chevaliers, soudés les uns aux autres, forment une masse compacte dont la puissance, impressionnante, disloquait les rangs adverses, éparpillant les ennemis, les livrant ainsi, vulnérables, à ceux qui, à pied (les *pedites*), parachevaient la victoire, capturaient les guerriers isolés et les cavaliers adverses désarçonnés, les achevaient parfois. Rarement : le but recherché, en effet, consiste maintenant à jeter l'adversaire au sol bien plus qu'à le tuer ; à le prendre pour l'échanger, en tirer rançon, le «revendre», en quelque sorte. D'ailleurs, tuer un chevalier équipé n'était pas chose aisée, sauf au sol, à cause des progrès réalisés parallèlement dans l'armement défensif.

Le cavalier, puis dans une moindre mesure et plus tardivement le cheval, était en effet protégé, depuis les Xe siècle, par une *brogne*, vêtement de cuir recouvert de plaques de fer imbriquées et, de plus en plus, par le *haubert*, véritable tunique tissée de fils métalliques entrelacés formant un vêtement souple et relativement léger : on a pu l'estimer à moins de 12 kilogrammes ; le haubert est capable d'arrêter les coups d'épée, de taille sinon d'estoc, et de limiter considérablement les funestes effets des projectiles, javelots ou flèches. Cet équipement, bien illustré sur le remarquable document que constitue la fameuse «broderie de Bayeux» dite *Tapisserie de la reine Mathilde*, complété par le bouclier oblong (écu ou targe), par le casque à nasal (heaume), parfois par les jambières et la ventaille, protège si bien le chevalier qu'il paraît presque invulnérable tant qu'il demeure sur son cheval.

Les conséquences sociales de cette évolution technique sont considérables. Car l'équipement complet du cavalier coûte cher, ainsi que les chevaux spécialement dressés pour le combat. La nouvelle technique guerrière ne s'improvise pas : il faut s'entraîner dans les quintaines et les joutes avant même d'aborder les tournois. Tout cela conduit les princes à porter leur attention sur ces nouveaux détenteurs de la suprématie militaire sur les champs de bataille : la cavalerie d'élite.

Ils en font eux-mêmes partie : ils la dirigent. Le vocabulaire s'en ressent. Jusque vers le milieu du XIe siècle, les textes divisent les soldats (*milites*) en deux catégories : les fantassins ou piétons (*pedites*) et les cavaliers (*equites*). Peu à peu, la primauté de la cavalerie lourde et sa coloration sociale élevée (les aristocrates, on s'en doute, combattent tous dans cette catégorie) donnent aux guerriers à cheval qui utilisent cette nouvelle technique une telle supériorité que l'on en vient à assimiler les deux termes : à la fin du XIe siècle, à l'opposition *equites-pedites* se substitue de plus en plus l'opposition *milites-pedites*.

Les véritables guerriers, alors, ne sauraient être que des chevaliers. Pour les distinguer d'autres cavaliers de seconde zone, moins lourdement armés et qui, peut-être, continuent à se battre avec les techniques anciennes, les textes précisent parfois «*milites electi*», que les œuvres en langue romane traduiront, plus fréquemment encore, par l'expression «chevaliers *eslis*»[12].

La *chevalerie* est née : elle se compose, pour la plus grande part, des meilleurs cavaliers choisis parmi les guerriers, serviteurs armés des princes, qui forment sa garde personnelle, ses «chevaliers domestiques», les chevaliers de sa *mesnie*, mais aussi des seigneurs, grands et petits qui, en armes, ne sauraient combattre que selon la nouvelle technique et avec l'équipement complet qui s'impose désormais à tous ceux qui comptent : les vassaux, les dépendants des princes ou les sires indépendants qui ont conservé les moyens de disposer d'assez de revenus pour s'offrir l'équipement, les chevaux et les loisirs nécessaires à cette élite des professionnels de la guerre.

La promotion sociale des *milites* existe donc, indubitablement, au cours du XIe siècle et particulièrement dans sa seconde moitié. Elle traduit la militarisation de cette société et le fait que les aristocrates, qui la dirigent, guerroient à cheval au milieu de leurs *milites* et de la même manière que l'élite d'entre eux. Il en résulte un inévitable compagnonnage guerrier qui, s'il n'abolit en rien les distances, favorise les contacts, permet les osmoses, identifie les modes de penser et de sentir, crée une mentalité commune, des codes de conduite et de comportement que l'on nommera bientôt *chevaleresques*.

Au sein de la société laïque, cette chevalerie paraît estimable, enviable ; pourtant, elle est encore «mal dans sa peau», si l'on ose dire, comme complexée. L'Eglise a besoin d'elle pour défendre ses intérêts, mais elle la redoute d'autant plus que, bien souvent, ce sont ces *milites* qui ont été ses spolieurs, qui ont pillé ses trésors et usurpé ses biens. De plus, lorsqu'ils ne guerroient pas pour la sainte cause de l'Eglise, ils conservent un peu de cette macule ancienne qui s'attachait depuis longtemps à ceux qui portent la mort. Ils sont, dans une certaine mesure, dans la même situation, à la fois enviable et inconfortable, qu'occuperont les marchands deux siècles plus tard : en pleine réussite sociale, parce que nécessaires à la société et par là même enviés, mais aussi quelque peu déconsidérés aux yeux de l'Eglise à cause de l'exercice d'une profession encore mal acceptée, porteuse de tares et de culpabilité. Comme les marchands, mais bien avant eux, les *milites*, d'origine humble, prennent conscience de leur force et aspirent à être reconnus, considérés. Ils souhaitent que l'Eglise reconnaisse la dignité de leur état. Eux-mêmes, pourtant, n'en sont pas encore pleinement convaincus : leur métier ne les conduit-il pas à la violence, à l'homicide, au pillage? Comment exercer une telle profession sans être coupable aux yeux de Dieu et de l'Eglise ?

La profonde aspiration au salut de tous les laïcs, perceptible au XIe siècle, conduisit d'abord les chevaliers à rechercher, à la fin de leur vie, la purification de leur âme par une *conversion* radicale: certains, rejetant la *militia* du monde, entrent alors dans la *militia* de Dieu, revêtant la bure monacale. Beaucoup d'autres rachètent les fautes de leur vie guerrière par des donations pieuses, offertes à l'Eglise «*pour le rachat de leur âme*», comme l'affirment tant de chartes de ce temps. Mais tous ces moyens, déjà anciens, ne les satisfont plus totalement. Car tous impliquent une réelle et totale condamnation de leur état. Tous traduisent encore l'opinion que portaient jadis, sur les *milites*, les théoriciens de l'Eglise: peu de chances de salut pour un *miles* dans l'exercice de son métier ! Au XIe siècle, Pierre Damien reflète encore l'opinion traditionnelle; à la condamnation que leur attire l'exercice d'une profession si moralement périlleuse, il ne voit qu'un remède : le rachat par le pèlerinage[13].

Les chevaliers, comme tous les laïcs en quête de salut, vont alors se jeter sur les routes, en pèlerins. La croisade, pour une grande part, est issue d'un tel mouvement de piété laïque, de cette voie de salut ouverte par l'Eglise aux guerriers turbulents mais pieux, aspirant à la fois à la reconnaissance de leur état et conscients des fautes morales qu'il implique.

Le pèlerinage, dans la seconde moitié du XIe siècle,

apparaît pour l'heure aux chevaliers comme un moyen de combler le fossé entre une dignité sociale de plus en plus évidente et une indignité morale qui persiste encore et que ressentent surtout les meilleurs d'entre eux.

LES DEUX MILICES

Militia = malitia ! Milice, malice ! pour ne pas dire maléfice ! Telle est en effet l'opinion générale des moines sur les chevaliers, le mépris horrifié de la *militia Dei* envers la milice de ce siècle.

Pour les «serviteurs de Dieu», le *monde*, le *siècle*, c'est-à-dire la société terrestre, est abîmé dans la seule recherche des satisfactions immédiates de la «chair», qui n'est que perversion, altération, inversion du monde céleste ; le seul véritable, le seul qui mérite attention.

Pourtant, la description que font du monde divin les écrivains ecclésiastiques de ce temps ne manque pas d'étonner le lecteur moderne, tant il apparaît comme une réplique de la «société féodale» : un royaume de Dieu dont le souverain règne, de loin, en seigneur (*dominus*) ; un maître implacable qui, comme le font aussi les seigneurs terrestres, juge, récompense et punit. Comme eux, il ne juge pas seul. La cour céleste est la réplique de la cour seigneuriale. L'accusé, lui non plus, n'est pas seul, livré à lui-même. G. Duby l'a dit avec brio : «*Toujours, le plaideur entrevoit, parmi les membres de la cour, des hommes qui lui sont liés par des fidélités mutuelles; il compte sur eux; ils parleront pour lui; peut-être infléchiront-ils la sentence. Voici pourquoi les hommes de ce temps, dans la crainte du Jugement Dernier, se montrèrent si soucieux de capter la bienveillance des saints. Ces héros de la foi forment la cour de Dieu; celui-ci écoutera leurs avis; ils désarmeront son courroux*»[1].

A l'émancipation des comtes par rapport au souverain répond celle des saints dans le royaume céleste. Comme dans la réalité «féodale», au souverain, dont l'autorité est sacrée mais lointaine, se substitue, parce que plus proches des hommes, plus accessibles, les pouvoirs «locaux» des saints; ils ont ici ou là leur domaine: église, sanctuaire; ils agissent en personne, de façon tangible, palpable, par le truchement de leur tombeau, de leurs reliques, que l'on peut approcher, voir, toucher même, afin que l'influx bénéfique qu'ils dégagent comme par magie pénètre le fidèle, le pèlerin venu les adorer dans la crypte obscure où trône leur sarcophage ou la châsse précieuse enserrant leurs reliques: ici un os, là un fragment de crâne, une dent, quelques cheveux...

Certes, la Vierge, Notre-Dame (= Notre *Domna*, l'équivalent féminin de *dominus, seigneur*), sait également apaiser le Maître suprême, et sa douce influence féminine, en essor au XIe siècle et plus encore au XIIe, commence à se faire sentir dans la religiosité du temps. Mais, pour l'heure, ce sont surtout les saints qu'il convient d'amadouer[2].

Comment? Par des prières, bien sûr, mais aussi, mais surtout, par des dons. Dans la pratique de la justice terrestre, il en allait de même: le coupable, généralement avec l'appui de ses alliés de la cour, parvenait à rétablir la concorde, à apaiser le courroux du seigneur et celui des victimes par une amende de composition, une compensation monétaire, venant dédommager le tort causé, rétablir l'honneur égratigné. Quoi d'étonnant à ce que les pratiques de la cour céleste aient été imaginées sur le même modèle, et aient conduit aux mêmes comportements ? On lave donc la faute par une aumône, une donation, et principalement celle que font aux monastères, à l'article de la mort, ceux qui vont quitter la *milice du siècle* pour revêtir, s'ils le peuvent encore, le froc salvateur du moine qu'ils n'ont pas été durant leur vie... choix qui suffisait, on le croyait, à compromettre gravement leur salut. Il fallait donc «rétablir», se *convertir*, emprunter, ne fût-ce que quelques heures, la seule voie sûre vers le salut, la *via apostolica*, que suivent les moines.

Le moine incarne en effet l'idéal religieux du XIe siècle, le modèle du *miles Christi*.

L'Eglise séculière, elle, demeure encore trop largement impliquée dans le «monde». Ses évêques, et à plus forte raison ses ordres inférieurs, n'ont pas su se garder, comme les moines, des impuretés corruptrices que sont à leurs yeux l'or, l'épée, le sexe ! Les prélats, tous — ou presque — d'origine aristocratique, vivent en grands seigneurs, possèdent palais, terres, esclaves et chevaux ; on les voit, escortés de *milites* et de domestiques ; comme les évêques carolingiens, ils continuent à aimer le tumulte des combats ; encore mariés il y a peu, ils ont toujours, sinon des épouses, du moins des concubines, parfois affichées. Certes, les abbés laïcs faisaient de même. Mais la réforme monastique, ici, a précédé de plus d'un siècle la réforme dans l'église séculière.

Réforme ? Par ce mot, je n'entends pas parler seulement de la constante et nécessaire purification des mœurs dans les monastères, mais de l'émancipation des établissements monastiques de la tutelle qu'exerçait jadis sur eux l'évêque dont ils dépendaient. L'inlassable activité d'un Abbon de Fleury, aux alentours de l'an Mil, résume ce vaste mouvement de «libération» du monachisme, dont Cluny, l'ordre noir, récapitule l'expression. Fondé au début du Xe siècle, Cluny atteint sa pleine stature au début du XIe siècle. Son influence ne cesse de croître sous l'impulsion d'abbés de grande valeur, à commencer par Odilon, que l'on surnommait «roi» (*rex Odilo*). Ses maisons, ses prieurés se multiplient. L'exemption totale vis-à-vis des évêques et le rattachement au Saint-Siège des maisons de l'ordre leur assure une grande indépendance et une unité d'action que la papauté saura utiliser à son profit.

Peut-on voir dans l'émancipation des abbés et des moines à l'égard des évêques un mouvement semblable à l'émancipation des sires et des chevaliers à l'égard de l'autorité des comtes ? Le parallèle est frappant et la comparaison séduisante. Résistons-y cependant, en notant toutefois ce qui rapproche ces deux émancipations : dans les deux cas, l'accent porte sur le combat, sur la lutte contre l'Adversaire. Le vocabulaire très «militaire» de Cluny ne laisse aucun doute à cet égard : les moines ont bien le sentiment de mener, derrière les murailles des abbayes, ces forteresses spirituelles, ou sous les voûtes romanes des églises monastiques qui, un peu partout, s'élèvent de la terre vers le ciel comme des passerelles, le vrai combat de la foi, en tant que *militites Christi*[3].

Quelle est, en effet, la mission des monastères ? Elle paraît, alors, essentielle. Il s'agit de préserver, ne serait-ce que dans quelques cloîtres, une parcelle de pureté dans l'océan d'impuretés qui déferle sur le monde ; sauvegarder une bulle d'ordre dans le désordre ambiant, une lueur, fût-elle vacillante, dans la nuit opaque qu'entraînent sur le monde les péchés du siècle. Et, ainsi, de maintenir un lien, une communication entre ce monde-ci et l'Autre, le vrai, celui où Dieu règne avec ses saints avant de venir juger ce monde corrompu. Le monastère accomplit donc un rôle de récepteur du divin, de diffuseur des grâces ainsi captées par les prières des moines, par la liturgie, que Cluny développe à l'extrême pour que la continuité des louanges et du service divin assure la permanence de ce lien, ténu, mais vital.

Les moines tiennent garnison, dans ces «forteresses de Dieu». Leur bouclier, c'est leur vertu. Car le moine est pur, du moins il s'efforce de l'être, selon les critères qui, alors, s'imposent : dès l'origine, les statuts monastiques ont imposé aux *milites Dei* l'humilité, l'obéissance, la pauvreté : même si l'ordre auquel il appartient regorge de richesses, si le monastère constitue une véritable seigneurie collective — ce qui assure à chacun protection, vêtements, nourriture —, le moine, lui, ne possède rien en propre. Et surtout, dès l'origine, le monachisme a banni le sexe et le sang versé, ces impuretés notoires. Retirés du monde, œuvrant pour son rachat et sa rédemption derrière les épaisses murailles des églises, les moines combattent de leurs prières et de leurs jeûnes les démons et les vices qui assaillent le monde. Ils suivent la vraie voie, celle qui, seule (ou presque) mène à la Vie, rejetant, par l'ascèse, les funestes délices de ce bas monde.

Cette ascèse, qui leur paraît exigée de Dieu, les moines ambitionnent de l'étendre au monde, à l'Eglise séculière d'abord et ensuite, pourquoi pas, aux laïcs.

L'idéal ne serait-il pas que tous entrent au monastère ? Au XIIe siècle encore, saint Bernard, pourtant si impliqué dans les affaires temporelles et rédacteur de la règle des chevaliers du Temple, ne dit pas autre chose[4]. Mais, en cela, il a près d'un siècle de retard sur son temps. Car, dès le XIe siècle, d'autres ecclésiastiques, plus réalistes, comprennent aussi l'intérêt que peut avoir, pour l'Eglise, le maintien dans le monde, surtout à des postes de commande, d'hommes pieux que, pourtant, l'idéal monastique a conquis et qui aspirent au cloître. Selon Dudon de Saint-Quentin (qui écrit vers 1020), l'abbé Martin de Jumièges, déjà, avait déconseillé, jadis au duc normand Guillaume Longue-Epée de quitter le gouvernement de son duché pour se faire moine, comme il le souhaitait. Pourtant, l'abbé lui avait clairement dit, Dudon y insiste, que le *Via apostolica* était bien, de loin, la meilleure ; mais il lui fallait cependant renoncer à cette douce voie du monastère, car sa mission était de défendre le pays, les églises, les moines, les pauvres. Qui, autrement, saurait les protéger contre les attaques des païens[5] ? Guillaume de Jumièges, vers 1070, précise que l'abbé Martin lui avait interdit le monastère parce que son fils Richard était alors trop jeune pour prendre sa place et qu'il convenait d'assurer la paix publique. L'entrée au monastère, elle, pouvait attendre[6]. En 1079, le pape Grégoire VII (ancien moine) écrit à l'abbé Hugues de Cluny pour lui reprocher d'avoir admis parmi ses moines le comte Hugues 1er de Bourgogne, alors que l'Eglise a tant besoin de princes-guerriers, dans la situation périlleuse qui est alors la sienne ! Ils sont si rares, dit-il, ceux qui, par amour de Dieu, se dressent contre les impies et n'ont pas peur de mourir pour la justice[7].

L'évolution, perceptible, montre à la fois que tous reconnaissent la voie monastique comme la meilleure pour l'âme, la plus pure, la plus sûre ; mais en même temps se fait jour l'idée que les fonctions laïques, elles aussi, sont nécessaires et utiles, qu'elles ont leur «noblesse», en particulier les fonctions jadis royales (donc sacrées) de gouvernement, d'exercice de l'autorité publique, la fonction qui conduit à protéger les églises et le peuple de Dieu, par l'épée. Une mission que remplissaient encore les comtes et les ducs à l'orée du XIe siècle et qui, désormais, est principalement assumée par les sires, les châtelains, les seigneurs avec leurs escadrons de chevaliers… la milice du siècle protégeant la milice de Dieu !

La chevalerie en elle-même n'en est pas pour autant valorisée dans l'esprit des moines. Du moins pourvoit-on à des moyens de rachat pour ceux qui exercent une profession si périlleuse pour l'âme.

Et tout d'abord l'ascèse, vertu salvatrice que pratiquent aussi les moines.

Certes, il n'est pas possible, dans le siècle, de s'abstenir totalement des relations sexuelles. Là encore, nécessité fait loi et la perpétuation de l'espèce, principalement dans les lignages nobles, s'impose ! Il convient de transmettre l'héritage, la principauté, le domaine, le fief ; d'assurer la pérennité, l'ordre, la stabilité du pouvoir par delà la mort. Mais la prédication ecclésiastique de l'époque, totalement imprégnée de valeurs monastiques, impose l'idée que l'abstinence l'emporte sur la continence, et celle-ci sur la libre consommation sexuelle assimilée au libertinage, fût-ce dans le mariage. On exalte le célibat, la virginité, l'abstinence, même au sein du mariage. Les exemples ne manquent pas, dit-on alors, de princes et de nobles qui, touchés par la grâce dans leur état de conjoints (*conjugati*) se privent volontairement de l'usage, licite mais cependant impur, du sexe.

Certes, il n'est pas non plus possible d'imposer aux guerriers l'abstinence totale de toute violence ! Leur métier l'impose. Métier utile s'il s'exerce pour le bien de l'Eglise, de ses serviteurs et de ses fidèles. Du moins tentera-t-on — et c'est le but des institutions de paix qui se répandent au XIe siècle dans toutes les régions où le pouvoir central s'est affaibli, à commencer par les régions aquitaines et méridionales — de limiter aux seuls *milites* l'usage et les risques de la guerre. Parallèlement, la *Trêve de Dieu* restreint le temps profane, établit des «tabous», réserve pour la liturgie des jours «saints» qui commémorent la passion du Christ : jeudi, vendredi, samedi, dimanche et jours de fêtes particulières. Rude ascèse, qui n'interdit pas la guerre, même privée, mais qui la restreint par des engagements solennels individuels scellés par des serments prononcés sur les reliques des saints qui en deviennent ainsi les garants et dont il faudra affronter le courroux en cas de violation.

Une telle ascèse, on s'en doute, ne peut être totalement suivie. Les aristocrates et leurs guerriers l'enfreignent souvent. Il faut alors apaiser les saints, chercher le pardon, quêter le rachat.

Par l'aumône ? La donation, comme jadis ? Oui, certes. Tout au long du XIe siècle se poursuit cet ample mouvement alternatif qui entraîne les *milites* à piller et à spolier durant leur vie les biens ecclésiastiques et à les restituer à l'Eglise (mais plus particulièrement aux monastères, pour capter les prières rédemptrices des moines) par des donations ou des offrandes. «*Pour le rachat de mes péchés*», «*pour le salut de mon âme*», disent invariablement les rédacteurs des chartes (qui sont, il est vrai, eux aussi des moines et «traduisent» en leur langage l'acte du seigneur laïc qu'ils transcrivent).

Ce mouvement ne cesse pas au XIe siècle. Il contribue même à accroître considérablement les richesses ecclésiastiques et surtout monastiques au détriment des biens de l'aristocratie laïque qui, peu ou prou, s'affaiblit. Mais cet affaiblissement même, joint à la lente évolution des mentalités, conduit les membres de l'aristocratie laïque vers de nouvelles formes de piété plus personnelles et (peut-être) moins coûteuses, en tout cas moins définitivement aliénantes pour leurs biens[8].

Le pèlerinage en est le meilleur exemple.

Ce n'est pas là forme nouvelle. Depuis longtemps déjà les fidèles les plus pieux cherchaient à connaître, voir, toucher les lieux sacrés de la chrétienté. Cet aspect, mi-touristique mi-mystique, devint bientôt tout à fait secondaire tandis que s'accrut le culte des saints et la vénération de leurs reliques. Les monastères, propriétés d'un saint patron, devinrent alors de véritables «conservatoires de reliques» : «*Ordonnateurs du culte des reliques qui se déroulaient dans l'ombre des cryptes et dans l'environnement des sarcophages, les moines servaient en ce temps d'intermédiaires nécessaires entre le monde souterrain des morts et celui de la vie terrestre*»[9]. Là encore, Cluny joue un rôle important de propagateur et de vulgarisateur des idées. Si l'on ne croit plus maintenant, comme le pensait J. Bédier, que les chansons de geste doivent leur existence aux routes de pèlerinages jalonnés d'abbayes, il reste possible que celles-ci, principalement celles de la route de Saint-Jacques de Compostelle, aient contribué à leur conservation et, selon toute vraisemblance, à leur large diffusion. Peu importe que ce soit sous leur forme actuellement connue (pour la plupart élaborées au XIIe siècle) ou sous d'autres formes, antérieures, en langues romane ou latine. L'existence de ces ancêtres de nos épopées est trop attestée de diverses manières pour que l'on en puisse douter. Que l'on songe par exemple aux nombreuses références, dès l'époque de la première croisade, aux exploits guerriers de Roland et d'Olivier, ou plus tard à la mention que fait Wace d'un chevalier jongleur qui, avant la bataille d'Hastings, aurait encouragé les guerriers du duc Guillaume, en 1066, en chantant les exploits des chevaliers du preux Roland, ou encore à l'énigmatique personnage nommé Turold, sur la *Tapisserie de Bayeux*, qui pourrait également faire allusion au même fait, suggéré déjà par Guy d'Amiens peu après la bataille[10].

Or, ces épopées ont toutes un point commun : elles glorifient des *guerriers* chrétiens qui, animés par la foi et munis d'armes contenant de précieuses reliques, repoussent les envahisseurs, païens ou présumés tels, qui se sont emparés des terres chrétiennes. Toutes situent les exploits guerriers à l'ère carolingienne, c'est-à-dire à l'époque même où eurent lieu, en effet, les premières victoires décisives des Francs sur ces envahisseurs, les Sarrasins, c'est-à-dire les musulmans, dans le midi méditerranéen, puis dans le nord de l'Espagne, au XIe et parfois au IXe siècle. C'est le moment aussi où se développe la légende de saint Jacques, dont le corps aurait été conservé miraculeusement à Compostelle et dont le tombeau, au XIe siècle, attire tant de pèlerins de l'Europe entière.

De quelque côté que l'on se tourne, on aperçoit le pèlerinage dans l'épopée, l'épopée dans le pèlerinage.

Mais tous les «corps saints», tous les tombeaux n'ont pas les mêmes vertus, le même rayonnement de grâces. Au XIe siècle, trois centres principaux dépassent, de très loin, les innombrables lieux saints locaux. Ce sont Rome, Saint-Jacques de Compostelle et Jérusalem.

Rome, cœur de la chrétienté occidentale, vénère le tombeau de saint Pierre (et, accessoirement, celui de saint Paul) que l'on croyait être le fondateur de l'église de Rome, son premier évêque, le premier pape. Ce pèlerinage reste en faveur ; il est central, à tout point de vue. Mais les deux autres lieux saints sont, au XIe siècle, devenus «périphériques», malgré leur faveur. A l'extrémité occidentale de la chrétienté, Saint-Jacques de Compostelle reste menacé en permanence par des forces adverses, Sarrasins d'Espagne et pirates des rivages. A l'autre extrémité du monde, à l'Orient, en plein territoire conquis par l'islam, c'est Jérusalem ! Le tombeau (vide) du Christ, le Saint-Sépulcre, est entre les mains des musulmans depuis le ... VIIe siècle. Ce n'est pas nouveau. Mais doit-on pour autant accepter ce «scandale», la présence des infidèles en Terre Sainte ?

Cette présence n'empêche pas les pèlerinages, sans doute. La vogue s'en répand même, au XIe siècle ; Raoul Glaber en témoigne, qui mentionne après 1033 (mille ans après la mort du Christ) une recrudescence des départs vers la Ville Sainte :

> «*Dans le même temps, une foule innombrable se mit à accourir du monde entier vers le Sépulcre du Sauveur à Jérusalem ; personne auparavant n'aurait pu prévoir une telle affluence. Ce furent d'abord les gens du peuple* (ordo inferioris plebis)*, puis ceux des classes moyennes* (mediocres)*, puis tous les plus grands* (permaximi)*, rois, comtes, marquis, prélats. Enfin, ce qui n'était jamais arrivé, on vit des femmes, de la plus haute noblesse* (mulieres multe nobiles) *faire route vers ce lieu en compagnie des plus misérables. Beaucoup avaient le désir de mourir avant de retourner dans leur pays*»[11].

Recrudescence eschatologique due à la chronologie ? Un millénaire après la mort du Christ, il y a eu, probablement, une certaine exaspération des espérances dernières. Mais de telles espérances ont toujours existé dans la chrétienté médiévale. D'ailleurs, si «*nul ne sait le jour ni l'heure*» du retour du Christ, qui viendra, nous dit-il, «*comme un voleur au moment où vous ne vous y attendrez pas*», cela veut dire, bien sûr, qu'aucune date, fût-elle remarquable, ne peut être fixée ; mais aussi, par voie de conséquence, qu'il faut savoir déchiffrer les signes annonciateurs de son retour, signes que décrit la Bible et auxquels sont attentifs les moines et tous les ecclésiastiques, à des degrés divers. Pèlerinage et eschatologie sont donc liés, non pas en ce sens que le pèlerinage aurait besoin, pour s'épanouir, d'une fébrile attente de la fin du monde ; mais en ce que cette attente, constante, de la fin des temps et du jugement dernier conduit les hommes de ce temps à prendre conscience de leur état de pécheurs et de tenter d'y remédier avant qu'il ne soit trop tard. D'où les pèlerinages, puisque désormais les reliques des saints jouent, dans l'économie de salut, un rôle prépondérant.

On peut, certes, y voir des relents de paganisme. L'écolâtre Bernard d'Angers, au début du siècle, exprime encore à ce propos de légitimes craintes que balayent, même pour lui, les miracles accomplis par la statue-châsse de sainte Foy[12]. Georges Duby ose le dire :

> «*Telles étaient, dérobées au regard par le vêtement d'orfèvrerie que l'on voyait luire au fond des cryptes, les vraies divinités de ce temps. Dieu, Père, Fils et Esprit, demeure invisible. Alors qu'on peut toucher de la main ces reliques, et l'on sait qu'elles font reculer les forces de perversion (...). En de telles effigies revivaient les dieux anthropomorphes que des peuples paysans sans histoire n'avaient cessé de vénérer et, du fond de leur dénuement, de charger de leurs espérances*»[13].

Qu'est-ce, au fond, que le pèlerinage, sinon la quête du miracle[14], la recherche de la guérison des corps et des âmes par l'irradiation que fournissent les lieux saints, véritables réservoirs de grâces ? C'est pourquoi le pèlerin est bien avant tout un pénitent qui, au terme d'une longue marche pourra toucher le tombeau du saint ou sa châsse, souvent en forme de statue, qui contient ses restes bienfaisants ; ce contact, on le croit, est en effet purificateur. Il efface la faute, ôte la coulpe, lave de la violation de la loi le transgresseur, efface la noirceur des péchés qui souillent l'âme...

Des péchés, les *milites* n'en manquent pas ! Et moins encore leurs chefs, les seigneurs, les princes. Le pèlerinage, surtout s'il est lointain et prestigieux, s'il atteint les grands sanctuaires que sont Rome, Saint-Jacques, Jérusalem, peut procurer au pécheur endurci mais repentant l'indulgence, la *remissio peccatorum*, la remise des péchés et des peines qui lui sont liées. Au XIe siècle, nombreux sont les princes qui, en pénitents, prennent ainsi le chemin de Jérusalem. Le terrible comte d'Anjou Foulque Nerra y alla trois fois. On peut aussi citer Robert de Normandie en 1035, Guillaume d'Aquitaine, Robert le Frison en 1090, et tant d'autres encore, mus par la repentance, que l'on avait vive et violente, dans l'espoir de rachat d'une vie qu'ils savaient peccamineuse[15].

La vogue du pèlerinage répond aussi, sans doute, à une soif de voyage, de dépaysement, de découverte de régions lointaines, exotiques, d'errance enfin, innée chez ces guerriers descendants de nomades ou de Celtes à l'humeur vagabonde... Il convient toutefois de ne point trop exagérer ces motivations dont nous ignorons par trop les ressorts cachés.

Il est certain, en tout cas, que les pèlerinages vers Saint-Jacques et vers Jérusalem connaissent, dans la seconde moitié du XIe siècle, un vigoureux essor.

Or, ces pèlerinages sont longs et périlleux. S'il est admis (non sans de nombreuses exceptions !) que le pèlerin, pauvre pénitent, se trouve placé sous la sauvegarde de l'Eglise et, comme tel, protégé de toute attaque en terre chrétienne, il n'en va pas de même dès lors que l'on s'aventure sur les franges du monde musulman ou plus encore en pleine terre d'islam. Là, les contraintes et les vexations peuvent survenir sous la forme de taxes, droits de passage ou d'entrée, mal acceptés dès lors qu'il faut payer à «l'infidèle».

L'arrivée des Turcs sur la scène du Proche-Orient, plus rudes encore, accentue cette impression de malaise. Certes, on le sait bien de nos jours, l'arrivée des Turcs n'a nullement mis fin aux pèlerinages, et les exactions commises parfois par les brigands au détriment des pèlerins chrétiens n'excédaient guère celles qu'enduraient aussi pèlerins et voyageurs musulmans[16]. Il n'empêche : l'impression se fit, profonde, insinuante, durable, que les pèlerins chrétiens étaient désormais molestés ; que les lieux saints étaient souillés, profanés ; que les voies du salut pouvaient ainsi se trouver coupées par la seule volonté des «païens»...

On peut ainsi comprendre que, la propagande aidant, la vérité «ressentie» alors par les chrétiens d'Occident ait été quelque peu différente d'une vérité «objective» au demeurant inaccessible et dont l'impact a toujours été, dans l'histoire, négligeable par rapport à l'autre. La *vérité* en histoire importe moins que sa perception. On le voit bien de nos jours à propos du marxisme, léniniste ou non, dont la nature totalitaire réelle n'a été crue, en Occident, qu'au moment même où elle était devenue moins évidente, tout simplement parce que les opinions, trompées ou manipulées, ne *voulaient pas* croire. Encore s'agit-il ici de faits qui pouvaient être aisément vérifiés, à une époque où les informations, les preuves et les témoignages circulent vite et sans erreur nécessaire. A plus forte raison en était-il de même au Moyen Age : pour être tenue pour vraie, il n'était pas nécessaire qu'une nouvelle soit conforme à la réalité «objective». Il n'était même pas nécessaire qu'elle soit «objectivement vraisemblable». Il suffisait qu'elle le soit pour les mentalités du temps. Qu'elle s'insère dans les autres «vérités» globales du système de pensée commun. Or, les nouvelles, propagées ou amplifiées, d'un retour offensif de l'islam en Espagne ont pu se combiner, après la victoire des guerriers marocains à Zallaqa (1086), à celles, plus grossies et déformées encore, des «exactions» turques lors de la conquête de l'Asie Mineure après 1071. Pour ne pas que soient coupées les routes du salut, en particulier la route des pèlerinages les plus «saints», la chrétienté était prête à guerroyer, à mêler, s'il le fallait, le pénitent (par nature désarmé) et le guerrier, les chevaliers combattant contre l'infidèle pour protéger l'Eglise en marche et les pèlerins démunis, *inermes*.

Déjà, dans la seconde moitié du XIe siècle, avaient pris la route quelques-uns de ces pèlerinages «mixtes». Dès 1064, on connaît des pèlerinages armés. Ce ne sont pas encore là des croisés, mais, déjà, des pèlerins animés de deux esprits jusqu'alors incompatibles : l'esprit du pénitent aspirant au rachat de péchés, souvent de violences, par des vertus d'ascèse, celles de la *militia Dei* des moines ; celui, âpre et farouche, de la *militia* du siècle dont les excès conduisaient précisément au désir de rachat et à la repentance par la voie du pèlerinage.

La chevalerie, en somme, conduisait au pèlerinage... et voilà que celui-ci, à son tour, ramenait à la chevalerie...

L'ÉGLISE FACE À L'ISLAM

Tel un raz-de-marée irrésistible, la vague des conquérants musulmans se dirige d'abord sur l'Orient qu'elle soumet, avant de déferler sur l'Occident...

Image banale, usée jusqu'à la corde, mais qui, seule, convient pour décrire un phénomène aussi puissant, aussi rapide. Qu'on en juge : les cavaliers d'Allah, parvenus sur les rivages de l'Atlantique marocain à la fin du VIIIe siècle, passent le détroit en 711, soumettent en moins de 10 ans la quasi-totalité de l'Espagne wisigothique (à l'exception des montagnes septentrionales, les Asturies, la Galice), franchissent les Pyrénées avant 720, occupent pour plusieurs décennies la Gaule méridionale avant de refluer vers l'Espagne, durablement maintenue, elle, sous la domination de l'islam.

Jamais, jusqu'alors, un bouleversement politique et surtout religieux n'avait revêtu une telle ampleur. Jamais le monde chrétien n'avait été à ce point menacé dans son existence même : l'Afrique du Nord, l'Espagne, étaient des régions christianisées depuis les premiers siècles. Le catholicisme, déjà ébranlé par les invasions wisigothiques, perdait là des racines profondes et solides. Pis encore : les «Sarrasins» venaient menacer le cœur même de la catholicité, prenant position en Sicile et dans les îles de la Méditerranée, débarquant jusqu'en Italie, poussant l'audace jusqu'à ravager Rome lors d'une razzia. Or, ces Sarrasins ne sont pas seulement de redoutables et farouches guerriers ; ils représentaient, pour le christianisme, une religion rivale s'appuyant, comme lui, sur une révélation écrite ; prétendant, comme lui, prolonger le message des prophètes du judaïsme et aspirant, comme lui, à l'universel.

On pourrait donc s'attendre, de la part des élites ecclésiastiques du moins, à un vaste mouvement de curiosité envers cette religion nouvelle ; à une intense controverse intellectuelle, à des apologies, au moins fictives, comparables à celles que rédigèrent jadis, aux premiers siècles de l'ère chrétienne, les intellectuels désireux de prouver à leurs confrères païens la supériorité de leur religion et la fausseté des attaques qu'elle subissait.

On ne constate, hélas, rien de tout cela, en Occident du moins. S'il y eut bien controverse, elle se situa pour l'essentiel dans l'Orient grec, arménien ou syrien, et ses éclats ne parvinrent en Occident que sous des formes à la fois tardives, déformées et passablement vulgarisées. Ce phénomène surprenant n'est pas dénué de signification. Il convient de s'y attarder quelques instants.

La controverse orientale

Les plus anciennes mentions de l'islam en Orient remontent au VIIe siècle, à une époque où les guerriers musulmans vainqueurs faisaient souvent régner la terreur. On ne s'étonne donc pas de trouver, sous la plume de Sébéos ou de l'Egyptien Jean de Nikious l'affirmation que cette calamité résulte d'un châtiment de Dieu punissant les chrétiens à cause... des hérésies qu'ils ont laissé subsister. D'ailleurs, ces auteurs déplorent que de nombreux chrétiens (surtout des hérétiques) accueillent les musulmans en libérateurs et se convertissent à l'islam. Malgré le ton polémique, on ne remarque pas encore de grande déformation de la religion musulmane. Une exception notable, toutefois : déjà apparaît l'idée, qui fera son chemin, assimilant les musulmans à des païens et à des idolâtres[1].

Les déformations polémiques commencent au VIIIe siècle avec Jean Damascène, ou plus vraisemblablement son disciple, Théodore Abû Quera, à la fin du siècle. La tonalité générale de ces textes reflète un solide complexe de supériorité des dialecticiens chrétiens face à la «naïveté des Arabes», et une intention polémique manifeste. On souligne en particulier l'immoralité de l'islam, accusé de promettre un paradis grossièrement matériel, conformément à la tendance générale du caractère de Mahomet, décrit ici comme un faux prophète concupiscent tenant ses connaissances religieuses d'un moine arien. Ainsi, c'est pour obtenir de son disciple Zayd qu'il lui livre son épouse qu'il convoitait que Mahomet aurait inventé tout exprès la loi de la répudiation. Le coran, très mal connu et de manière indirecte, est ici tourné en dérision avec une mauvaise foi évidente[2]. On y trouve même mention de l'idolâtrie des musulmans, accusés d'adorer dans le désert *Khabar*, une idole ancienne ; allusion probable à la pierre sacrée, la Kaaba de La Mecque. Jean Damascène ne paraît pas avoir été traduit en latin avant le XIIIe siècle. Toutefois, au IXe siècle, on retrouve la plupart de ces accusations dans la *Chronographie* de Théophane (qui fait de Mahomet un épileptique) ou sous la plume de Nicetas de Byzance ou de Georges le Moine, qui mettent l'accent sur le caractère luxurieux de la religion islamique. Au Xe siècle, Jean Kameniates déplore la dépravation morale des sectateurs de Mahomet, qui honorent des passions contre nature, et célèbrent la fornication, l'impudicité, la folie et la pédérastie[3].

On le voit, la polémique acerbe des écrivains chrétiens d'Orient ne répugne pas à la virulence des propos et à la déformation malveillante. Une partie de ces propos a pu se répandre également en Occident par l'intermédiaire de la *Chronographie* de Théophane qui résumait ce que l'on croyait à Byzance des origines de l'islam : un orphelin épileptique et concupiscent, instruit dans le christianisme par un moine hérétique, séduit la femme riche qui l'employait en se faisant passer pour un prophète ; il enseigne que celui qui tue un ennemi (ou qui est tué par lui) ira au paradis, où il jouira jusqu'à satiété de nourritures raffinées, de vins capiteux et de femmes lascives et éternellement vierges[4]. Or, la *Chronographie* fut traduite en latin par Anastase le Bibliothécaire entre 871 et 874. Ce n'est cependant pas la seule voie possible. N'y a-t-il pas d'autres sources à la «connaissance» de l'islam, particulièrement en Espagne, où les chrétiens qui subsistaient côtoyaient les musulmans et pouvaient avoir de l'islam une approche plus directe, moins déformante ?

L'Islam et l'Occident : ignorance ou mépris ?

On constate, non sans surprise, que la polémique antimusulmane, si ardente et virulente en Orient, fait presque totalement défaut dans l'Occident chrétien avant le XIIe siècle. Les raisons avancées par les historiens pour expliquer cette lacune ne sont guère satisfaisantes[5] : les contacts en effet, ne manquèrent pas, même en France où les batailles ne furent pas rares et où les Sarrasins conservèrent longtemps des bases, comme à La-Garde-Freinet, jusqu'à la fin du Xe siècle. L'ignorance de la langue ne constitue pas un obstacle insurmontable puisque de nombreux chrétiens, en Espagne, avaient adopté la langue arabe tout en continuant à connaître le latin. On pouvait donc faire appel à eux, d'autant plus que des échanges existaient entre l'Espagne et le reste de l'Occident.

Il est bien vrai que le déclin des relations entre l'Occident chrétien et l'Orient byzantin entraîna une raréfaction croissante des traductions latines des textes grecs. Mais on constate par ailleurs que l'Occident n'utilisa guère les quelques notices qui, outre la *Chronographie* déjà citée, lui parvinrent d'Orient, comme l'*Apocalypse* du Pseudo-Méthode, traduite en latin au début du VIIIe siècle, mais restée presque inutilisée.

Enfin, on ne peut totalement invoquer la complète ignorance d'un monde occidental qui vivrait replié sur lui-même. L'Occident pouvait parfaitement recevoir des informations directes par les récits de personnages venant du monde arabe : ambassadeurs, pèlerins, fugitifs, exilés, marchands et même guerriers. Il s'agit donc plutôt d'un manque d'intérêt, d'une volonté délibérée d'ignorance, d'ailleurs réciproque, d'un monde sur l'autre. A ce constat, il convient toutefois de fixer une limite, une exception : elle concerne l'Espagne musulmane, *Al Andalus*.

De nombreuses communautés chrétiennes subsistaient dans l'Espagne musulmane où elles jouissaient généralement d'une assez large tolérance. Les chrétiens, qui adoptèrent vite la langue du conquérant (on les appelle les Mozarabes), ont même pu, dans une certaine mesure, conserver des liens avec les chrétiens d'Orient et en recevoir certains textes polémiques sans passer par l'intermédiaire d'une traduction latine. C'est ainsi qu'Euloge de Cordoue dit avoir trouvé une notice (qu'il reproduit) sur Mahomet et sur l'islam, dans un monastère du nord de l'Espagne, près de Pampelune, notice qui s'était diffusée dans les royaumes chrétiens de son époque. Or, cet opuscule, de ton très violent, ne peut pas dériver de la traduction d'Anastase, car il lui est très certainement antérieur. M. Th. D'Alverny estime qu'il *«doit sans doute quelques traits aux sources orientales chrétiennes»*[6]. Il est également possible que les Mozarabes d'Andalousie aient disposé dès le XIe siècle, en tout cas bien avant 1142 (où sa présence est attestée) d'un traité apologétique composé en Orient à la fin du IXe siècle, la *Risala du Pseudo-Kindi*, ouvrage très virulent où l'auteur met en scène un musulman qui expose sa foi devant le calife al-Mamun tandis qu'un chrétien la réfute point par point[7]. Au début du XIIe siècle, un juif d'Espagne converti au christianisme, Pierre Alphonse, brosse de l'islam un tableau beaucoup plus complet et précis sur la base d'informations écrites antérieures et d'observations personnelles. C'est dire qu'au moment où Urbain II prêche la croisade, il peut avoir de l'islam, par l'intermédiaire des chrétiens d'Espagne relayés par les monastères de Cluny, ou par la Sicile proche de Rome, des informations nombreuses sinon précises, et déjà fortement interprétées, remodelées, orientées par la polémique orientale, puis espagnole, dans un climat nettement agressif à l'égard de la nouvelle religion.

L'affaire des «martyrs de Cordoue»

Aussi large fût-elle, surtout pour l'époque, la tolérance des musulmans d'Espagne envers les chrétiens avait toutefois ses limites. Elles furent franchies par quelques fidèles de Cordoue, au milieu du IXe siècle. Quelques chrétiens, constatant l'assimilation progressive des leurs à la civilisation arabo-musulmane, avaient décidé de former un groupe «réfractaire», sous l'impulsion du clerc Euloge et de son ami (et futur biographe) Alvaro, un riche bourgeois d'origine juive. Un prêtre exalté, discutant avec des musulmans sur les mérites respectifs de Jésus et de Mahomet, en vint à proférer des injures contre le prophète; il fut décapité en place publique le 18 avril 850. Ce «martyre» enflamma une partie de la communauté de Cordoue dans un élan d'exaltation mystique. Un moine nommé Isaac alla insulter le prophète en plein prétoire du cadi. Il fut crucifié la tête en bas le 3 juin 851, ce qui exacerba encore la soif de martyre des exaltés : 11 Mozarabes furent exécutés en deux mois. Ces «candidats au martyre», notons-le bien, ne reflètent pas l'opinion générale de la communauté de Cordoue qui le fait clairement savoir au souverain. Un concile se réunit alors à Cordoue même en 852 : les évêques y désapprouvent la recherche volontaire du martyre, qu'ils assimilent à un suicide[8].

Euloge, d'abord emprisonné, fut libéré à la mort d'Abd'el Rahman III. Il entreprit aussitôt une tournée de propagande qui le mena de Cordoue à Pampelune, puis à Tolède où il fut élu métropolite de la ville. De 853 à 858, il y eut encore 14 martyrs volontaires à Cordoue, presque tous des clercs.

Cette prédication enflammée, ainsi que le martyre qui s'ensuivit peuvent être interprétés dans un contexte eschatologique plutôt que missionnaire[9] : on espère le retour imminent du Christ vainqueur ; il faut donc auparavant «prêcher» le christianisme, ou plutôt dénoncer «l'erreur» des sectateurs de la «fausse religion» afin de rendre manifeste leur culpabilité et justifier leur condamnation. Après la décapitation d'Euloge le 11 mars 859, le mouvement d'exaltation s'éteignit lentement ; il y eut toutefois encore quelques chrétiens condamnés au bûcher ou à l'échafaud pour avoir crié leur mépris ou leur haine de l'islam.

Ce bref et dramatique épisode eut un profond retentissement dans l'Occident chrétien. La preuve en est que, avant 858, deux moines de l'abbaye de Saint-Germain-des-Prés furent envoyés à Cordoue pour en ramener... les *reliques* des trois martyrs de 852. L'un d'entre eux, Usuard, fut par la suite chargé de composer un martyrologue dans lequel il inséra, selon les indications d'Euloge lui-même, un certain nombre de notices relatives à la «persécution de Cordoue». Euloge lui-même, puis Alvaro, décrivent l'islam avec virulence : c'est à leurs yeux une imposture, une hérésie prônant la débauche. L'image de l'islam en Occident s'en trouva encore plus noircie, à partir de faits, cette fois, ce qui semblait renforcer encore les allégations qui, dans le même temps, se répandaient.

La lutte menée par les petits Etats chrétiens des Asturies et des confins des Pyrénées n'incitait évidemment pas à l'objectivité. Les récits anciens dénigrant l'islam y furent reçus et probablement transmis aux nombreux pèlerins du chemin de Saint-Jacques. Notons par exemple qu'une chronique asturienne du IXe siècle ouvre le récit des débuts de la reconquête par une description sommaire des origines de l'islam qui reprend la plupart des éléments déjà rencontrés. On y retrouve les accusations d'hérésie, de violence et de luxure légalement justifiée pour satisfaire la *libido* du prophète[10].

Cette image très négative de l'islam se fixe, en Espagne, au cours des IXe et Xe siècles. Peu à peu s'introduit l'idée, implicite, que Mahomet, faux prophète par excellence, peut être assimilé à l'Antichrist. Alvaro avait d'ailleurs identifié l'islam conquérant avec la bête à dix cornes que décrit l'Apocalypse et qu'annonçait le prophète Daniel. Une «vie de Mahomet», rédigée à une date, hélas, incertaine, mais qui est antérieure au début du XIIe siècle, assimile le prophète lui-même à la bête de l'Apocalypse dont le chiffre est 666, date (alors) supposée de la mort de Mahomet[11].

L'iconographie témoigne aussi de cette fixation : on le voit bien à travers les illustrations, réalisées aux Xe et XIe siècles, des divers manuscrits du commentaire sur l'Apocalypse du moine Beatus de Liébana. L'islam y est figuré par la bête à dix cornes ; les Sarrasins y sont les sauterelles cuirassées pour le combat final et Mahomet trône en Antéchrist. L'*Apocalypse de Saint-Sever* traduit la même fascination répulsive de l'islam, ainsi que de nombreux tympans, chapiteaux ou frises sculptées du nord de l'Espagne au sud de la France, à partir du XIe siècle.

L'islam, dans l'Espagne chrétienne de la fin du Xe siècle, était donc devenu la figure emblématique du Mal, «*une secte néfaste prônant la débauche, la fornication, la violence.* L'enfer, *en quelque sorte*»[12].

Peut-on penser que cette image fut confinée à l'Espagne où à ses marges ? Comment croire que les pèlerins de Saint-Jacques, nombreux au XIe siècle, n'aient pas pris connaissance d'un tel «message» dans les monastères qui jalonnaient leur chemin vers Santiago ? Comment imaginer qu'ils n'aient pas été influencés dans ce sens par les moines qui recopiaient ou lisaient ces notices, illustraient ces manuscrits ou se contentaient d'en parcourir les feuillets enluminés, porteurs de cette idéologie ?

Il n'est pas surprenant, dès lors, qu'à la veille de la croisade se soit imposée, fermement, dans la mentalité commune des chrétiens d'Occident, la notion d'un islam pervers et maléfique, ayant partie liée avec le démon et avec l'Antichrist, et qu'il convient par conséquent de combattre avec les armes dont l'Eglise dispose contre les ennemis du Christ, infidèles ou hérétiques. Avec les deux épées, dont l'une est «biblique» : l'épée de la parole de Dieu ? la prédication ? Peut-être l'idée en est-elle née, mais elle implique que les clercs, dispensateurs de cette parole, puissent exercer leur ministère de «prosélytisme» en terre d'islam. Or, nul ne songe vraiment, à cette époque, à une prédication «missionnaire» que les lois musulmanes, au demeurant, n'auraient pas tolérée[13], interdisant tout prosélytisme.

Il faut donc d'abord utiliser l'épée de la (re)conquête, celle que brandissent les chevaliers et que l'Eglise, à la même époque, a pris l'habitude de bénir sur les autels lorsqu'elle va servir à combattre, pour elle, contre ses ennemis qui sont aussi ceux de Dieu et de la chrétienté tout entière.

LA CARICATURE DE L'ISLAM

Lorsque, entre 1104 et 1108, Guibert de Nogent rédige son récit de la première croisade, il éprouve le besoin de livrer à ses lecteurs les informations dont il dispose sur les causes de cette expédition : l'Orient chrétien, berceau de la vraie foi, s'est corrompu. Les Byzantins, inconstants de mœurs comme tous les Orientaux, se sont laissé entraîner à la débauche et à la corruption. Leurs évêques, d'ailleurs, ne prennent-ils pas femme légitime ? N'y achète-t-on pas encore des esclaves ? N'y voit-on pas les filles des citoyens se livrer à la prostitution, véritable commerce licite et taxé qui, chez eux, n'indigne plus personne ? Pas étonnant, dès lors, que Dieu les ait châtiés en les soumettant à la loi de l'erreur ! Ayant ainsi abandonné le culte chrétien, ils sont retournés au paganisme !

Guibert, à ce point de son récit, avertit honnêtement ses lecteurs. Il a cherché, en érudit consciencieux et avisé, l'origine de cette croyance nouvelle qui a corrompu l'Orient chrétien sous la conduite de celui qu'il appelle *Mathomus* (Mahomet). En vain :

«J'ai lieu de croire que l'existence de cet homme profane ne remonte pas à une grande antiquité, pour la seule raison que je n'ai pu découvrir qu'aucun docteur de l'Eglise ait écrit contre ses infamies. Comme je n'ai pas appris non plus que l'on ait rien écrit sur sa vie et sa conduite, nul ne doit s'étonner que je rapporte ici ce que j'ai entendu dire communément à son sujet *par quelques-unes des personnes qui parlent le mieux»*[1].

Guibert constate donc le silence des sources écrites à ce propos, et se contente de reproduire la *plebeia opinio*. D'où la tient-il ? On pourrait certes penser que quelques traits proviennent des rapports que lui auraient faits les croisés qu'il a interrogés à leur retour de l'expédition. On ne peut certes pas exclure totalement cette voie. Je serais même, pour ma part, tenté de croire que c'est peut-être de là que proviennent les plus exactes des «informations» par lesquelles il achève son récit, et qui en disent long sur l'ignorance de ses contemporains concernant Mahomet et ses adeptes. Il écrit en effet :

«Ajoutons que ces derniers ne le considèrent point comme un dieu, ainsi que quelques personnes le pensent parmi nous, mais seulement comme un homme juste, et un patron par le moyen duquel les lois divines leur ont été communiquées»[2].

Cette origine n'est toutefois pas certaine. Les contacts qu'eurent les croisés avec les musulmans qu'ils combattaient n'ont pas suffi, en effet, nous le verrons plus loin, à effacer de leur esprit l'image falsifiée qu'ils avaient du «culte» musulman avant leur expédition.

Guibert pourrait aussi, bien entendu, avoir obtenu cette «information» de source espagnole, où la «divinité» de Mahomet n'était évidemment pas admise : les textes chrétiens de cette région n'y font pas allusion. Elle fut pourtant largement répandue en Occident et les *chansons de geste* y font souvent référence[3].

Tout le reste des informations que rapporte Guibert de Nogent vient très probablement d'Espagne, à travers la chaîne déformante des témoins plus ou moins volontairement malveillants.

Quels sont, dans la somme de ragots ainsi colportés, les traits les plus caractéristiques et les plus largement répandus ? Pourquoi ceux-là plutôt que d'autres ? Peut-on rattacher quelques-uns d'entre eux à des réalités issues du monde musulman et, si oui, quelle est alors la part des déformations subies ? Quel en est le but ou l'intérêt ? Quelles peuvent être, enfin, l'origine et la destination des traits qui ne peuvent être attribués qu'à la seule imagination ? En bref, quelle est la portée idéologique de ces images déformées ou inventées de l'islam ?

Si l'on néglige, malgré leur saveur réelle, les mentions isolées, on peut grosso modo regrouper ce que l'Occident croit savoir de l'islam sous quelques rubriques : les unes ont trait à la personne même de Mahomet et à l'origine de ses révélations ; les autres s'attachent à l'aspect «luxurieux» du prophète et de la doctrine qu'il prêche ; quelques-unes, enfin, s'attachent à des aspects précis de la religion musulmane telle qu'on la veut apercevoir, en particulier son caractère violent et son «idolâtrie».

Mahomet ?… Un faux prophète épileptique manipulé par un moine hérétique

La tradition musulmane la plus authentique, cautionnée par Ibn Hicham et par Tabari, rapporte qu'un moine chrétien de Syrie aurait rencontré Mahomet et prophétisé son destin hors du commun[4]. Cet épisode relatif au «moine chrétien» fournissait à l'historiographie islamique la preuve de la mission prophétique de Mahomet. Les chrétiens, au contraire, y virent l'indice d'une dépendance de l'islam envers la doctrine chrétienne, que Mahomet n'aurait fait que déformer. *L'Apocalypse de Bahira*, texte fort intéressant mais que l'on ne sait malheureusement pas dater avec certitude (certains le situent au début du IXe siècle, d'autres au Xe ou XIe siècle), insiste beaucoup sur cette dépendance de Mahomet envers la doctrine chrétienne[5].

Très vite, il fut admis, dans les milieux chrétiens, que le moine ne pouvait être qu'hérétique : un chapitre, autrefois attribué au livre contre les hérésies de Jean Damascène (VIIIe siècle), fait de lui un moine arien et Barthélémy d'Edesse, au Xe siècle, le croit nestorien.

La légende du moine chrétien va vite fusionner avec un autre développement issu du personnage de Waraqa, ce cousin chrétien de Khadidja, la première épouse de Mahomet, qui réconforta celle-ci lorsqu'elle fut impressionnée et… inquiète lors des premières visions de son époux. Il lui attesta leur origine divine[6]. Dès le IXe siècle, Théophane rapporte que Mahomet, atteint d'épilepsie, tenta de rassurer son épouse en prétendant avoir vu l'ange Gabriel en une apparition. Khadidja aurait alors fait part de cette nouvelle à un «faux moine» de ses amis qui la réconforta et décida de tirer profit des circonstances.

Cette légende a pu se transmettre en Occident par la traduction qu'en fit Anastase à la fin du IXe siècle. Peut-être fut-elle aussi apportée dans l'Espagne mozarabe par d'autres voies, probablement byzantines, puisqu'on la retrouve dans une notice d'Euloge de Cordoue ainsi que dans la *Risala* du Pseudo-Kindi, avant qu'elle soit reprise par Pierre Alphonse au début du XIIe siècle.

Le tableau d'ensemble que nous offre Guibert de Nogent pourrait donc bien rassembler, en un tout qu'il croit cohérent, des éléments d'origines fort diverses circulant en Occident à l'époque de la première croisade. Chez lui, le thème de l'hérésie du moine (responsable des mauvaises doctrines qu'il inculqua à Mahomet) se mêle au thème de la convoitise et de l'ambition : à la mort du patriarche d'Alexandrie, le collège des électeurs rejette la candidature du moine à cause de l'hétérodoxie de son enseignement. Dépité, cet ermite, «semblable à Arius», poussé par le diable, instruit dans l'hérésie un jeune Arabe ignorant et épileptique, Mahomet, qu'il parvient à faire épouser par une riche veuve et qu'il pousse à se dire prophète. Il rassure Khadidja en lui affirmant qu'il s'agit bien de l'action de l'Esprit en lui, et non d'une crise banale. Sa renommée se répand partout et il en profite pour inventer une loi (le Coran) qu'il attache aux cornes d'une vache qu'il possédait ; celle-ci, entendant et reconnaissant sa voix, accourt tandis qu'il harangue la foule. Enthousiaste et admirative, cette foule inculte y voit une action miraculeuse et accepte pour divine la loi fabriquée par Mahomet et son mentor[7].

On discerne bien, dans ces traits, des éléments d'origine islamique, pervertis et modifiés volontairement par la propagande des auteurs chrétiens byzantins, repris en Espagne et transmis jusqu'en Occident. L'épisode de la vache «révélatrice» ne se trouve auparavant que dans l'*Apocalypse de Bahira*, et l'on peut s'interroger sur les voies par lesquelles il a pu parvenir jusqu'à Guibert de Nogent ; la plus vraisemblable est qu'une histoire aussi romancée ne peut que plaire au public qui se fait un (malin) plaisir de la colporter. Elle fut en effet admise et amplifiée par Embricon de Mayence, l'auteur probable, au XIe siècle, d'une *Vie de Mahomet* très virulente[8] et par de nombreux auteurs du XIIe siècle.

L'ensemble de ces traits a bien évidemment pour but de déconsidérer la personne de Mahomet et de ridiculiser sa révélation. Il ne fait pas de doute que, du vivant même de Mahomet, ses adversaires ont pu considérer qu'il était fou. De là vient probablement l'accusation d'épilepsie. L'ampleur donnée au rôle du moine chrétien a pour but de souligner la *simplicitas* de Mahomet et la duplicité de son mentor menteur qui n'hésite pas à puiser dans le fond chrétien hérétique les doctrines qui, dans l'islam, se rapprochent de l'arianisme. Cette «hérésie» rejetait également la divinité «consubstantielle» de Jésus. Les chrétiens se rassuraient ainsi doublement : ce qui, dans le message de l'islam, leur paraissait acceptable ou proche de leur propre religion était attribué aux origines chrétiennes du moine instructeur ; tout le reste, à commencer par la prétendue révélation, n'était à leurs yeux que supercherie et falsification.

La position chronologique de Mahomet, venant *après* la révélation chrétienne considérée comme définitive ou normative, imposait en effet, en l'absence de toute possibilité de «neutralité d'indifférence», l'alternative suivante :

— ou bien la révélation faite à Mahomet, *vrai* prophète, devait être tenue pour authentique et il fallait en conséquence et en toute logique se convertir à l'islam comme à une religion «plus vraie» que le christianisme ;

— ou bien le christianisme demeurait la norme absolue et définitive et il fallait alors considérer Mahomet comme un *faux* prophète et la prétendue révélation comme une falsification.

Tout, dans l'esprit du temps, prédisposait évidemment les chrétiens à adopter d'emblée la seconde de ses voies, sans même envisager quelque réfutation que ce soit. Ce n'est qu'après les croisades, au cours du XIIe siècle, que l'intérêt des chrétiens d'Occident se porta sur les doctrines de l'islam pour un examen plus attentif, encore longtemps imprégné de l'état d'esprit que nous avons vu se développer chez les apologistes byzantins et se répandre, par des voies peu connues mais sans doute fort diverses, jusqu'en Espagne musulmane et, de là, dans l'Occident chrétien.

Une religion de luxure

Dès l'origine de l'islam, on trouve chez les adversaires du Prophète des accusations de ce genre. Le premier mariage de Mahomet avec Khadidja, riche veuve beaucoup plus âgée que lui, donnait lieu à des plaisanteries douteuses que la polémique chrétienne amplifia en soulignant en même temps l'ambition temporelle de Mahomet et la puissance irréfrénée de ses pulsions libidineuses ! Il était, ici, facile de gloser, et l'on ne s'en fit pas faute ! «*C'est a peine, par exemple, si Nicétas le Philosophe ne fait pas de Mahomet un* 'maquereau' *qui s'insinue auprès de Khadidja,* 'malitia sua et subdolo sermone'. *Vilaine calomnie qui sera reprise au Xe siècle par Constantin Porphyrogénète et Euthyme Zigabène, qui, suprême malveillance, accuse Mahomet d'avoir, une fois entré à son service, vulgairement séduit la riche veuve pour enfin l'épouser*»[9].

Au demeurant, en l'absence même de toute exagération ou de toute malveillance, il est clair que, pour l'Occident médiéval, la conduite effective de Mahomet envers les femmes rendait totalement impossible son acceptation comme prophète. La simple relation de la vie réelle de Mahomet aurait suffi à saisir d'horreur les moines d'Occident, si hostiles au plaisir sexuel, si portés à assimiler la femme au démon et si réticents devant l'amour charnel, fût-il légitime, dans le cadre d'un mariage chrétien monogamique. Comment auraient-ils pu accepter sans frémir le récit du mariage du prophète avec la fille d'Abu Bakr, alors âgée de 7 ans, mariage qui fut consommé deux ans plus tard, huit mois après l'Hégire ? Aïcha dit elle-même que le prophète l'avait épousée alors qu'elle avait 7 ans et que, précise-t-elle, elle était vierge[10] ! Que dire, alors, de la multiplicité des épouses dont s'entourait le prophète et qu'il «honorait» comme il convenait, sans compter les esclaves ? Il existe même une tradition musulmane selon laquelle Mahomet avait reçu en partage de telles qualités viriles qu'il était capable de partager sa nuit entre toutes ses femmes. Invention probable, mais très éclairante sur la mentalité de l'époque. La tradition ordinaire se contente de dire que Mahomet consacrait une nuit à chacune de ses femmes, à tour de rôle[11].

Rien ne montre mieux ce qui sépare alors l'islam du monde chrétien : le plaisir des sens dans l'union sexuelle, dans le monde musulman, passait pour tout à fait digne, louable, hautement honorable et enviable. Ce n'était au contraire que péché, vice et perversité aux yeux des représentants d'un christianisme ayant banni le sexe de sa doctrine, sinon de la vie quotidienne réelle. Car c'est bien là que réside, aux yeux des Occidentaux, le véritable scandale : Mahomet s'entoure d'épouses et de concubines avec lesquelles il partage sans complexe le plaisir de la chair que Jésus s'était à lui-même interdit et que, à son imitation, l'Eglise voulut à son tour interdire à ses moines, à ses évêques et bientôt à ses clercs, ne désespérant pas d'inciter les laïcs à suivre la même voie de la continence.

On ne s'étonne donc pas de voir les polémistes d'Orient, repris et amplifiés plus tard en Occident, relater avec acharnement — et non sans envie — les détails relatifs à la *libido* du prophète. Le vocabulaire en témoigne, qui accole au nom de Mahomet des adjectifs multiples : luxurieux, libidineux, impudique, concupiscent ou fornicateur !

Certains épisodes authentiques de la vie du prophète ont surtout retenu l'attention. Citons celui du mariage avec Zaynab, l'épouse de son fils adoptif Zayd. La tradition authentique musulmane rapporte que Zaynab, cousine de Mahomet, et probablement veuve, partit à Médine au moment de l'Hégire. Là, Mahomet lui fit épouser, contre son gré, son fils adoptif Zayd. Deux ou trois ans plus tard, Mahomet se rendit chez Zayd pour discuter avec lui. Zayd était absent, et Mahomet aperçut alors Zaynab, le visage découvert : cette apparition furtive le charma : il en tomba amoureux et partit immédiatement en répétant : «Allah soit loué, louange à celui qui dirige les cœurs.» Zayd, informé de la visite de Mahomet et de son refus d'entrer, comprit l'intérêt du prophète pour sa femme. Il alla aussitôt proposer au prophète de se séparer de Zaynab et de la lui donner. Mahomet refusa, mais la discorde s'établit entre Zayd et son épouse : il divorça. Après le temps d'attente légal, Mahomet épousa alors Zaynab et une révélation vint à point pour justifier sa conduite aux yeux des croyants[12]. Jean Damascène accuse ouvertement Mahomet d'avoir convoité la femme de Zayd et d'avoir ordonné à celui-ci de la lui donner, puis d'avoir inventé cette révélation si bienvenue[13].

Cet épisode, repris à l'envi, figure aussi dans quelques-uns des documents espagnols que nous avons cités, en particulier dans une chronique asturienne du IXe siècle qu'ont pu connaître les pèlerins de Saint-Jacques. L'auteur, évidemment, amplifie la «lubricité» de Mahomet et insiste sur l'invention de la loi destinée à la favoriser. Le texte mérite d'être cité :

> «*Et après avoir transpiré à prophétiser une si grande erreur, il convoita l'épouse de certains de ses voisins nommé Zeyd, et la soumit au caprice de ses sens. Et quand le mari de celle-ci s'aperçut de ce (crime), il fut saisi d'horreur et, n'étant pas en mesure de s'opposer à son prophète, il ferma les yeux. Quant à elle, Mahomet, comme s'il s'inspirait de la parole du Seigneur, la fit désigner dans sa loi : 'Et comme cette femme avait cessé de plaire au regard de Zeyd et qu'il l'avait répudiée, nous l'unîmes à notre prophète par les liens du mariage, afin que cet acte serve d'exemple à tous les autres et ne soit pas considéré comme un péché pour les futurs fidèles désireux d'agir ainsi'*»[14].

L'accent, comme on le voit, s'est considérablement déplacé. En effet, ce qui faisait difficulté chez les contemporains de Mahomet, ce n'était pas du tout la «convoitise amoureuse» du prophète pour sa cousine, ni même la «complaisance» de Zayd, mais uniquement le fait que celui-ci était fils adoptif de Mahomet ; selon les coutumes de l'époque, un fils adoptif comptait comme un véritable fils : une telle union apparaissait donc comme un inceste. La révélation survint pour montrer qu'il n'en était rien et qu'il n'y avait aucun empêchement à épouser la femme divorcée d'un fils adoptif.

Les textes occidentaux n'ont pas tous retenu des épisodes aussi précis et authentiques, malgré la déformation subie ; mais tous, en revanche, insistent sur «l'immoralité» du prophète et sur le laxisme des lois islamiques. Ce thème figure aussi bien chez les Orientaux qu'en Occident, et vient probablement de l'autorisation de la polygamie et du concubinage légal. Pierre Alphonse, qui connaît bien son sujet, limite à 4 le nombre d'épouses que l'islam autorise à ses adeptes et précise que les relations sexuelles avec les esclaves sont tolérées, ce qui est conforme à la loi. Mais il est vrai qu'au XIe siècle, de nombreux musulmans la trouvaient beaucoup trop *restrictive* et ne la respectaient plus guère. Cette extension ne dut pas, au demeurant, modifier sensiblement l'opinion, déjà fixée, des chrétiens qui la connurent.

Guibert de Nogent, à la même époque, mais sur la base d'informations beaucoup plus douteuses, développe ce thème avec une certaine ardeur névrotique et ajoute à la «loi nouvelle» un zeste de morale catholique : on a voulu «libéraliser» les relations sexuelles pour avoir davantage d'enfants. Mais ce fut là une porte ouverte vers la débauche :

> «*La concession d'une plus grande liberté de se livrer aux désirs de la chair, et de s'abandonner à la volupté plus que ne font même les animaux, non par voie de mariage, mais par tous les excès d'une débauche effrénée, cette concession fut recouverte du prétexte de favoriser la naissance d'un plus grand nombre d'enfants. Mais, tandis que l'on ne mettait aucune borne à l'emportement des sens, même dans les relations les plus naturelles, on en vint bientôt à se livrer à des désordres qu'il n'est pas même décent de rapporter et que les bêtes brutes ignorent entièrement*»[15].

Débauche. Fornication. Sodomie. Homosexualité : le thème de la licence homosexuelle, selon N. Daniel, vient probablement d'Espagne et d'Afrique du Nord où la loi malékite semble avoir toléré ce qui était interdit ailleurs :

la peine encourue était si légère que l'on a vite conclu que sodomie et homosexualité étaient autorisées[16]. C'est pourtant en Orient que l'on trouve, au Xe siècle, le texte le plus net à ce propos : déplorant les souffrances des habitants de Thessalonique emmenés en servitude par les musulmans, Jean Kameniates écrit qu'ils vont être conduits vers une terre «*où sont honorées des passions contre nature, où la fornication est célébrée, où la folie est récompensée, où l'impudicité est jugée digne d'une grande estime, où le sexe mâle est utilisé comme on le fait des femmes*»[17].

Guibert de Nogent, d'ailleurs, n'omet pas de rappeler que ces mœurs dépravées ont conduit les musulmans à se livrer sur les chrétiens d'Orient à des violences coupables ! Ce faisant, il reprend à son compte des accusations que l'on trouve déjà dans la fameuse (fausse) lettre d'Alexis Comnène à Robert le Frison, qui fut composée pour servir d'*excitatoire* pour la croisade, en 1093. On y lit des descriptions bien propres à émouvoir les chrétiens d'Occident et qui les confortent dans leur «connaissance» des turpitudes musulmanes :

> «*Ils enlèvent de nobles femmes et leurs filles et ils en abusent à la manière des animaux. D'autres exercent de honteuses violences sur les vierges, en présence de leurs mères, forcées de faire entendre d'infâmes et lubriques chansons, jusqu'à l'entier accomplissement de ces scènes abominables (...). Mais ce n'est pas tout : passons à des scènes plus exécrables. Ils commettent honteusement le péché de Sodome sur des hommes de tout âge et de tous rangs ; sur les enfants, les adolescents, les jeunes gens, les vieillards, les nobles, les esclaves et, ce qui est pis et plus abominable encore, sur les clercs et les moines ; et enfin, Ô douleur ! chose qui n'a jamais été dite ni entendue, sur les évêques eux-mêmes ! L'un d'entre eux a déjà succombé sous cet horrible traitement*»[18].

Les épopées, bien entendu, n'ignorent pas ce thème. Elles montrent surtout les Sarrasins se livrant à des orgies sexuelles avec les chrétiennes capturées. Est-ce là un écho du droit musulman de l'époque qui autorise les guerriers du *djihad* à jouir des captives qu'ils feraient[19] ? Quant à la polygamie, elle y trouve assez peu sa place, bien qu'elle soit constamment supposée et justifiée par le désir qu'ont les musulmans de s'assurer une nombreuse descendance. Est-ce là pure spéculation, placage de moralité catholique ou écho lointain d'une tradition musulmane attribuant à Mahomet le précepte : «*Epousez des femmes aimantes et fécondes. Je veux, par vous, dépasser les nations en nombre*»[20] ? C'est en tout cas l'une des explications que fournissait aussi l'Anonyme et qui peut être à l'origine d'une crainte de l'Occident : être submergé par le nombre des infidèles. On retrouve un écho de cette interprétation chez plusieurs chroniqueurs de la première croisade. L'Anonyme, généralement très sobre, imagine la teneur d'une lettre qu'aurait écrite Karbuqâ au calife et à divers autres princes : en guise de salutation à ces notables musulmans, il n'oublie pas ce vœu : «*Puissent-ils être gais et, dans une joyeuse concorde, donner satisfaction à leur ventre, commander et pérorer dans toute la région, s'adonner à leur fougue et à leur luxure et engendrer beaucoup de fils capables de combattre vaillamment contre les chrétiens*»[21].

Guibert de Nogent reprend les mêmes termes et Baudri de Bourgueil ajoute que, par ce moyen, ils espèrent envahir les terres chrétiennes[22]. N'était-il pas légitime, alors, de prendre les armes pour conjurer une telle menace ? D'autant plus que l'islam, nul ne l'ignorait, était une religion d'idolâtrie et de violence, conquérant ses adeptes par le sabre. Un retour du paganisme contre lequel il fallait lutter sans délai.

DE LA CARICATURE À LA CALOMNIE

Les traits caricaturaux que nous venons d'évoquer puisent tous leurs racines dans des faits réels et des doctrines authentiques déformées à la fois par la malveillance (plus ou moins) volontaire des polémistes chrétiens et par la méfiance haineuse générale qui s'attache à tout ce qui est autre, nouveau, différent. Ces déformations étaient d'autant plus aisées que la plupart d'entre elles concernent des faits qui remontent à l'époque du prophète et qui, de ce fait, n'étaient plus directement vérifiables et ne reposaient que sur la tradition, sujette à caution. Cette tradition elle-même pouvait être gauchie, nous venons de le voir, particulièrement pour tout ce qui touche à la vie du prophète ou à sa mort. C'est ainsi que la fin du prophète a donné lieu à une floraison de légendes que l'on peut assimiler à du délire verbal, très significatif de l'aversion ressentie en Occident à l'encontre du prophète de l'islam. Pseudo-prophète épileptique ayant fait pacte avec le Malin, il ne pouvait que périr de mort maligne : une crise le terrasse ; il meurt dans le désert, abandonné de tous, et ses restes misérables sont dévorés par les chiens. Telle est la version chrétienne occidentale la plus ancienne, repérable en Espagne dès le début du IXe siècle[1].

On la retrouve, mêlée à une autre légende visiblement destinée à opposer Mahomet à Jésus, dans la version d'Euloge de Cordoue ou du Pseudo-Ildefonse[2] : Mahomet avait annoncé qu'il ressusciterait le troisième jour... il n'en fut rien, puisque des chiens dévorèrent ses restes. Cette interprétation infamante de la mort du prophète fut encore accentuée dans l'Occident non espagnol, bien avant la croisade : tenant compte, peut-être, de l'aversion des musulmans envers la viande porcine, les textes occidentaux remplacent les chiens par des porcs. Cette version, que l'on rencontre dans l'*Histoire de Mahomet* d'Embricon de Mayence, se répandit au XIe siècle dans les milieux populaires : c'est elle que retiennent à la fois Guibert de Nogent et les chansons de geste[3]. Autre «christianisation» malveillante : dans ces dernières, l'ivresse, condamnable chez les musulmans, remplace également l'épilepsie.

Ces divagations sans fondement ont pour intention manifeste de ridiculiser le prophète de l'islam et de l'opposer au Christ : Jésus, lui, ressuscite le troisième jour alors que les restes pitoyables du faux prophète, inspiré du démon, sont engloutis par des pourceaux... des pourceaux que Jésus, jadis, avait donnés pour sépulture dernière à une légion de démons[4].

Ces calomnies populaires l'étaient d'autant plus que rien ne pouvait les démentir. Mieux : elle pouvaient «récupérer», en les retournant, les légendes hagiographiques musulmanes, telle que l'envolée nocturne de Mahomet sur sa jument Borâq, laissant au sol l'empreinte de son sabot. Guibert de Nogent l'accommode à sa façon, affirmant que les porcs, dans leur festin macabre, n'ont laissé du cadavre de Mahomet que les talons. Et il fait œuvre d'impartialité en rapportant la version qu'en donnent les musulmans, selon les rapports qui lui sont parvenus :

> *«Ils disent en outre qu'il fut enlevé aux cieux, ne laissant à ses fidèles d'autre souvenir de lui que ses talons ; et en conséquence, ils les visitent encore avec une profonde vénération.»*

Et il ajoute, montrant par là qu'il a disposé d'informateurs qui ont pu diffuser la calomnie occidentale et en tester l'impact sur des musulmans :

> *«Enfin, et* comme de raison, *ils repoussent avec mépris l'opinion que leur maître ait été livré aux pourceaux et dévoré par eux»*[5].

De telles spéculations étaient aisées, qui déformaient des faits lointains ou gauchissaient des légendes invérifiables. Il n'en va pas de même de l'interprétation des comportements des musulmans contemporains. On accusait l'islam d'être un paganisme recrutant ses adeptes par le glaive. Que pouvait-il y avoir de vrai à l'origine de ces accusations et quelle peut être la portée de ce jugement ?

L'islam, religion du glaive

Cette vision de l'islam n'est pas particulière aux chrétiens du Moyen Age. Elle est également partagée par beaucoup de musulmans de notre temps. Le drapeau de l'Arabie Saoudite (un sabre et un verset coranique sur fond vert, couleur de l'islam) symbolise d'ailleurs cette inconsciente assimilation.

Les racines de cette conception sont évidentes : à la différence de Jésus, qui prêchait la non-violence et ne se préoccupait aucunement de politique, allant jusqu'à repousser comme une tentation toute action risquant de le conduire au pouvoir, Mahomet fut, sans réticence aucune, un chef de guerre et un chef d'Etat. Il en résulte que l'islam, dès l'origine, n'établit aucune différence de valeur entre les sphères du politique et du religieux ; il ne discrédite aucunement le pouvoir ni l'emploi de la force armée pour y accéder.

Il convient à cet égard de mettre les choses au point : sous l'influence des idéologies pacifistes et démocratiques diffusées par l'Occident depuis le début de notre siècle, et plus particulièrement depuis une vingtaine d'années, quelques penseurs musulmans occidentalisés s'efforcent de concilier le message coranique et les valeurs que l'Occident présente comme «universelles» : séparation des Eglises et de l'Etat, indépendance du religieux et du politique, droits imprescriptibles de la personne humaine, liberté de conscience, droit de changer de religion ou de n'en pas avoir, etc. Ces valeurs sont manifestement étrangères à l'islam traditionnel qui prône la soumission de tous les hommes à la direction divine dans et par l'Histoire. Il ne peut donc y avoir de valeurs recevables que celles que Dieu propose. Il n'y a pas place pour des valeurs «laïques» ou profanes, encore moins athées. Est-ce à dire que, pour autant, l'islam prônait l'intolérance religieuse ? Nullement. Le Coran affirme clairement qu'il ne saurait y avoir de contrainte en matière de religion et que les juifs et les chrétiens, adeptes d'une religion monothéiste révélée, ne doivent pas être tués à cause de leur foi, qui préfigure et annonce la véritable. Ils furent d'ailleurs, comme on le sait, largement tolérés dans les pays musulmans tout au long du Moyen Age, même si, çà et là, des brimades ou des vexations accompagnèrent la «protection» dont ils jouissaient de la part des autorités musulmanes. Malgré ces «bavures», on serait bien en peine de citer des exemples parallèles dans l'Occident chrétien.

La raison en est double : d'une part, avant la fin du XIe siècle (si l'on excepte le début de la *Reconquista* espagnole et la Sicile normande), les musulmans furent rares en terre chrétienne alors que les conquêtes islamiques s'exercèrent sur des régions largement christianisées ; d'autre part, venant *après* la révélation chrétienne, l'islam appliqua aux deux écrits saints antérieurs, la Bible hébraïque et le Nouveau Testament chrétien, la tolérance et le respect dus aux révélations primitives «inachevées ou perverties». Le christianisme n'accordait évidemment cette faveur qu'au seul judaïsme. Si cette tolérance fut en effet, en terre d'islam de meilleure qualité pour les uns comme pour les autres, elle restait cependant du même ordre et répondait aux mêmes principes[6].

La tolérance tout à fait exemplaire — pour l'époque — dont fit preuve le monde musulman envers les chrétiens qui vivaient en terre d'islam ne doit cependant pas non plus faire croire à l'existence reconnue d'une réelle liberté de conscience. C'est ainsi que la conversion d'un chrétien ou d'un juif à l'islam entrait — et entre encore — dans l'ordre normal des choses, alors que la démarche inverse n'est évidemment pas concevable, puisque ce serait retourner à l'erreur après avoir connu la vérité. La peine de mort s'appliquait — et s'applique toujours, en droit, selon la loi coranique — à tout musulman qui abandonnerait sa religion. Les premiers martyrs de Cordoue, signalés plus haut, étaient d'ailleurs très vraisemblablement des chrétiens convertis à l'islam pour des raisons de commodité (vie plus facile, exemption de certains impôts, intégration sociale plus aisée, etc.) et qui, touchés par la prédication messianique des exaltés de

Cordoue, voulurent revenir à leur foi première. La loi musulmane ne pouvait le tolérer et ils furent exécutés.

Sous l'influence contemporaine de l'Occident laïcisé, certains penseurs musulmans s'efforcent aussi actuellement de «démilitariser» la notion de *djihad*, mettant l'accent sur le sens d'*effort pour la foi* que peut en effet avoir ce mot. Il n'est cependant pas contestable que, dès l'origine, fut admis le concept de guerre «sainte» destinée, non pas à convertir de force les hommes, mais à étendre par les armes la zone d'influence et de domination de l'islam, si possible, à tout l'univers[7]. Le prophète lui-même ne répugnait pas à diriger les combats (même s'il n'y prenait pas part lui-même), à faire exécuter certains de ses ennemis vaincus et à s'attribuer une part du butin pris sur eux, et même à faire tuer ses adversaires par ce qui se nommerait aujourd'hui un assassinat politique ou une «liquidation»[8]. Ce comportement guerrier, là encore, ne choquait aucunement les musulmans qui y voyaient au contraire la preuve de la direction divine procurant la victoire.

C'est dire que, face au problème de la guerre et de l'usage de la violence, la position de l'islam fut toujours beaucoup plus simple et plus cohérente que celle du christianisme, empêtré sur ce plan dans des contradictions et des scrupules moraux ignorés des musulmans. C'est particulièrement vrai pour l'époque médiévale, où la sensibilité religieuse des élites chrétiennes se trouve encore écartelée entre l'idéal premier de non-violence (prônée par l'église primitive et prolongée au sein du monachisme) et les nécessités socio-politiques du maintien de l'ordre et de la protection des faibles, de la défense de la chrétienté ou tout simplement des Etats, conduisant à l'acceptation de la guerre, voire à sa valorisation. Le lent processus qui, nous l'avons vu, conduisit l'Eglise à rejeter d'abord la guerre, puis à la tolérer comme un mal nécessaire, pour la valoriser ensuite de plus en plus au fil des siècles jusqu'à la sanctifier dans certaines circonstances ne se fit pas sans heurts ni sans luttes tant était radicale une telle «révolution doctrinale», et raide le virage à prendre pour la mener à bien.

Pour l'islam médiéval, en revanche, la question de savoir si l'usage de la force armée destinée à conquérir pour la foi des terres nouvelles était licite ou non ne se posait même pas. La lutte pour la bonne cause ne pouvait être que bénéfique, et il était clair aux yeux de tous les musulmans que les guerriers de l'islam qui périraient dans des combats contre les infidèles méritaient d'être admis au paradis. Ce caractère méritoire s'étendait d'ailleurs aux meurtres des hérétiques à l'intérieur même du monde musulman, et certains théologiens de l'islam n'hésitaient pas à dire, à propos des ismaéliens par exemple, que «*verser le sang d'un hérétique est plus méritoire que de tuer soixante-dix infidèles grecs*»[9].

Cette tranquille affirmation de la valeur positive des guerres menées par le prophète ou entreprises pour le plus grand bien de l'islam ne pouvait que choquer les théologiens chrétiens du Moyen Age. Malgré la réalité quotidienne des violences guerrières, ils ne cessaient d'opposer sur ce point la douceur évangélique de Jésus, apôtre de la non-violence, à l'attitude volontiers belliqueuse de Mahomet, à la fois chef de guerre et homme d'Etat. Sans s'attarder sur la réelle contradiction existant entre l'attitude pacifique des premiers disciples et celle, beaucoup plus pugnace, des chrétiens laïcs, théologiens et polémistes ne s'attachèrent pas sur ce plan à l'attitude *réelle* des chrétiens et des musulmans *de leur temps*, mais bien à la norme représentée par les comportements des deux modèles *originels*, Jésus d'une part, Mahomet de l'autre. Ou bien, ce qui revient à peu près au même, ils comparaient l'attitude *idéale* prônée par les deux religions.

C'était opposer le moine chrétien au cavalier d'Allah...

Dès le IXe siècle, Anastase le Bibliothécaire, traduisant Théophane, rapporte que Mahomet enseigna «*que celui qui tue un ennemi, ou qui est tué par un ennemi, entre au paradis*»[10]. Euloge de Cordoue qui, rappelons-le, ne dépend pas de Théophane, est également frappé par le même aspect. Il affirme en effet que Mahomet ordonna à ceux qui croyaient en lui de prendre les armes et, comme animés d'un nouveau zèle pour leur foi, de tuer par l'épée leurs adversaires[11]. La plupart des auteurs latins qui ont écrit ne serait-ce que quelques lignes sur l'islam ont reproduit l'un ou l'autre de ces modèles, particulièrement le premier[12].

Il fut donc admis par tous que l'islam était bien la religion du glaive, puisqu'elle admettait l'usage de la guerre que la religion chrétienne réprouvait en principe. Les musulmans ne se firent d'ailleurs pas faute de souligner cette contradiction chez les croisés, qui violaient les préceptes chrétiens en pratiquant la violence guerrière que réprouvait leur maître[13]. Mais, aux yeux des chrétiens du Moyen Age, seul comptait le modèle originel. L'attitude des fondateurs, le poids du passé l'emportaient évidemment sur les vicissitudes du présent, qui justifiaient évolution et compromis. C'est pourquoi tous soulignent que le christianisme s'est répandu pacifiquement, malgré les persécutions qu'infligèrent aux chrétiens les païens impies. L'islam, au contraire, autorisait l'usage du glaive pour conquérir à la foi de nouveaux territoires.

Jésus avait prêché l'amour et la paix, et avait condamné l'usage du glaive ; Mahomet, lui, n'avait pas hésité à prêcher la guerre et à user de violence pour imposer sa loi et conquérir le pouvoir. Voilà ce que le Moyen Age occidental voulait retenir des deux religions rivales.

Un islam idolâtre ?

L'accusation précédente n'était qu'une exagération des faits réels. Il n'en va pas de même pour la plus surprenante de toutes les caricatures de l'islam : celle qui fait de cette religion farouchement monothéiste un... paganisme idolâtre.

A l'époque des croisades, cette croyance est fermement enracinée dans les milieux populaires. Le vocabulaire en fait foi : pour désigner les musulmans, les épopées utilisent volontiers le terme «païens», et les montrent souvent en train d'adorer l'image de leur dieu, Mahomet. La *Chanson de Roland* traduit cette vision en résumant le combat des héros de Charlemagne par le vers célèbre : «*Païen unt tort e chrestïens unt dreit*»[14]. Mais les épopées n'innovent pas en ce domaine, puisque les chroniqueurs de la première croisade les appellent également *pagani* ou *gentiles*, ainsi, déjà, qu'Euloge de Cordoue qui, pourtant vivait à leur contact et ne pouvait ignorer l'inadéquation du terme.

On a parfois tenté d'expliquer cet usage en avançant l'idée que le vocabulaire du temps désigne par le terme «païen» tous les ennemis de la chrétienté : païens et infidèles se confondraient, parce qu'ils ne sont pas chrétiens[15]. Une telle conception dualiste existait bien à l'époque, n'accordant aux musulmans qu'une existence pour ainsi dire «négative», par opposition au christianisme considéré comme la norme en toute chose. Il n'en reste pas moins que cette assimilation de l'islam au paganisme ne fut pas seulement verbale ou conceptuelle. Elle engendra un ensemble de jugements de valeur et d'affirmations totalement falsifiés et dénués de toute véracité historique. C'est ainsi que Mahomet est assimilé à l'Antichrist et les musulmans aux diables qui entourent le Prince des Ténébres. Les épopées les nomment *«aversier»*, *«ennemis de Dieu»*, *«vils diables»*, *«engeance diabolique»*, etc., et les chroniqueurs de la première croisade partagent ce point de vue[16].

Il en résulte une défiguration totale de l'islam dans ce qu'il a de plus caractéristique : son monothéisme radical et son rejet de toute idolâtrie. Dans leur volonté d'assimiler étroitement l'islam au paganisme qui, jadis, persécuta les chrétiens, écrivains ecclésiastiques et trouvères n'hésitèrent pas, contre toute raison, à attribuer aux musulmans le comportement idolâtre des païens de l'antiquité. Les épopées font d'eux des polythéistes adorant les dieux les plus divers : Apolin (Apollon ?), Tervagant, Jupiter, Pilate, Cahuz et, bien entendu Mahom (Mahomet), élevé au rang d'un dieu[17]. L'idée de ce polythéisme musulman était tellement ancrée dans la mentalité populaire que les chroniqueurs de la première croisade y font allusion sans manifester d'hésitation ni de doute. Seul Guibert de Nogent, nous l'avons vu, fait preuve à ce propos de quelque esprit critique lorsqu'il affirme que, contrairement à l'opinion de beaucoup d'Occidentaux, les musulmans ne considèrent pas Mahomet comme un dieu, mais seulement comme un homme juste choisi par Dieu pour communiquer aux hommes les lois divines[18].

Les autres chroniqueurs ne s'embarrassent pas de tels scrupules et répètent à l'envi les poncifs de l'opinion commune, qu'exprime l'épopée. C'est ainsi que Raoul de Caen décrit avec complaisance la statue de Mahomet que Tancrède, son héros, aurait contemplée dans le «Temple de Salomon» et dont la vue aurait scandalisé le chevalier normand :

> *«Ô, honte, s'écrie-t-il ! Que fait ici cette image ? (...) Pourquoi ces pierreries, pourquoi cet or, pourquoi cette pompe (car cette statue de Mahomet était toute chargée de*

pierreries, et de pourpre, et toute resplendissante d'or)? Serait-ce par hasard l'image de Mars ou celle d'Apollon? Car ce ne saurait être celle du Christ; je ne retrouve point les insignes du Christ, ni la croix, ni la couronne, ni les clous, ni le flanc percé; ce n'est donc point le Christ, mais plutôt un premier Antéchrist, ce Mahomet pervers, ce Mahomet dangereux (...). Ô scandale! Le convive de l'enfer, l'hôte de Pluton, est en possession de la citadelle de Dieu, il est le dieu de l'ouvrage de Salomon»[19]!

Bien entendu, le pieux Tancrède fait abattre l'idole dont il s'attribue la matière précieuse, ainsi que tout l'or et l'argent qui paraient les murs du Temple. Il les convertit en bienfait utile: il équipe ceux de ses serviteurs qui n'avaient pas d'armes et embauche des chevaliers et mercenaires qu'il réunit sous sa bannière.

Est-ce là pure invention de Raoul de Caen? La certitude de l'idolâtrie des «païens-musulmans» habite tellement les chrétiens de la première croisade que la plupart des chroniqueurs rapportent des récits très proches de celui-ci. Tudebode raconte, par exemple, que lors du siège de Jérusalem, les chrétiens firent autour de la ville assiégée une procession portant des crucifix. Pour contrebalancer cette action magico-religieuse, les Sarrasins organisèrent à l'intérieur des murailles une cérémonie symétrique, où Mahomet remplace le Christ:

«*Voyant cela, les Sarrasins en firent autant à l'intérieur des murailles. Ils portaient Mahomet sur une lance recouverte d'un morceau d'étoffe*»[20].

Après la défaite des musulmans à Ascalon, le 12 août 1099, le même Tudebode imagine le désarroi et la rancœur de l'émir de Babylone (Le Caire):

«*Ô Mahomet, et nos dieux! Qui donc a jamais vu et entendu de telles choses... Maintenant, je jure par Maho-*

met et par la puissance de tous les dieux que je n'engagerai plus par contrat des chevaliers, puisque me voilà vaincu par cette nation d'incapables»[21].

Robert le Moine renchérit dans le même sens lorsqu'il décrit la colère de l'émir contre Mahomet, coupable à ses yeux de n'avoir pas su protéger ses adorateurs :

> «*Ô Mahomet, Mahomet ! Qui t'a jamais rendu un plus beau culte en des temples enrichis d'or et d'argent, merveilleusement décorés de tes images, et honoré par toutes les cérémonies et les solennités de ta sainte religion*»[22].

Foucher de Chartres lui-même, qui pourtant vécut assez longtemps en Terre Sainte pour ne pas ignorer les rudiments de la foi islamique, n'en partage pas moins la croyance commune à tous les Occidentaux du temps. Pour lui aussi, le «Temple de Salomon» contenait bien une idole :

> «*Ils y faisaient habituellement, plus volontiers qu'ailleurs, les prières qu'ils prodiguaient, sans fruit pour eux, à une idole fabriquée de leurs mains, et portant le nom de Mahomet, et ils ne permettaient à aucun chrétien d'y entrer*»[23].

Doit-on chercher, à cette accusation d'idolâtrie, des racines dans la réalité historique ? Certes, dans le monde byzantin, quelques polémistes, comme Nicétas le Philosophe, admettent comme vérités les racontars selon lesquels une idole de pierre se dresserait au milieu de la Kaaba. Certes, les polémistes insinuaient que les Arabes y vénéraient une idole d'Aphrodite, identifiant ainsi à Vénus la déesse astrale Al Uzza, d'époque préislamique[24]. On peut aussi chercher à relier cette notion de statue de Mahomet à l'existence, bien réelle jusqu'en

1145, d'une statue monumentale, faite d'un alliage de fer et de cuivre, érigée à Cadix avant l'ère musulmane et qui, selon toute vraisemblance, représentait Hercule. La *Chronique du Pseudo-Turpin*, rédigée dans la seconde moitié du XIIe siècle, ne fait peut-être que répéter une croyance populaire lorsqu'elle identifie cette statue à une idole de Mahomet. Elle n'est qu'un témoignage, parmi tant d'autres, de la volonté qu'avaient alors les écrivains chrétiens, pour la plupart des clercs, d'attribuer à la religion rivale et détestée les traits repoussants de l'idolâtrie païenne antique alors que, sur ce plan, la religion islamique en était évidemment bien plus éloignée que ne l'était, à la même époque, le christianisme médiéval en Occident, au moment même où se développait sans mesure le culte des saints conduisant à la vénération superstitieuse de leurs statues et de leurs reliques, réelles ou imaginaires.

Comment faut-il interpréter cette véritable caricature de l'islam qui, sur ce dernier point, rejoint l'affabulation calomnieuse ? Certains historiens ont attribué de telles erreurs à la simple ignorance ou, avec plus de vraisemblance, à un total manque d'intérêt pour les réalités d'un monde islamique pourtant très proche[25]. Ce n'est faire là que décrire l'arrière-plan mental qui rendit possibles et crédibles de telles affabulations. D'autres ont fait appel à la psychanalyse pour en tirer la signification. Il est clair en effet que, sur le dernier point surtout, la description occidentale de la religion islamique ressemble bien plus au christianisme médiéval qu'à l'islam réel.

Peut-être alors peut-on, dans une certaine mesure, et avec prudence, recourir au concept freudien de *projection* pour expliquer pourquoi les écrivains chrétiens ont ainsi attribué aux Sarrasins les propres défauts et les déviances du christianisme de leur temps[26]. Mais cette projection n'est sans doute pas aussi inconsciente qu'on le suppose. P. Bancourt l'a fort bien vu : dans les épopées, le Sarrasin devient l'archétype du «mauvais» et on peut donc l'exterminer sans crime. «*Chargé de tous les péchés de la chrétienté, celui-ci devient vraiment le bouc émissaire. En ce sens, il y a réellement projection*»[27].

Tous ces textes avaient en effet essentiellement une mission de propagande. Il ne s'agissait pas de polémiquer, de réfuter ou de démontrer, mais bien plus de combattre «l'ennemi de la foi» en soulignant le plus possible ses aspects repoussants pour la mentalité chrétienne de l'époque. Dès lors, comme le dit fort justement N. Daniel, le critère de véracité ne joue aucun rôle. La religion adverse est à ce point mauvaise que tout ce qui s'oppose à elle est probablement vrai : la vérité du but à atteindre rend vrais les faits qui permettent d'atteindre le but[28] !

Guibert de Nogent ne pensait pas autrement lorsque, conscient des faiblesses et de l'inexactitude de ses sources, il concluait qu'il serait vain d'engager un débat pour savoir si ces rapports étaient vrais ou faux, car, ajoute-t-il, «*on peut en toute quiétude parler mal de celui dont la malignité a toujours été au-dessus de tout le mal qu'on pourrait en dire*»[29].

Il s'agit donc bien, dans les épopées comme dans les écrits ecclésiastiques, d'une propagande antimusulmane destinée à rendre haïssable aux chrétiens la religion prêchée par Mahomet. C'est donc volontairement que l'église a répandu, bien avant la croisade, par l'écrit et par l'image, l'idée d'une religion musulmane hérétique, néfaste, perverse et idolâtre.

La croisade, en ce sens, apparaît bien comme l'aboutissement d'une longue propagande antimusulmane distillée par l'Eglise dans les esprits laïcs préparés à la recevoir puisqu'ils y trouvaient les éléments justifiant, contre cette religion perverse, l'usage des armes que l'Eglise, au même moment, cherchait à limiter pour mieux les tourner contre ses adversaires de l'intérieur (hérétiques) ou de l'extérieur (infidèles). L'islam, notons-le bien, ne fut pas seul à souffrir de semblables calomnies. On retrouve à peu près les mêmes, issues des mêmes intentions, à propos des «sectes» ou «hérésies» de toute nature, au Moyen Age et même encore de nos jours. Pour lutter contre une menace, réelle ou supposée, tous les moyens paraissent bons aux esprits totalitaires. La caricature et la calomnie constituent sur ce plan des armes redoutables. Dès le XIe siècle cette image repoussante de l'islam se répandit et se figea par le moyen inégalable de l'épopée : «*Une vision globale et séduisante, parce que extrêmement simple. L'islam était l'envers du christianisme. Une hérésie coupable de violence et d'intolérance, l'expression du mal, le mal lui-même, Satan*»[30].

Contre cette perversion et ces pervers, il paraissait donc juste de lever l'épée. L'assimilation de l'islam au paganisme antique permettait ainsi d'accélérer le virage déjà bien amorcé par l'Eglise dans ses rapports idéologiques avec la guerre. Elle permettait aussi, tout naturellement, d'associer aux martyrs, victimes du paganisme antique, les héros de la foi qui périraient dans le pieux combat mené contre ces nouveaux païens qu'étaient les Sarrasins, sectateurs d'un faux prophète et adorateurs de faux dieux, alliés des démons, du diable et de l'Antichrist.

MOTIVATIONS

A la fin du XIe siècle, les mentalités étaient donc préparées à la guerre sainte. Il reste à se demander pourquoi Urbain II a choisi de donner à celle-ci la forme nouvelle d'une croisade vers l'Orient et pourquoi les guerriers d'Occident ont si massivement répondu à cet appel.

Les motivations d'Urbain II

On a longtemps cru, sous l'influence de C. Erdmann, que l'intention première d'Urbain II était de prêter secours aux chrétiens d'Orient et que Jérusalem n'occupait dans son message qu'une place subalterne, voire accessoire. Tout montre, au contraire, nous l'avons vu, que Jérusalem était bien au cœur de sa prédication dès l'origine[1].

Faut-il pour autant revenir à l'idée, ancienne elle aussi,

selon laquelle Urbain II aurait voulu créer en Orient, au-delà de l'empire de Constantinople, des Etats latins «théocratiques» rattachés au Saint-Siège, comme pourrait inciter à le faire croire le titre *d'avoué du Saint-Sépulcre* adopté par Godefroy de Bouillon[2] ? Cela ne semble pas nécessaire, sous cette forme radicale du moins, qui sous-entend une intention délibérément hostile envers l'empereur Alexis.

Une voie moyenne se dessine. Il s'avère en effet que les relations, longtemps tendues, entre Rome et Constantinople, s'étaient nettement améliorées à la veille du concile de Clermont. Un réel esprit de concorde régnait entre Urbain II et Alexis. Il faut donc concilier ces deux affirmations : la croisade était bien dirigée dès l'origine vers la délivrance de Jérusalem, et elle était aussi destinée à aider les chrétiens d'Orient dans un climat de concorde et dans la perspective de la réunion des églises séparées depuis 1054[3].

Les événements n'ont pas permis la concrétisation de ces espérances. Les croisés, plus nombreux, plus divers, plus indisciplinés que prévu les ont vite brisées par leur attitude à Constantinople. Les convoitises politiques des princes ont parachevé l'échec. La croisade, loin de rapprocher l'Orient et l'Occident les a, au contraire, durablement éloignés.

Quel était l'intérêt, pour Urbain II, de la prêcher ?

L'intérêt purement politique semble à exclure. Surtout sur la base de la fausse donation de Constantin qui fondait précisément les prétentions de Rome à la suzeraineté en Occident sur le fait que l'empereur avait «remis» cette région au pape en allant fonder en Orient sa nouvelle capitale, Constantinople ! C'eût été, au demeurant, contester ouvertement l'autorité d'Alexis sur des terres qui lui appartenaient encore récemment, avant la chute d'Antioche. L'espoir de réunion des Eglises n'y eût pas survécu.

Mais au-delà d'Antioche, en revanche, les perspectives demeuraient plus ouvertes. Ces terres de Palestine, berceau du christianisme, étaient perdues depuis quatre siècles, et la notion d'*héritage du Christ* pouvait ouvrir de nouvelles perspectives. Une reconquête commune de ces terres prestigieuses, accomplie au nom du Christ — et non de saint Pierre —, par des *milites Christi* d'Orient et d'Occident rassemblés sous la bannière de la Vierge et menés par le légat du pape ne pouvait que favoriser une réunion des Eglises dans le sens que Rome a toujours donné à cette expression, c'est-à-dire le retour au bercail de la brebis égarée sous la houlette de l'unique pasteur, le pontife romain. Si cette union se réalisait grâce à la croisade, l'autorité romaine ne pourrait qu'y gagner. Son prestige croîtrait encore et il serait alors possible de tenter la réalisation du programme déjà énoncé dans les *dictatus papae* de Grégoire VII : la nécessaire domination du pouvoir pontifical sur la chrétienté tout entière[4].

Urbain II avait-il prévu dès l'origine un possible échec de cette réunification des Eglises, et avait-il une sorte de «politique de rechange» ? Certains indices pourraient le laisser croire si l'on admet qu'Urbain II envisageait, dès Clermont, la possibilité de fonder en Terre Sainte des églises latines administrées par des prélats latins sous la direction des princes croisés victorieux[5]. L'appel de ces princes demandant, à Antioche, que le pape vienne les rejoindre pour achever *sa guerre* irait dans le même sens : peut-être s'agit-il là d'une sorte de constat d'échec de la politique de «concorde» et de l'amorce de réalisation d'une politique de rechange. De fait, à partir de cette date, les croisés ne sont plus accompagnés par le contingent grec de Tatikios et ils n'hésitent plus à établir sur les terres conquises des églises latines. Il n'est donc pas exclu que la fondation d'Etats latins ait été envisagée dès l'origine, avec la caution morale que procurait à cette création l'idée, alors bien répandue, de l'antique protectorat de Charlemagne sur les lieux saints.

Quoi qu'il en soit des intentions profondes d'Urbain II, que nous ne connaîtrons jamais avec certitude, il est certain par ailleurs que la croisade présentait pour lui d'autres intérêts : cette initiative faisait de lui le représentant de la chrétienté face à l'islam, le chef au moins moral de ses milices, et le faisait sortir vainqueur du conflit qui avait si longtemps opposé la papauté à l'empire. Le fait même que le pape ait, de sa propre initiative, appelé les chevaliers chrétiens à se croiser en ignorant délibérément les souverains et les princes, témoigne à l'évidence de l'autorité acquise par la papauté. La croisade détournait l'attention du conflit passé et la portait vers une entreprise de toute la chrétienté, initiée par le pape. Elle détournait aussi vers le combat extérieur les chevaliers trublions violateurs des institutions de paix. Elle pouvait ouvrir en Orient, avec l'appui de Constantinople, un second front de reconquête des terres chrétiennes jadis envahies par l'islam, pour dilater la chrétienté longtemps assiégée, mais qui, maintenant, relevait la tête en vue d'une revanche, voire d'une *vengeance* de Dieu, ainsi que le ressentait la mentalité commune du temps[6].

L'objectif de la croisade, la libération du Saint-Sépulcre et la reconquête de l'héritage du Christ, permettait à Urbain II d'évoquer un thème beaucoup plus mobilisateur que celui de la guerre sainte espagnole : un thème résumé par le mot magique, *Jérusalem*, lieu saint entre tous, centre de pèlerinage et de grâces, alpha et oméga du temps de l'Eglise, vrai centre du monde. Les promesses spirituelles évoquées à Clermont, qui ne différaient guère de celles qui avaient déjà été prodiguées auparavant en diverses circonstances aux guerriers de la «bonne cause» trouvaient, dans ce pèlerinage guerrier de reconquête des terres spoliées et des lieux saints «profanés», toute leur résonance et une pleine crédibilité.

Les motivations des croisés

Les mobiles religieux

Tous les documents, d'origine ecclésiastique, affirment que les croisés sont partis «*pour Dieu*», pour sa gloire, pour venger son honneur, par amour pour lui et pour ses enfants, les frères chrétiens opprimés[7]. Cependant, l'homme étant ce qu'il est, à toutes les époques, il n'est pas interdit de penser que cet élan d'altruisme n'était pas totalement gratuit et que les hommes (et les femmes) qui se lançaient dans une aventure aussi lointaine et périlleuse espéraient y trouver leur compte. Le christianisme le plus exigeant, d'ailleurs, ne prêche pas le sacrifice gratuit : il promet à ceux qui l'acceptent une plus grande récompense, supérieure à la perte subie, la vie éternelle dans le royaume de Dieu.

Les croisés eux-mêmes ne disent pas autre chose lorsqu'ils affirment aussi avoir entrepris ce «voyage» pour le salut de leur âme. Les promesses émises par Urbain II à Clermont pouvaient-elles les déterminer à faire ce choix ? Ces promesses sont doubles : aux rescapés la *remissio peccatorum* ; aux victimes les palmes du martyre. Que faut-il entendre par là ?

L'indulgence de *remissio peccatorum* a fait couler beaucoup d'encre. Les historiens actuels discutent encore pour savoir s'il s'agit ici, selon la doctrine la plus strictement orthodoxe, de la remise des *pénitences*, des peines terrestres à subir après confession de la faute, ou de la remise de la culpabilité de celle-ci, son effacement. Remise de la *peine* ou remise de la *culpabilité*[8] ? Ces discussions théologiques restent ouvertes et risquent de le demeurer à tout jamais pour la simple raison que la doctrine de l'indulgence n'était encore qu'en gestation à l'époque de Clermont, qui en a accéléré l'évolution. De plus, s'il n'est pas inutile de chercher à savoir si Urbain II, à Clermont, *pouvait* ou *ne pouvait pas* promettre une indulgence plénière au sens théologique ultérieur du terme, il importe plus encore de savoir ce que les croisés eux-mêmes ont compris, ont cru recevoir. Et, sur ce point, l'accord paraît presque unanime. D'ailleurs, les promesses de Clermont se situent bien dans la ligne de celles qui avaient déjà été faites auparavant, par Alexandre II, par exemple, aux guerriers de la *Reconquista*[9]. Or, par bien des aspects, la croisade peut être considérée comme l'extension vers l'Orient de la guerre sainte déjà mise en place en Espagne[10].

Une telle *indulgence* était d'autant plus justifiée pour la croisade qu'elle combinait le double aspect de guerre sainte et de pèlerinage. Les croisés pouvaient donc avoir la certitude de recevoir la pleine *remissio peccatorum*, d'autant plus que les prédicateurs de la croisade, on l'admet, ont très probablement dépassé le message de Clermont, «obligeant» Urbain II lui-même à se rallier, si elle n'était pas sienne dès l'origine, à cette conception plus populaire de l'indulgence. Dans sa lettre aux Flamands, le pape parle nettement de *remissio peccatorum* au sens le plus large du terme. C'était sans doute, comme le dit H.E. Mayer, promettre plus que ne le permettait la doctrine ecclésiastique de ce temps ; mais c'est bien cette conception-là qui va l'emporter, imposée, peut-être (?), par la pression populaire. C'était en tout cas celle que partageaient les croisés, et qui explique en partie le succès de la croisade. Une interprétation plus restrictive est inconcevable : elle ferait de la croisade une «indulgence» plus rude que la pénitence à laquelle elle se substituait[11].

L'assimilation aux martyrs de ceux qui viendraient à périr dans l'aventure n'est pas moins controversée. J. Riley-Smith en refuse même totalement la paternité à Urbain II et estime que cette notion de «martyre» n'a pu naître qu'au sein même de l'armée des croisés, peu avant Antioche. Les arguments qu'il avance pour l'affirmer sont cependant très contestables, et il est bien plus vraisemblable d'attribuer au pape lui-même l'initiative d'une telle notion[12].

Il ne s'agit pas, au demeurant, d'une idée vraiment nouvelle : elle avait été avancée déjà en plusieurs occasions, dès le IXe siècle, à propos des guerriers qui périraient pour la défense de Rome contre les «païens», et cette notion de martyre des guerriers s'était assez largement popularisée au XIe siècle. Il n'est donc pas surprenant qu'Urbain II ait accordé les rétributions éternelles à ceux qui mourraient dans une expédition aussi «sainte»[13].

Ces deux promesses ont sans aucun doute incité au départ les chevaliers les plus pieux désireux d'effacer les fautes d'une vie faite de violences, de rapines et de souillures diverses. La perspective d'acquérir ce salut en restant ce qu'ils étaient, sans revêtir la bure, ne pouvait que séduire ces âmes guerrières.

D'autres mobiles à coloration religieuse pouvaient également jouer un rôle. Il faut rappeler par exemple l'attente eschatologique plus ou moins constante qui pouvait pousser certains chrétiens à désirer se rendre à Jérusalem pour participer au combat final du Christ contre l'Antichrist et ses séides. Celle aussi, plus rugueuse mais omniprésente, de la notion de vengeance que Dieu, par l'intermédiaire des siens, voulait exercer sur ses ennemis par la reconquête de son héritage. Tous ces aspects ont sans aucun doute joué un rôle pour pousser à l'action des guerriers chrétiens, en faveur d'une chrétienté qui prend peu à peu conscience de son existence et qui se prépare à l'expansion.

Les mobiles matériels

Est-ce à dire pour autant que l'idéalisme était seul en cause ? Certes non ! Il n'est pas d'actes gratuits de cette importance. L'intérêt, toujours et partout, incite les hommes à l'action. Mais cet *intérêt* n'est pas nécessairement d'ordre matériel, financier, comme il l'est presque toujours à notre époque et comme l'ont trop longtemps pensé les historiens sous la pression intellectuelle marxisante.

C'est ainsi que l'on a cru pouvoir affirmer que les croisés, privés de terres en Occident, seraient partis en croisade pour en obtenir. C'est incontestable, du moins pour un certain nombre de princes, comme nous l'avons vu si clairement dans la première partie de ce livre. Encore faut-il ajouter que les mobiles spirituels n'étaient pas totalement absents chez les plus avides d'entre eux. Le prestige de Bohémond auprès des croisés et même des chroniqueurs, quelles que soient sa réelle prestance et sa valeur militaire, ne s'expliquerait pas s'il n'avait eu *que* les intentions matérialistes que les récits ne dissimulent d'ailleurs pas. Il est probable aussi que les appétits «coloniaux» (ou simplement de biens terrestres), jamais totalement absents, ont pris de l'ampleur dans certains esprits après Antioche, lorsque les chrétiens locaux firent appel à certains d'entre les chefs croisés pour devenir leurs seigneurs ; mais est-ce pour autant un mobile prépondérant dans la décision de départ de la plupart des croisés ?

On a souvent émis l'idée que, dans un Occident en plein essor démographique, le manque de terres, auquel fait d'ailleurs allusion le discours que Robert le Moine prête à Urbain II, conduisait à l'essor des défrichements mais aussi à la limitation des mariages pour les cadets, à la restriction du nombre des héritiers par le développement, entre autres, de la primogéniture. Les cadets de famille ne se marient plus, ou n'héritent plus, et sont ainsi disponibles, ouverts à toute aventure, prêts à chercher à se caser en brillant dans les tournois et dans les guerres pour séduire quelque riche héritière[14]. Cet élément incontestable me paraît plus valable pour expliquer le comportement des *juvenes* du XIIe siècle en Occident même que celui des croisés à la fin du XIe siècle. A cette date, en effet, la primogéniture n'était pas encore très répandue et, par ailleurs, les croisés n'étaient pas surtout, loin s'en faut, des cadets déshérités. Certains, même, vrais *seniores* bien pourvus et établis, avaient tout à perdre en quittant leurs terres ; notons enfin que presque tous les croisés ont prévu — et préféré — le retour chez eux à l'installation en Terre Sainte reconquise, alors même que la réussite semblait acquise et que l'idée d'une «colonisation» avait eu le temps de s'épanouir en route. On ne peut nier l'existence d'une motivation de caractère colonial, mais elle demeure marginale pour l'ensemble des croisés. Au demeurant, un tel mobile pourrait bien être tout autant d'ordre idéaliste et religieux que purement matérialiste.

Il faut également faire justice, avec J. Riley-Smith qui avait pourtant d'abord partagé cette idée, d'une autre théorie voulant que le départ d'un croisé ait été économiquement bénéfique au reste de sa famille en laissant moins d'hommes sur autant de terres, ou presque. Le départ d'un croisé, on le sait, coûtait fort cher et les familles qui participaient à cet énorme effort financier (plusieurs années de revenus !) en sortaient presque toujours amoindries. Il fallait, le plus souvent, vendre ou gager des terres. Les seuls bénéficiaires de ces opérations étaient, bien entendu, les églises et surtout les monastères, mais aussi, on l'a moins souvent vu, les seigneurs, suzerains des croisés, qui disposaient sur ces terres d'une sorte de droit de préemption et de gage[15]. Les grandes familles aristocratiques ont donc bien pu, en effet, s'enrichir... mais ce fut alors grâce aux départs des autres, et non des leurs.

Notons par ailleurs qu'une aventure «coloniale» avait beaucoup plus de chance d'être fructueuse à moindre coût en Espagne, plus proche, que dans la lointaine expédition de Palestine. Les intérêts purement matériels furent donc minces, même s'il ne faut pas les exclure totalement des motivations profondes des croisés.

Les motivations psychologiques

D'autres *intérêts* poussaient les croisés à l'action. On peut citer, pêle-mêle (tant il est impossible d'en évaluer la part relative), l'attrait de l'Orient plus ou moins mythique quoique connu par les pèlerinages, la fascination de Jérusalem, le goût de l'errance et la croyance en sa valeur méritoire, la soif de l'Aventure et la quête de prouesse. Tous ces motifs ont leur place, et il serait tout aussi absurde de les nier que de privilégier leur rôle. On peut du moins tenter d'en souligner quelques-uns, ceux, surtout, que l'on a eu jusqu'ici tendance à négliger.

C'est le cas de la recherche de la gloire ; le comportement général de la *noblesse* de ce temps montre à l'évidence qu'elle la recherchait bien plus ardemment que les richesses, qu'il convenait au contraire de dilapider largement pour «tenir son rang».

Certes, on pouvait acquérir cette gloire à meilleur compte en Occident, dans les guerres locales ou dans les tournois dont la vogue commence à se répandre. Mais la gloire, par définition, échappe aux calculs de «rentabilité»! De plus, ces activités, condamnées par l'Eglise, pouvaient paraître suspectes aux consciences les plus sensibles, désireuses, justement, de se faire pardonner ces activités-là, génératrices d'excès coupables. En revanche, la lutte contre les infidèles, dont la vaillance était reconnue, n'avait sur ce plan que des avantages avec, de surcroît, la perspective éventuelle d'un butin licite, générateur à son tour de largesses fastueuses, nouvelles sources de renommée...

Quant à la *vengeance* évoquée, elle pouvait se couvrir aussi d'un manteau doublement religieux. Des «prophéties» n'annonçaient-elles pas que Dieu enverrait «son peuple» pour vaincre les musulmans et récupérer «sa terre»[16] ? Les croisés ne pourraient-ils pas, de la sorte, convertir les infidèles ? On a souvent souligné l'absence totale de perspective *missionnaire* dans la croisade[17]. C'est vrai au sens où l'on entend actuellement ce terme : un appel pacifique à la conversion personnelle par le moyen de la prédication seule, principalement verbale. Telle n'était pas encore la conception médiévale, à cette époque : l'individu, sans être aussi inexistant qu'on l'a dit, s'effaçait devant le collectif, ou plutôt se fondait en lui au sein d'entités plus vastes, plus permanentes que la fugace existence individuelle : la famille, la *mesnie*, le lignage, le peuple, l'ethnie et, plus récemment, la chrétienté. Un changement de religion s'entendait plutôt dans ces cadres : la conversion d'un roi, par exemple, s'étendait à tout son royaume, conception que l'on rencontrera encore à l'époque de la Réformation. En combattant les infidèles, en triomphant d'eux les armes à la main, les *milites Christi* jouaient le rôle d'un champion de la chrétienté dans l'ordalie qui l'opposait à l'islam. La victoire, voulue de Dieu, indiquerait clairement aux infidèles qu'ils faisaient fausse route et devraient abandonner leurs croyances vaines[18]. D'ailleurs, on l'a vu, les appels (ou les sommations) à la conversion des chefs ennemis avant le combat ou le siège ne furent pas rares, des deux côtés, dans la croisade.

Les croisés se considéraient donc comme le fer de lance de la chrétienté ; la croisade était pour eux un «*haut fait de Dieu réalisé par l'intermédiaire des Francs*», ainsi que l'exprime le titre évocateur choisi pour son ouvrage par Guibert de Nogent : *Gesta Dei per Francos*.

Ce titre n'est pas anodin. Il révèle toute une idéologie.

LA CROISADE, CREUSET D'IDÉOLOGIES

La croisade apparaît, à bien des égards, comme un aboutissement, le fruit d'un lent cheminement de la pensée ecclésiastique sur le thème de la guerre que le christianisme originel condamnait et qui, dans certaines conditions, en vint à être déclarée juste, sainte, méritoire. Elle symbolise le triomphe d'une idéologie, celle de la guerre sainte.

Mais on peut également considérer la croisade comme une tentative de la papauté de prendre le contrôle des forces nouvelles de la chevalerie, de transformer cette *militia* féodale et laïque en milice de la chrétienté. Cette évolution recouvre, grosso modo, trois périodes.

Du IXe au XIIe siècle, en effet, l'Eglise a profondément modifié son attitude envers les guerriers. Au XIe siècle encore, sous l'influence prépondérante des moines, que l'on nomme *milites Dei* ou *Christi*, règne encore le dualisme radical opposant la sainteté du monastère à l'impureté du monde, qu'il convient de mépriser (*contemptus mundi*) ; il n'y a donc qu'une seule voie sûre de salut, pour les *milites* du monde (soldats) : quitter ce service qui conduit à la ruine pour se mettre au service de Dieu, devenir moine ou revêtir le froc à l'article de la mort.

A la fin du XIe siècle, l'Eglise, et plus encore Rome, a pris conscience de l'indispensable nécessité d'un *ordre des guerriers*, devenu, comme on dirait aujourd'hui, «incontournable». Il en résulte diverses tentatives pour s'attacher ces puissances guerrières et les mettre au service des églises ; c'est le temps des avoués, des *milites ecclesiae* recrutés pour la protection des établissements ecclésiastiques, des *milites sancti Petri* et des vassaux de saint Pierre pour servir Rome.

Dans le même temps s'affirme l'idée que le pape a reçu mission de diriger l'Eglise universelle et, par voie de conséquence, la chrétienté tout entière, indirectement par les rois et les princes, ou directement même. L'évolution, qui se dessine, de cette idée se traduit par l'affirmation réitérée de la supériorité du pouvoir spirituel sur le temporel, de l'*auctoritas* des pontifes sur la *potestas* des rois. Elle est accélérée par la réforme grégorienne qui accentue le centralisme ecclésiastique. L'appel à la croisade, par-dessus la tête des rois, apparaît alors comme un symbole : le pape s'y révèle comme le véritable chef de la chrétienté et de ses forces armées. On a parfois dit qu'alors était née la *chevalerie chrétienne*, déjà préparée par la christianisation des rites chevaleresques. Une chevalerie dirigée par l'Eglise qui lui assignerait ses objectifs, façonnerait son éthique et imposerait ses idéaux, la récompenserait par des «bénéfices» spirituels en puisant dans le trésor inépuisable des grâces. Une chevalerie «convertie» dont Robert le Moine, par exemple, exprimerait la notion toute ecclésiastique dans le discours qu'il prête à Bohémond :

> «*Ô, ordre de la chevalerie* (ordo militum), *maintenant trois et quatre fois heureux, qui, jusqu'à présent souillé*

d'un sang homicide, aujourd'hui participant des sueurs des saints, êtes couronné de lauriers comme les martyrs ! Vous fûtes jusqu'à ce jour aux yeux de Dieu un sujet de colère, aujourd'hui vous réconciliez le monde à sa grâce et devenez le rempart de sa foi»[1].

Pourtant, cette vision est excessive. Dès l'époque de la première croisade, et plus encore par la suite, cette «chevalerie chrétienne» se révèle n'être qu'un beau rêve.

La croisade, en effet, échappe au pape. Des croisés d'origines diverses sont venus se joindre à ceux qu'Urbain II avait appelés à se réunir au Puy. Leurs motifs et leurs buts différaient parfois assez largement des siens. L'animosité envers les Grecs a fait échouer son premier plan, les ambitions territoriales «coloniales» des princes ont amoindri ses plans de rechange : les Etats latins d'Orient deviennent vite des Etats féodaux comme les autres, à l'occidentale. L'armée de secours, en 1101, se fait massacrer en Anatolie, et la survie de ces Etats devient difficile, exigeant toujours plus de renforts.

Or, les chevaliers d'Occident ne se considèrent nullement au service permanent de l'Eglise, comme des «chevaliers de la chrétienté». Les principautés s'affirment, développent une idéologie dynastique, monarchique, aristocratique, reposant sur des valeurs plus laïques que religieuses. L'Eglise ne parvient pas à faire de la guerre sainte une obligation morale des chevaliers, une sorte de «pilier de la foi» chrétienne. La fonction de *miles Christi* demeure temporaire ; elle ne devient pas un *statut* permanent, une voie de salut pour laïcs, institutionnalisée. Les ordres militaires en témoignent.

La *chevalerie chrétienne* tarde donc à naître. En fait, la chevalerie bascule plutôt du côté laïc, adoptant les causes princières, monarchiques ou aristocratiques.

A défaut de créer cette milice chrétienne, l'Eglise tente alors de hâter et d'accentuer la christianisation de la chevalerie, de lui infuser de l'intérieur ses valeurs et ses idéaux. Le développement de la liturgie de l'adoubement chevaleresque répond à ce programme : cette liturgie se révèle en effet tout imprégnée d'idéologie religieuse, pour ne pas dire ecclésiastique, une idéologie d'ailleurs issue de l'idéologie royale[2]. Elle n'y parvient pas totalement. La chevalerie féodale résiste, et l'on peut même dire qu'elle triomphe[3].

Elle se constitue en effet son propre système de valeurs en puisant largement dans un fond aristocratique, guerrier, laïc, voire profane ou même païen. Il en résulte une idéologie bien plus complexe qu'on ne l'a cru, où, dans une large mesure, le service du seigneur rivalise avec le service de l'Eglise, l'amour de la Dame avec celui de Dieu, le compagnonnage guerrier avec la charité fraternelle, l'ostentation et la superbe avec l'humilité.

La chevalerie, en définitive, échappe à l'Eglise[4].

Malgré cet échec relatif, la papauté n'en avait pas moins rassemblé une armée considérable en vue d'un objectif qu'elle lui avait elle-même assigné : la guerre sainte contre les musulmans, la récupération des territoires occupés de la Palestine et surtout des lieux saints de Jérusalem. Certes, il n'y eut pas vraiment *une seule armée*, et l'unité ne régnait guère dans l'expédition. On a vu fréquemment se quereller jusqu'au combat les divers chefs de ces armées, pour des raisons d'intérêts politique ou économique, voire pour de simples rivalités personnelles. Ces querelles traduisent parfois de véritables animosités entre chefs, mais aussi entre leurs gens : des traits communs, réels ou imaginaires, les rassemblent, les différenciant d'autres «gens» auxquels on reconnaît, en revanche, d'autres qualités et (surtout !) d'autres défauts. C'est ainsi que les *Français* (du nord) trouvaient les *Provençaux* trop bavards et jobards, et les *Italiens* trop froussards ; en retour, les *Allemands* reprochaient aux *Français* d'être arrogants et prétentieux, tous reconnaissant toutefois leurs réelles qualités de guerriers, voire de «bagarreurs», tandis que les *Provençaux* étaient universellement reconnus pour leur sens de la débrouillardise, en particulier lorsqu'il s'agissait de trouver de quoi remplir la marmite en période de disette[5]. Qui oserait dire que de tels stéréotypes ont totalement disparus ? Ils traduisent, dans leur aspect caricatural même, la volonté d'un peuple de se dissocier des autres, de se regrouper autour de «valeurs» et de traits reconnus, admis, supposés dignes de louange. La croisade n'a certes pas fait naître ces stéréotypes, mais elle les a probablement accentués par la nécessaire fraternité des gens d'armes issus d'une même région, obéissant à un même chef parlant la même langue qu'eux avec le même accent ; les rivalités avec la bande voisine ne pouvaient qu'exacerber ces ébauches de sentiment national ou plutôt ethnique.

Car il est clair que la croisade, plus qu'une expédition unique menée par le légat du pape, fut une coalition de chefs de guerre ayant chacun leurs ambitions et leur conception de la discipline. Elle a sans doute joué un rôle accélérateur dans l'éveil des sentiments nationaux et patriotiques.

Toutefois, malgré les rivalités et les mésententes, les croisés n'en étaient pas moins tous des *Francs* aux yeux de leurs ennemis communs, les musulmans ; quel que soit leur particularisme ethnique, leur «nationalité», le fait d'affronter les mêmes périls face aux mêmes adversaires ne pouvait que les rapprocher, leur faire saisir l'existence de leur réelle *communauté*, par-delà leurs spécificités qui subsistaient. Tous se virent appelés *Francs*, et se reconnurent comme tels, avec des dénominateurs communs qui les séparaient de «ceux d'en face». Les particularismes ethniques, prompts à se réveiller en cours de route et à envenimer les querelles des princes, s'effaçaient lors des grandes batailles ou des entreprises collectives du siège ou de l'occupation. Au-dessus d'un sentiment national perceptible s'ajoute donc, sans l'abolir, la conscience d'appartenir à une entité beaucoup plus large bien que plus diffuse, une entité supranationale fondée sur des critères moins ethniques que culturels ou religieux. Celle d'une *Europe*, ou mieux celle d'un *Occident chrétien* excluant tout autant les Turcs que les Grecs. Un sentiment qui se nourrit de souvenirs plus ou moins mythiques d'une commune origine, de caractères communs admis pour le présent, et d'ambitions, voire de missions communes pour l'avenir de ceux qui se considèrent comme le nouveau «peuple élu de Dieu».

Au nombre des souvenirs mythiques fondant ces traits culturels communs, on peut noter la référence à l'antique romanité. Une romanité qui, d'ailleurs, apparaît dépassée, comme un moment de l'Histoire. Rome, comme un relayeur, a reçu de l'Orient le flambeau de la culture, mais il l'a maintenant transmis à l'Occident, son successeur, son héritier. Le thème de la *translatio studii* de l'Orient à Rome, puis à l'Occident, se double de celui de l'origine commune de Romains et des Celtes, voire des Turcs... issus des Troyens. Il se double aussi de la translation des signes religieux. Le Saint Graal, comme le corps de saint Jacques, accoste miraculeusement sur les rivages de l'Occident. L'Orient fascine encore, mais c'est de l'Occident, désormais, que vient la lumière.

La chevalerie n'échappe pas à ce mouvement. Elle aussi se dit née en Orient. Alexandre en est le type, puis Enée, mais c'est Arthur qui l'incarne le mieux, au XIIe siècle, et c'est à sa cour qu'Alexandre, dans la fiction littéraire du siècle, vient se faire adouber[6]. En attendant, à l'époque de la croisade, c'est Roland le Preux, neveu de Charlemagne, empereur d'Occident, qui incarne le chevalier, martyr chrétien, le croisé d'Occident, le fidèle entre tous de... l'empereur, comme Guillaume l'est du roi de France.

Le mythe de Charlemagne, qui se développe alors, illustre bien cette nouvelle idéologie occidentale. Charles récapitule toutes les valeurs de l'Occident médiéval : sa vaillance et sa puissance sont incomparables. Dieu est avec lui ; douze pairs l'entourent, comme jadis douze apôtres entouraient Jésus, et l'un d'eux, Ganelon, trahit comme Judas. Il vit «trois cents ans et plus» et, s'il meurt, il est capable lui aussi de ressusciter, comme le croit la *légende du dernier empereur*. Grâce à Dieu, il l'emporte sur l'empereur des Grecs, malgré la vantardise des *gabs* de ses compagnons, dans le *Pèlerinage de Charlemagne*[7]. Il est le vainqueur des Maures, le prototype du croisé, le protecteur des lieux saints, etc. Les récits de la croisade ne manquent pas de faire allusion à ce glorieux précurseur : les croisés suivent la «route de Charlemagne», ils sont plus vaillants que Roland et Olivier, ils représentent le peuple élu de Dieu, cette nation des Francs que Dieu a choisie pour venger son fils et qui, selon les prophéties, doit venir vaincre les musulmans à Jérusalem. Matthieu d'Edesse l'écrit pour l'année 1099 de sa chronique : «*C'est de la race des Francs que viendra le salut de Jérusalem ; mais cette ville, en punition de ses péchés, retombera sous le joug des infidèles*»[8]. On sait que les chroniqueurs latins supposent l'existence de telles prophéties au sein même du monde musulman, comme le prouve le discours qu'ils prêtent à la mère de Karbuqâ[9].

Cette exaltation de la nation franque, et surtout de sa chevalerie, n'a rien d'accidentel. Elle traduit l'affirmation d'une idéologie occidentale en train de naître. Le salut vient de l'Occident qui a vocation à conquérir le monde, à triompher des infidèles et à répandre partout ses valeurs et sa foi.

La réelle supériorité qu'avait encore sur lui le monde musulman dans les domaines économiques et culturels n'entamait pas cette émergence d'un Occident «dominateur et sûr de lui». L'idéologie occidentale se construisait, fondant, dans le creuset de la croisade, ses diverses composantes, profanes et religieuses, mythiques et réalistes, culturelles et militaires. Avec l'enthousiasme de sa jeunesse, l'Occident se lançait à la conquête du monde, bousculant pour commencer le monde musulman qui l'enserrait.

C'était sous-estimer la force profonde de l'islam !

Les chrétiens croisés furent d'abord victorieux par leur vaillance, par leur foi, par le miracle, si l'on veut bien appeler ainsi les extraordinaires concours de circonstances qui se produisirent lors de cette première expédition. Mais aussi, il faut le dire, grâce à la totale désunion du monde musulman d'alors. Cette désunion, issue de rivalités d'ordres ethnique et religieux, dressait les uns contre les autres les dynasties sunnites et chiites, les Turcs contre les Arabes, et même les Turcs entre eux et les Arabes entre eux. Les princes musulmans d'Orient virent d'abord dans l'armée franque un immense pèlerinage armé destiné à se rendre à Jérusalem, puis à retourner dans son pays, sans constituer, au fond, de péril politique durable. Par la suite, ils considérèrent les croisés comme des alliés possibles dans leurs luttes fratricides. L'ennemi, pour eux, c'était d'abord le voisin. Mais, par-delà leurs divergences et leur animosité, pour eux aussi, la religion commune, l'islam, faisait office de ciment inaltérable. Parfois assoupi, le *djihad* renaissait périodiquement, poussant les musulmans à chasser l'envahisseur infidèle. Les conquêtes latines, pour subsister, exigeaient donc toujours plus d'hommes, toujours plus de finances, constituant pour l'Occident chrétien un véritable abcès de fixation.

L'Occident s'y usa, jusqu'à ce que, à la fin du XIIe siècle, la prise de Saint-Jean-d'Acre mît fin à son occupation «coloniale» au Proche-Orient. Après une période de rêve de reconquête entretenu par la force de l'habitude et de l'idéologie passée, mais soigneusement maintenu au niveau de la phraséologie non suivie d'effets, l'Occident, las, peut-être, de se heurter au bloc fissuré mais massif de l'islam, se mit en tête de le contourner pour chercher, au-delà du monde musulman, l'alliance du mythique «prêtre Jean», roi chrétien qui, disait-on, régnait en Afrique[10]. C'était, cette fois, ouvrir une fenêtre vers le monde, inaugurer l'ère des grandes explorations et des conquêtes, celle des véritables expéditions coloniales.

L'essor de l'Occident ne faisait alors que commencer. Il s'est poursuivi jusqu'à notre époque. Nous en vivons les derniers instants et, peut-être, les premiers soubresauts annonciateurs d'un «ordre nouveau».

NOTES

Prologue

[1] Robert le Moine, *Hierosolymitana expeditio*, Lib. I, c. 2, *Recueil des Historiens des Croisades, Historiens occidentaux*, t. III, p. 730. Nous noterons désormais les auteurs édités dans cette collection de la manière suivante : Robert le Moine, RHC, Hist. Occ. III, p. 730 ; autre édition : Migne, *Patrologie latine*, PL 155, col. 672.
[2] Il faudrait développer les approches pluriculturelles ou pluriconfessionnelles de certains thèmes, mêmes «chauds», comme la croisade ou la guerre sainte ; j'ai tenté une telle approche en cherchant — vainement — à réaliser un projet de coopération culturelle entre le CESCM de Poitiers et l'IURS de Rabat. Le contexte politique semble ne pas avoir permis son aboutissement. La voie demeure ouverte et fertile.

Avant Clermont

[1] Il fut élu et sacré le 12 mars 1088. Cf. P. Jaffe, *Regesta Pontificum Romanorum*, I, p. 658.
[2] Voir sur ce point l'excellent ouvrage de M. Pacaut, *La théocratie, l'Eglise et le pouvoir au Moyen Age*, Paris, 1957.

[3] Excellentes analyses de cette structure dans trois volumes de la collection «Nouvelle Clio» (PUF) : J.P. Poly et E. Bournazel, *La mutation féodale*, Paris, 1980 ; R. Fossier, *Enfance de l'Europe, Xe-XIIe siècles*, Paris, 1982 et J. Paul, *L'Eglise et la culture en Occident, IXe-XIIe siècles*, Paris, 1986.
[4] Voir les études de W. Ullmann, *The Papacy and Political Ideas*, Londres, 1976.
[5] L'adultère, surtout chez les princes, prenait fréquemment la forme d'une bigamie plus ou moins officielle, issue, peut-être, des coutumes nordiques. L'inceste, au sens large du terme, vient de ce que l'Eglise, au XIe siècle, définit avec une précision de plus en plus exigeante les degrés de parenté prohibant le mariage : on va jusqu'au 7e degré, dans certains cas ! Voir sur ce point G. Duby, *Le chevalier, la femme et le prêtre*, Paris, 1979, p. 180 *sq*.
[6] C'est ce qu'affirme H. Platelle, «Dieu et César : la période grégorienne», dans le volume dirigé par G. Duby et R. Mantran, *L'Eurasie, XI-XIIIe siècles*, Paris, 1982, p. 190. Cette opinion ne repose sur rien de concret, comme l'a démontré P. Riant, *Inventaire critique des lettres historiques des croisades*, *Archives de l'Orient latin* (AOL), I, 1880, p. 62-64 et plus récemment H.E.J. Cowdrey, «Pope Gregory VII's 'Crusading Plans'» of 1074, *Outremer*, (Studies in the History of the Crusading Kingdom of Jerusalem Presented to Joshua Prawer), Jérusalem, 1982, p. 27-40, repris dans *Popes, Monks and Crusaders*, Londres, 1984, X.
[7] *Registrum*, I, 46, p. 69-71 et I, 49, p. 75.
[8] Voir Bernold de Constance, *Chronicon*, a. 1095, MGH SS. 5, p. 461-465. P. Riant, *op. cit.*, p. 101 *sq*, doutait de la réalité de cette demande qui est admise, de nos jours, par la plupart des historiens. Voir par exemple J. Riley-Smith, *The First Crusade and the Idea of Crusading*, Londres, 1986, p. 13 *sq*.
[9] Pour la discussion des chiffres, voir F. Chalandon, *Histoire de la première croisade*, Paris, 1925, p. 25.
[10] MGH SS. 14, p. 100. Sur l'activité d'Urbain II pour préparer la croisade, voir A. Becker, *Papst Urban II (1088-1099)*, t. I, Stuttgart, 1964, p. 213 *sq* et, du même, t. II, *Der Papst, die grieschische Christienheit und der Kreuzzug*, Stuttgart, 1988, p. 440 *sq*.
[11] Sur le rôle de Cluny dans la préparation des esprits à la croisade, voir H.E.J. Cowdrey, *Popes...*, *op. cit.*, XV, p. 285-311.
[12] Ce que l'on peut savoir des canons de Clermont a été dit par R. Somerville, *The Councils of Urbain II, 1 : Decreta Claromontensia*, Amsterdam, 1972 ; du même : «The Council of Clermont and Latin Christian Society», *in : Archivium historiae pontificae*, 12, 1975, p. 55-90 ; du même : «The Council of Clermont and the First Crusade», *in :*

Studia Gratiana, XX, 1976, p. 325-337. Cet excellent spécialiste estime cependant que quelques-unes des dispositions canoniques de croisade peuvent avoir été élaborées dès ce moment. J. Brundage, *Medieval Canon Law and the Crusaders*, Madison, 1969, p. 48 *sq*, y situe même l'origine des vœux de croisade.

[13] L'expression est de M. Balard, *Les croisades*, Paris, 1988, p. 184.

L'appel de Clermont

[1] Cf. P. Rousset, «Le sens du merveilleux à l'époque féodale», *in : Le Moyen Age*, 72, 1956, p. 27-37 et, du même : «Recherches sur l'émotivité à l'époque romane», *in CCM*, 1959, p. 53-67.

[2] A. Becker, *op. cit.*, p. 213 *sq* ; J. Richard, «Les Etats féodaux et les conséquences de la croisade», *in* M. Balard, *Etats et colonisation au Moyen Age*, Paris, 1989, p. 182 *sq*.

[3] P. Riant, *op. cit.*, p. 109.

[4] *Fragmentum historiae Andegavensis*, éd. L. Halphen et R. Poupardin, *Chroniques des comtes d'Anjou et des seigneurs d'Amboise*, Paris, 1913, p. 237-238.

[5] H. Hagenmeyer, *Epistulae et chartae..., Die Kreuzzugsbriefe aus den Jahren 1088-1100*, Innsbrück, 1901, p. 136-137. Je cite ici la traduction de J. Richard, *L'esprit de la croisade*, Paris, 1969, p. 64-65.

[6] Cf. P. Rousset, *Les origines et les caractères de la première croisade*, Neuchâtel, 1945, p. 55 *sq* ; H.E.J. Cowdrey, *Popes...*, *op. cit.*, XVI, p. 177-188.

[7] Ces quatre témoins sont Foucher de Chartres (qui écrit peu avant 1105), Robert le Moine (vers 1107), Baudri de Dol (en 1108) et Geoffroy de Vendôme, mention dans *Epistola XXI*, PL 157, col. 162.

[8] La meilleure tentative dans ce sens est celle de D.C. Munro, «The Speech of Pope Urban II at Clermont, 1095», *in : The American Historical Review*, 11, 1906, p. 231-242.

[9] P. Riant, *op. cit.*, p. 34 *sq* ; C. Cahen, *Turco-Byzantina et Oriens christianus*, Londres, 1974.

[10] Baudri de Dol, Lib. I, c. 3-4, p. 12-13 ; Foucher de Chartres, Lib. I, c. 3, p. 323.

[11] Baudri de Dol, Lib. I, c. 3, p. 12.

[12] Robert le Moine, Lib. I, c. 1, p. 727.

[13] Foucher de Chartres, Lib. I, c. 1-3, p. 321-324.

[14] C. Erdmann, *Die Entstehung des Kreuzzugsgedankens*, Stuttgart, 1935 ; H.E. Mayer, *Geschichte der Kreuzzüge*, Stuttgart, 1965. Cette

opinion est réaffirmée, après discussion, dans la traduction anglaise qu'en donne J. Gillingham, *The Crusades*, Oxford, 1988 (2e éd.), p. 8 *sq*.

[15] Sur la discussion des thèses d'Erdmann et de Mayer, voir H.E.J. Cowdrey, «Pope Urban II's Preaching of the First Crusade», *op. cit.* ; P. Rousset, *op. cit.* ; A. Becker, *Papst Urban II*, *op. cit.*, T. II, 1988, p. 272 *sq*.

[16] Foucher de Chartres, Lib. I, c. 33, p. 364.

[17] Ce point fait actuellement l'objet d'âpres discussions entre les historiens de la croisade. Voir plus loin, 2e partie, p. 223 *sq*.

[18] A. Dupront, *Du Sacré. Croisades et pèlerinages, images et langages*, Paris, 1987 ; J. Wilkinson, *Jerusalem Pilgrims before the Crusades*, Londres, 1977 ; C. Vogel, «Le pèlerinage pénitentiel», *in : Pellegrinagi e culto dei santi in Europa fina alla Ia crociata*, Todi, 1963, p. 77-94 ; E.R. Labande, «Recherche sur les pèlerins dans l'Europe des XIe et XIIe siècles», *in: CCM*, 1, 1958, p. 156-169; P.A. Sigal, *L'homme et le miracle dans la France médiévale*, Paris, 1985, pp. 117 *sq*.

[19] P. Rousset, *Les origines et les caractères de la première croisade*, Neuchâtel, 1945, p. 68 *sq*.

[20] J. Riley-Smith, *The First Crusade...*, *op. cit.*, p. 15 *sq*, doute qu'Urbain II ait, à Clermont, avancé cette notion. Pour un avis contraire, voir J. Flori, «Croisade et chevalerie», *in : Mélanges offerts à Georges Duby*, Bruxelles, 1992.

[21] H. Hagenmeyer, *Epistulae et chartae...*, *op. cit.*, p. 137-138 ; Geoffroy de Vendôme, PL 157, col. 162.

Prédication populaire et climat de croisade

[1] C. Morris, «Propaganda for War : the Dissemination of the Crusading Idea in the Twelfth Century», *in : The Church and War, Studies in Church History*, 20, 1983, p. 79-101, souligne l'utilisation, par Urbain II, des moyens de propagande bien rodés par le conflit Empire-Papauté.

[2] Urbain II, *Lettre aux Flamands*, éd. H. Hagenmeyer, *Epistulae...*, *op. cit.*, p. 136-137 ; *Lettre aux Bolonais*, *Ibid.*, p. 137-138 ; *Lettre aux religieux de Vallombreuse*, éd. W. Wiederhold, *Papsturkunden in Florenz, Nachrichten von der Gesellschaft der Wissenschaften zü Göttingen*, (*Phil.-Hist. Klasse*), Göttingen, 1901, p. 313-314.

[3] Orderic Vital, *Historia Ecclesiastica*, Lib. IX, 3, éd. M. Chibnall, *The Ecclesiastical History of Orderic Vitalis*, vol. V, Oxford, 1975, p. 26.

[4] Guibert de Nogent, Lib. II, c. 8, p. 142.
[5] Guibert de Nogent, Lib. II, c. 4, p. 139-140. Les chrétiens firent de même à l'égard des habitants de Jérusalem. Guibert a-t-il inventé ce trait pour justifier à l'avance cette pratique?
[6] Notons que les tracasseries et persécutions des pèlerins sont, à tort (?), indiquées comme l'une des causes principales de la croisade dans certains textes comme ceux de Michel le Syrien, éd. et trad. J.B. Chabot, *La chronique de Michel le Syrien*, Paris, 1899-1905, t. III, p. 182 ou de la *Chronique de saint Pierre le Vif*, éd. R.H. Bautier et M. Gilles, Paris, 1979, p. 140-141. Voir aussi Albert d'Aix, Lib. I, c. 1, p. 271 et Caffaro, *De liberatione Orientis*, éd. L.T. Belgrano, Gènes, 1890, p. 101-102.
[7] Matthieu 19:29, repris par Urbain II à Clermont selon Robert le Moine, Lib. I, c. 1, p. 729.
[8] Sur cette interprétation de l'amour dans un cadre féodo-vassalique, voir J. Richard, *L'esprit de la croisade*, Paris, 1969, p. 40 *sq* et, plus récemment, l'analyse détaillée de J. Riley-Smith, «Crusading as an Act of Love», *in: History*, 65, 1980, p. 177-192.
[9] Ce thème figure dans la fameuse pseudo-encyclique dite de Sergius IV, qui est en réalité un des nombreux *excitatoria* composés pour inciter les croisés au départ. Le texte a été fabriqué peu de temps avant la croisade par les milieux clunisiens proches de Moissac. Voir A. Gieysztor, «The Encyclical of Sergius IV», *Medievalia et Humanistica*, V, 1948, p. 3-23 et VI, 1950, p. 3-34.
[10] En témoigne l'abondance des références à ce thème chez les chroniqueurs et plus encore dans la *Chanson d'Antioche*, éd. S. Duparc-Quioc, Paris, 1976.
[11] Le problème des rétributions spirituelles promises aux croisés fait l'objet d'un débat sur lequel nous reviendrons dans notre deuxième partie, p. 223 *sq*.
[12] P. Alphandery, *La chrétienté et l'idée de croisade*, Paris, 1954; sur la prudence nécessaire quant à l'évaluation de l'impact d'une telle attente, voir J. Riley-Smith, *The First Crusade*..., *op. cit.*, p. 35 *sq*.
[13] Sur les *excitatoria*, voir P. Riant, *op. cit.*, p. 1-91. Sur l'usage des faux au Moyen Age, voir l'étude collective *Fälschungen im Mittelalter, M.G.H. Schriften*, Bd. 33, IV, Hanovre, 1988.
[14] Voir par exemple Lupus Protospatarius, *Annales*, MGH SS.5, p. 51-62; Sigebert de Gembloux, *Chronica*, a. 1095, MGH SS. 6, p. 367 *sq*; on trouvera dans J. Riley-Smith, *op. cit.*, p. 32 *sq* et p. 171 *sq* la liste exhaustive de ces signes.
[15] Ekkehard d'Aura, *Chronicon*, a. 1095-1096, éd. F.J. Schmale et I. Schmale-Ott, *Frutolfs und Ekkehards Chroniken und die Anonyme*

Kaiserchronik, Darmstadt, 1972, p. 124 et 140 *sq*. Voir aussi, pour d'autres signes préfigurant la marche sur Jérusalem, Frutolfs, *Chronicon*, a. 1096, *Ibid.*, p. 104.

16 Orderic Vital, *Historia Ecclesiastica*, éd. M. Chibnall, *op. cit.*, t. 5, Lib. IX, 2, p. 8-9. Voir aussi H. Hagenmeyer, *Chronologie...* (4 avril 1095).

17 Guibert de Nogent, Lib. II, c. 17, p. 149. Baudri de Dol, Lib. I, c. 7, p. 16 laisse transparaître une touche de scepticisme.

18 L'existence de ces croix marquées dans la chair est établie par de nombreux témoins. Voir Bernold de Constance, *Chronicon*, MGH SS 5, p. 464 ; Foucher de Chartres, Lib. I, c. 8, p. 330 ; Ekkehard d'Aura, *Chronicon*, p. 142 *sq*.

19 Guibert de Nogent, Lib. IV, c. 17, p. 182.

20 Baudri de Dol, Lib. I, c. 8, p. 17.

21 Canon III de Clermont, Mansi, II, p. 816, ou PL 163 col. 717. Urbain II exprime les mêmes restrictions dans sa *Lettre aux Bolonais*, éd. H. Hagenmeyer, *Epistulae...*, p. 137.

La Croisade populaire : bavures et pogroms

1 Cosmas de Prague, *Chronica Bohemorum*, III, 4, MGH SS. 9, p. 103.

2 Albert d'Aix, Lib. I, c. 7, p. 276.

3 Albert d'Aix, Lib. I, c. 24, p. 290. Ekkehard, *Chronicon*, *op. cit.*, p. 144-146.

4 Albert d'Aix, Lib. I, c. 7, p. 276.

5 Ekkehard, *Ibid.* ; Albert d'Aix, Lib. I, c. 29, p. 294.

6 Sur ce qui va suivre, voir en particulier J. Riley-Smith, «The First Crusade and the Persecution of the Jews», *Studies in Church History*, 21, 1984, p. 51-72 et J. Flori, «Une ou plusieurs 'première croisade', la croisade et les plus anciens pogroms d'Occident», dans *Revue Historique*, t. 255, 1, 1991, p. 3-27.

7 Salomon Bar Simeon, *Chronique*, trad. S. Eidelberg, *The Jews and the Crusaders*, Univ. of Wisconsin, 1977, p. 28-35, 70 ; Anonyme de Mayence, *Chronique*, *Ibid.*, p. 102-106.

8 Albert d'Aix, Lib. I, c. 12, p. 277-281 ; c. 28, p. 293; c. 29, p. 295 ; Lib. II, c. 1, p. 299 ; *Chronique de Zimmern*, éd. H. Hagenmeyer, *A.O.L.*, 2, 1884, p. 22-29.

9 Salomon Bar Simeon, *op. cit.*, p. 62 ; Ekkehard, *Chronicon*, a. 1096, p. 124, oppose la traversée relativement pacifique de Pierre aux massa-

cres perpétrés par Folkmar, Gottschalk ou Emich.
[10] Anonyme de Mayence, *op. cit.*, p. 100.
[11] Salomon Bar Simeon, *op. cit.*, p. 22, 25, 26, 27, 30; Anonyme de Mayence, *op. cit.*, p. 99, 102, 108; Albert d'Aix, Lib. I, c. 26, p. 292.
[12] C'est ce que rapportent plusieurs sources. Voir par exemple Annalista Saxo, *Chronicon*, a. 1092-1096, MGH SS. 6, p. 729; Richard de Poitiers, *Chronicon*, H.F., 12, p. 411-412; même type de raisonnement dans Guibert de Nogent, *De vita sua*, Lib. II, c. 5, éd. E.R. Labande, Paris, 1981, p. 246 *sq*.
[13] Baudri de Dol, Lib. I, c. 17, p. 23, repris presque mot pour mot par Orderic Vital, *Historia Ecclesiastica*, Lib. IX, c. 6, *op. cit.*, p. 44.
[14] Adémar de Chabannes, *Chronicon*, Lib. III, c. 47, éd. J. Chavanon, Paris, 1897, p. 169; Raoul Glaber, *Historiae*, Lib. III, c. 7, éd. M. Prou, Paris, 1886, p. 71-72.
[15] Salomon Bar Simeon, *op. cit.*, p. 25.
[16] Ibn al Qalanisi, *Histoire de Damas*, trad. R. Le Tourneau, *Damas de 1075 à 1154*, Damas, 1952, p. 42-43.
[17] Voir par exemple Sigebert de Gembloux, *Chronica*, a. 1096, MGH SS. 6, p. 367; *Gesta Treverorum*, MGH SS. 6, p. 190; Annalista Saxo, MGH SS. 6, p. 728, etc. Voir aussi Anonyme de Mayence, *op. cit.*, p. 66.
[18] Grégoire le Grand, *Moralia*, Lib. 35, c. 14, PL 76, col. 763 *sq*; Bernard de Clairvaux, *Lettre 363*, PL 182, col. 567.
[19] Voir sur ce point J. Flori, *Une ou plusieurs «première croisade»*, *op. cit.*.
[20] Voir en particulier Pseudo-Méthode, éd. E. Sackur, *Sibyllinische Texte und Forschungen*, Halle, 1898, p. 59-96 et 177-187; Adson de Montier-en-Der, éd. D. Verhelst, Turnhout, 1976, et PL 101, col. 1288-1299.
[21] Salomon Bar Simeon, *op. cit.*, p. 28.

L'Ermite et le Basileus

[1] P. Riant, *op. cit.*, p. 112, 118, 136, etc.
[2] Anne Comnène, *Alexiade*, Lib. X, c. 5, éd. B. Leib, Paris, 1967, t. II, p. 207-209; sur l'incapacité de l'empereur à stopper les croisés, voir F. Chalandon, *Essai sur le règne d'Alexis Comnène (1081-1118)*, Paris, 1900, p. 162 *sq*.
[3] Albert d'Aix, Lib. I, c. 15, p. 283-284.

[4] Anonyme, p. 7; Guibert de Nogent, Lib. II, c. 9, p. 143-144, décrit leur comportement avec plus de sévérité encore.
[5] Anonyme, p. 10-12; Albert d'Aix, Lib. I, c. 17, p. 285; Tudebode, p. 35.
[6] Albert d'Aix, Lib. I, c. 22, p. 289; Anne Comnène, *Alexiade*, Lib. X, c. 6, *op. cit.*, t. II, p. 211-212.
[7] Baudri de Dol, Lib. I, c. 10, p. 19.
[8] Anonyme, p. 10-12.
[9] Sur le retentissement de ces victoires normandes sur les deux empereurs, voir Guillaume de Pouille, *La geste de Robert Guiscard*, Lib. V, éd. M. Mathieu, Palerme, 1961, p. 240 *sq*. Sur les rapports d'Alexis avec les Normands, voir aussi P. Aubé, *Les empires normands d'Orient*, Paris, 1983, p. 86 *sq*.

Le perfide empereur des Grecs efféminés

[1] Anne Comnène, *Alexiade*, Lib. X, c. 7, p. 213-215; P. Riant, *op. cit.*, p. 12, admet l'existence de cette lettre, que conteste H. Hagenmeyer, *Chronologie...*, p. 248.
[2] *Ibid.*; Guibert de Nogent, Lib. I, c. 19, p. 150, souligne son rôle précurseur et son insistance auprès des autres princes pour qu'ils prêtent aussi hommage.
[3] Albert d'Aix, Lib. II, c. 10, p. 305; Anne Comnène, *Alexiade*, Lib. X, c. 11, p. 232.
[4] Anne Comnène, *Alexiade*, Lib. X, c. 9, p. 225-226; Anonyme, p. 16; Albert d'Aix, Lib. II, c. 11 et 12, p. 367 *sq*.
[5] «*In vassalum junctis manibus reddidit*», Albert d'Aix, Lib. II, c. 16, p. 310.
[6] Anonyme, p. 18; Tudebode, p. 39; Albert d'Aix, Lib. II, c. 16, p. 310.
[7] Voir sur ce point P. Aubé, *op. cit.*, p. 79 *sq* et p. 101 *sq*; F. Chalandon, *Histoire de la domination normande en Italie et en Sicile*, Paris, 1907, t. I, p. 301 *sq*.
[8] Raoul de Caen, c. 10, p. 612; Anonyme, p. 26; Baudri de Dol, Lib. I, c. 19, p. 24.
[9] Guillaume de Pouille, *op. cit.*, p. 102, 110, 125.
[10] Albert d'Aix, Lib. II, c. 19, p. 313: «*Homo imperatoris factus est*». Si l'on en croit Albert (Lib. II, c. 14, p. 308-309), Bohémond aurait auparavant tenté de circonvenir Godefroy en lui proposant de l'atten-

dre pour marcher avec lui contre Alexis. Godefroy aurait décliné l'offre.

11 Anne Comnène, *Alexiade*, Lib. X, c. 11, p. 234 ; Anonyme, p. 30 ; Raoul de Caen, c. 10, p. 612 ; Albert d'Aix, Lib. II, c. 20, p. 313, signale seulement qu'il reçut des présents considérables.

12 Anonyme, p. 30.

13 Raymond d'Aguilers, p. 36.

14 Raymond d'Aguilers, p. 38-39.

15 Théophylacte, *Lettre n° 11*, PG, 126, col. 324-325.

16 Raymond d'Aguilers, p. 40. Robert de Flandre, arrivé entre temps, avait prêté serment sans difficulté.

17 *Ibid.*

18 Raymond d'Aguilers, p. 41-42 ; Tudebode, p. 48 ; Anonyme, p. 32.

19 Etienne de Blois, *Lettre 1 à Adèle*, éd. H. Hagenmeyer, *Epistulae...*, p. 138. (trad. de l'auteur).

De Constantinople à Antioche

1 Foucher de Chartres, Lib. I, c. 9, p. 322 ; Anne Comnène, *Alexiade*, Lib. X, c. 6, p. 211.

2 Mathieu d'Edesse, *Chronique*, RHC, Doc. Arméniens, I, 28.

3 Anonyme, p. 38. ; Albert d'Aix, Lib. II, c. 27, p. 319. Même coutume chez les Arabes. Voir par exemple Geoffroy Malaterra, *De rebus gestis Rogerii comitis*, Lib. II, c. 46, R.I.S. V, 1, p. 54.

4 Etienne de Blois, éd. H. Hagenmeyer, *Epistulae...*, p. 145.

5 Foucher de Chartres, Lib. I, c. 10, p. 334 ; Guibert de Nogent, Lib. II, c. 10, p. 159-160. Or, le même Guibert, p. 149, souligne que les *mediocres* (= les petits seigneurs) furent très nombreux dans la croisade.

6 Anselme de Ribemont, *Lettre 1*, éd. H. Hagenmeyer, *Epistulae...*, p. 145.

7 Raoul de Caen, c. 18, p. 619-620. Anne Comnène, *Alexiade*, Lib. XI, c. 3, p. 17, prétend, tout en rapportant l'épisode, que Tancrède finit tout de même par prêter serment.

8 Raymond d'Aguilers, p. 43. Raymond de Toulouse resta d'ailleurs dans Nicée tandis que les autres princes allaient «se réjouir de la victoire» avec Alexis. Cf. Etienne de Blois, *Lettre 1*, éd. H. Hagenmeyer, *Epistulae...*, p. 140.

9 Anonyme, p. 42 ; Tudebode, p. 37-42.

10 Etienne de Blois, *Lettre 1*, éd. H. Hagenmeyer, *Epistulae...*, p. 140.

[11] Sur les méthodes de combat de la chevalerie d'Occident à cette époque, voir J. Flori, «Encore l'usage de la lance...», *in: CCM*, 1988, 3, p. 213-240.
[12] Sur les méthodes comparées des deux cavaleries franque et turque, voir J. Flori, *Chevalerie chrétienne et cavalerie musulmane, Colloque International d'Amiens*, 1990.
[13] Foucher de Chartres, Lib. I, c. 11, p. 335; voir aussi Raymond d'Aguilers, p. 50-51. Anne Comnène, *Alexiade*, Lib. X, c. 10, p. 230 et Lib. X, c. 11, p. 234 précise pourtant qu'Alexis avait fourni aux Latins d'utiles informations concernant les méthodes de combat des Turcs et les moyens à employer pour les combattre efficacement.
[14] Guibert de Nogent, Lib. III, c. 11, p. 162. Trad. de l'auteur.
[15] Guibert de Nogent, *Ibid.*; Baudri de Dol, Lib. II, c. 3, p. 35-36; Tudebode, p. 54-55; Anonyme, p. 51. Sur les origines troyennes communes des deux «peuples», voir A. Demurger, «Nos ancêtres les Troyens», *L'Histoire*, 86, 1986, p. 10-18.
[16] Raoul de Caen, c. 29, p. 327.
[17] Usama Ibn Munqidh, trad. A. Miquel, *Ousama, un prince syrien face aux croisés*, Paris, 1986, p. 84 *sq*. Voir aussi R. Hiestand, «Der Kreuzfahrer und sein islamisches Gegenüber», *in: Das Ritterbild in Mittelalter und Renaissance*, Düsseldorf, 1985, p. 51-68.
[18] Anonyme, p. 54.
[19] Ces territoires ne furent pas conservés par Baudouin (qui préféra Edesse), ni par Tancrède, qui continua sa route vers Jérusalem, ni par Alexis. La région se constitua en un «royaume autonome de petite Arménie».
[20] Voir par exemple Anonyme, p. 62; Etienne Blois, *Lettre 2*, éd. H. Hagenmeyer, *Epistulae...*, p. 150-151.

Antioche

[1] Anonyme, p. 66; Anselme de Ribemont, éd. H. Hagenmeyer, *Epistulae...*, p. 146.
[2] Les chroniqueurs s'accordent sur l'ampleur des pertes, mais pas sur les chiffres. Voir sur ce point J. Flori, «Un problème de méthodologie. La valeur des nombres chez les chroniqueurs médiévaux» (A propos des effectifs de la première croisade), *Le Moyen Age*, 1992.
[3] Raymond d'Aguilers, p. 48, souligne l'absence de sentinelle et la dispersion des forces, chaque prince cherchant sa propre place selon son intérêt et non selon l'intérêt commun.

[4] Anonyme, p. 74 ; Raymond d'Aguilers, p. 51 *sq.*
[5] Anonyme, p. 76.
[6] Anonyme, p. 80 ; Raymond d'Aguilers, p. 56 ; Anne Comnène, Lib. XI, c. 4, *op. cit.*, t.III, p. 20, suggère que Bohémond, pour faire partir Tatikios, lui aurait révélé la violente hostilité des comtes francs persuadés d'une collusion d'Alexis avec Karbuqâ.
[7] Albert d'Aix, Lib. III, c. 59, p. 379, rapporte, à tort, que les Fatimides offrent de se faire chrétiens et de donner Jérusalem. C'est probablement l'insistance des croisés à réclamer cette ville qui fit échouer les négociations. Voir P. Riant, *op. cit.*, p. 162 et 168.
[8] Anonyme, p. 140 ; Albert d'Aix, Lib. IV, c. 40, p. 416-417 ; Anne Comnène, *Alexiade*, Lib. XI, c. 6, *op. cit.*, t. III, p. 27 ; Etienne de Blois, *Lettre 2*, éd. H. Hagenmeyer, *Epistulae...*, p. 149.
[9] Toutes les sources relatent la prise d'Antioche avec plus ou moins de détails. Voir en particulier : Anonyme, p. 100-110 ; Raymond d'Aguilers, p. 63-66 ; Anselme de Ribemont, *op. cit.*, et les sources mentionnées par H. Hagenmeyer, *Chronologie*, p. 286, à la date du 3 juin 1098. Firouz semble être un Arménien converti à l'islam qui aurait eu quelques raisons de détester Yaghi Siyân.
[10] Raymond d'Aguilers, p. 68-72.
[11] *Ibid.*, p. 71.
[12] Anselme de Ribemont, *Lettre 2*, éd. H. Hagenmeyer, *Epistulae...*, p. 159-160. Anonyme, p. 150.
[13] C'est la thèse présentée par Ibn Al-Athir, R.H.C., Hist. Or. I, p. 194. Voir aussi F. Gabrieli, *Chroniques arabes des croisades*, Paris, 1977, p. 31.
[14] Anonyme, p. 154 ; *Lettre du clergé et du peuple de Lucques*, éd. H. Hagenmeyer, *Epistulae...*, p. 167 ; Raymond d'Aguilers, p. 82 ; Tudebode, p. 112 ; Caffaro, *Liberatio Orientis*, éd. L.T. Belgrano, Gènes, 1890, p. 109 ; G. Malaterra, *De rebus gestis Rogerii...*, Lib. II, c. 33, RTS V, 1, p. 44, relatait déjà l'intervention miraculeuse d'un guerrier céleste portant à sa lance un *vexillum* blanc surmonté d'une croix lors des combats des Normands contre les Sarrasins de Sicile en 1063.

Jérusalem... O ! Jérusalem...

[1] Anonyme, p. 162 ; Foucher de Chartres, p. 350.
[2] Anonyme, p. 162 ; Tudebode, p. 115.

[3] Raymond d'Aguilers, p. 92; Anonyme, p. 168.
[4] Raymond d'Aguilers, p. 91-94.
[5] *Lettre des princes à Urbain II*, éd. H. Hagenmeyer, *Epistulae...*, p. 161-165.
[6] *Lettre du clergé et du peuple de Lucques*, éd. H. Hagenmeyer, *Epistulae...*, p. 167.
[7] Guibert de Nogent, p. 242; Adémar de Chabannes, *Chronicon*, Lib. III, c.55, *op. cit.*, p. 178, signale déjà qu'en 1018, Roger Toeni avait terrorisé les musulmans d'Espagne en simulant un tel cannibalisme. Ici, le but n'est pas de terroriser, mais de survivre. Voir sur ce point, L.A.M. Sumberg, «The 'Tafurs' and the First Crusade», *in: Medieval Studies*, 21, 1959, p. 224 *sq.* Il n'est guère question de cannibalisme sacré, contrairement à l'opinion de M. Rouche, «Cannibalisme sacré chez les croisés populaires», *in: Y.M. Hilaire (éd.), La religion populaire*, Paris, 1981 p. 29 *sq.* Les chrétiens n'apprirent qu'après coup la terreur que ce cannibalisme inspirait aux musulmans. Cf. Raymond d'Aguilers, p. 101.
[8] Raymond d'Aguilers, p. 120 (trad. de l'auteur).
[9] Raymond d'Aguilers, p. 122; Foucher de Chartres, p. 345.
[10] Anonyme, p. 192; Albert d'Aix, Lib. V, c. 42, p. 460.
[11] Caffaro, *Liberatio Orientis*, *op. cit.*, p. 109.
[12] Raymond d'Aguilers, p. 150-151 (trad. de l'auteur).
[13] Anonyme, p. 206.
[14] Raymond d'Aguilers, p. 152, prétend que la couronne fut d'abord offerte au comte qui la refusa; il est plus probable d'admettre que Saint-Gilles s'était fait beaucoup d'ennemis chez les princes; les gens de sa propre armée lui reprochaient son comportement et son «avarice».
[15] Voir sur ce point P. Rousset, *Histoire d'une idéologie: la croisade*, Lausanne, 1983.

De Jésus à saint Augustin

[1] Matthieu 21: 6-17; Marc 11: 10; Luc 19: 34-38.
[2] Luc 22: 49-53; Jean 18: 10-11.
[3] Luc 23: 32-34.
[4] Matthieu 5: 21-26.
[5] Matthieu 5: 38-48 et 20: 52.
[6] Pline le Jeune, *Lettres à l'empereur Trajan*, X, 96, éd. A.M. Guillemin, Paris, 1927.

[7] Jean 8 : 1-11 et Matthieu 5 : 27-30.
[8] Preuve qu'il y en avait, mais preuve aussi que leur attitude n'était pas appréciée. Voir sur ce point J. Flori, *L'idéologie du glaive*, Genève, 1983, p. 9-10.
[9] Les textes sont catégoriques : «*mihi non licet militare quia christianus sum (...). Non possum militare, non possum malefacere, christianus sum*». P. Monceaux, *La vraie légende dorée*, Paris, 1928, p. 249 *sq*. Ce rejet radical provient peut-être de l'obligation faite aux soldats de participer au culte des images impériales ; voir sur ce point L. Cerfaux et J. Tondriau, *Un concurrent du christianisme, le culte des souverains*, Tournai, 1957, p. 439 *sq*.
[10] Cf. J. Flori, *op. cit.*, p. 11.
[11] *Ibid.*, p. 12.
[12] Sulpice Sévère, *Vita sancti Martini*, Lib. II, c. 3, éd. J. Fontaine, Paris, 1967, t. I, p. 260.
[13] Sur la notion de guerre juste chez saint Augustin, voir J.T. Johnson, *Just War Tradition and the Restraint of War*, Princeton, 1981 ; R.A. Markus, Saint Augustine's Views on the «Just War», *in : Studies in Church History*, XX, 1983, p. 1-13.
[14] A. Bayet, *Pacifisme et christianisme aux premiers siècles*, Paris, 1934, p. 133.
[15] Pour la même époque, la *Chronique d'Albelda* (rédigée à la fin du IXe siècle), note qu'en Espagne wisigothique le roi Teudis, «*bien qu'hérétique, concéda la paix à l'Eglise* [catholique] *et laissa les évêques libres de tenir pleinement des conciles dans la ville de Tolède*». Ce ne fut pas le cas par la suite ; Léovigilde «*persécuta les catholiques et supprima les privilèges des églises*». *Chroniques asturiennes*, éd. et trad. Y. Bonnaz, Paris, 1987, p. 20-21.
[16] Voir sur ces points F. Cardini, *Alle radici della cavalleria medievale*, Firenze, 1982 ; K.F. Werner, *Structures politiques du monde franc*, Londres, 1979 et J. Flori, «Les origines de la noblesse française», *in : L'Histoire*, 120, 1989, p. 18-25.

De la guerre légitime à la guerre sacrée

[1] Sur les notions de guerre sainte dans l'islam et la chrétienté, voir A. Noth, *Heiliger Krieg und heiliger Kampf in Islam und Christientum*, Bonn, 1966 ; A. Morabia, *La notion de djihad dans l'islam médiéval*

des origines à al-Gazâli ; Lille, 1975 ; J.P. Charnay, *L'islam et la guerre*, Paris, 1986.

[2] MGH, *Epistolae Merowingici et Karolinii Aevi*, I, p. 480.

[3] *Missa pro regibus in die belli contra paganos, Sacramentaire d'Angoulème*, éd. P. Cagin, Angoulème, 1918, p. 167.

[4] Voir E. Griffe, «Aux origines de l'Etat pontifical : à propos de la donation de Constantin et de la donation de Quierzy», *in : Bulletin de Littérature ecclésiastique*, 53, 1952 p. ; L. Levillain, «L'avènement de la dynastie carolingienne et les origines de l'état pontifical», *in : BEC*, 94, 1933, p. 225-295. P. Partner, *The Lands of St Peter*, Londres, 1972 T.F.X. Noble, *The Republic of St Peter*, Philadelphie, 1984.

[5] M. Tyssens, *La geste de Guillaume d'Orange dans les manuscrits cycliques*, Paris, 1967 ; J. Wathelet-Willem, *Recherches sur la Chanson de Guillaume*, Paris, 1975. Les rapports entre l'histoire et l'épopée ont fait l'objet d'innombrables travaux. Sur leur interprétation, voir J. Flori, «L'Historien et l'épopée française», *in : L'Epopée*, (Typologie des sources du Moyen Age occidental, n° 49), Turnhout, 1988, p. 83-119.

[6] R. Folz, *De l'antiquité au monde médiéval*, Paris, 1972, p. 323.

[7] *Sacramentaire d'Angoulème, op. cit.*, p. 167 ; voir aussi le *Sacramentaire gélasien du VIIIe siècle*, éd. H.A. Wilson, Londres, 1894. C. Erdman, *Die Entstehung des Kreuzzugsgedankens*, Stuttgart, 1935, p. 328 *sq*. J. Flori, *L'Essor de la chevalerie*, Genève, 1986, p. 84 *sq*.

[8] *Ut sit fortissimum regum, triumphator hostium ad opprimendas rebelles et paganas nationes, op. cit.*, p. 130.

[9] *Ordines* de couronnement des rois francs d'Occident du IXe siècle, textes dans P.E. Schramm, *Kaiser, Könige und Päpste*, Stuttgart, 1968, p. 218, n° 6 et C.A. Bouman, *Sacring and Crowning*, Gröningen-Djakarta, 1954 ss ; J. Flori, *Chevalerie et liturgie*, *Le Moyen Age*, 1978, 3-4, p. 427 *sq*.

[10] Léon IV, *Epistola et Decreta*, PL 115, col. 655-657.

[11] P. Riant, Lettres historiques des croisades, *AOL*, 1880, p. 22, note 3, transcrit un texte relatif à la sépulture de ces Francs : «*Contra inimicos Domini bella decertando mortui sunt*» (*cod. Vaticanus 2934*, f° 304).

[12] Jean VIII, *Epistolae et Decreta*, PL 186, col. 816.

[13] J.M. Wallace-Hadrill, War and Peace in the Early Middle Ages, *in : Early Medieval History*, Oxford, 1975, p. 19 *sq*.

[14] Jean VIII, *Epistola* 41, *MGH Epistolae VII*, p. 40, Voir aussi *Epistola VIII, Ibid.*, p. 7 et p. 26.

[15] Liutprand, *Historia Ottonis*, c. 10, MGH SS. 3, p. 343-345. Sur tous ces points, voir J. Gilchrist, «The Papacy and the Saracens», *in : The International History Review*, X, 2, mai 1988, p. 181-184 ; Nicolas Ier,

Epistolae et Decreta, XLVI, PL 119, col. 998.

[16] Voir sur ce point G. Barraclough, *The Medieval Papacy*, Londres, 1968, p. 62 *sq*.

[17] Abbon de Saint-Germain, *Le siège de Paris par les Normands*, éd. H. Waquet, Paris, 1942.

[18] C. Vogel et R. Elze, *Le Pontifical Romano-Germanique du Xe siècle, Vatican, 1963 ; C. Erdmann, op. cit.*, p. 326 *sq* ; F. Prinz, *Klerus und Krieg im früheren Mittelalter*, Stuttgart, 1971 et, du même: «King, Clergy and War at the Time of the Carolingians», *in : Saints, Scholars and Heroes*, éd. M.H. King ans W.M. Stevens, Collegeville, 1979, t. II, p. 301-329. A. Noth, *op. cit.*, p. 105 *sq*.

[19] Jonas d'Orléans, *De institutione regia*, c. 4, éd. J. Reviron, Paris, 1930, p. 145 et *Historia translationis sancti Hucberti*, PL 106, col. 389. Pour plus de précisions sur ces points, voir J. Flori, *L'idéologie du glaive, op. cit.*, p. 41-62.

L'Eglise et la guerre au XIe siècle

[1] Sur cette période, voir P. Riché, *Les carolingiens*, Paris, 1983 ; Y. Sassier, *Hugues Capet*, Paris, 1987 ; L. Theis, *L'héritage des Charles, de la mort de Charlemagne aux environs de l'an mil*, Paris, 1990 ; D. Barthélémy, *L'ordre seigneurial, XIe-XIIe siècles*, Paris, 1990 ; J.P. Poly et E. Bournazel, *La mutation féodale, Xe-XIe siècles*, Paris, 1980.

[2] Voir sur ce point H.E.J. Cowdrey, Gregory VII and the Anglo-Norman Church and Kingdom, *in : Popes, Monks and Crusaders*, Londres, 1984, X, p. 90 *sq*.

[3] Voir H.E.J. Cowdrey, The Eleventh-Century Peace and Truce of God, *op. cit.*, VII, p. 42 ; J. Flori, «L'Eglise et la guerre sainte de la Paix de Dieu à la Croisade», *Annales*, ESC, 1991.

[4] Mansi, XIX, p. 827.

[5] P. Rousset, *Les origines et les caractères de la première croisade*, Neuchâtel, 1945.

[6] Sur ce point encore un peu controversé, voir H.E.J. Cowdrey, Cluny and the First Crusade, *in : Popes..., op. cit.*, XV, p. 285-311.

[7] Cf. Guillaume de Pouille, *La geste de Robert Guiscard*, Palerme, 1961, Lib. IV, vers 405-410, p. 226-227 ; Geoffroy Malaterra, *De rebus gestis Rogerii... et Roberti Guiscardi*, RIS, V, 1, p. 75-76 ; Adémar de Chabannes, *Chronique*, *op. cit.*, c. 55, p. 177-178.

[8] *Registrum*, I, 7, p. 11. Même revendication, avec allusion plus nette

encore à la fausse donation de Constantin dans *Registrum*, IV, 28, p. 345.

[9] *Nos vero... et penitiam eis levamus et remissionem peccatorum facimus*. Texte dans S. Loewenfeld, *Epistolae Pontificum Romanorum ineditae*, 1885 (Reprint, Graz, 1959), p. 43. Sur les rapports de ce texte avec l'expédition de Barbastro, voir A. Ferreiro, «The Siege of Barbastro, 1064-65, a Reassessment», *in: Journal of Medieval History*, 9, 1983, p. 133-135.

[10] J. Flori, «A propos de l'adoubement des chevaliers au XIe siècle: le prétendu *Pontifical de Reims* et l'Ordo de Cambrai», *Frühmittelalterliche Studien*, 19, 1985, p. 330-349.

[11] Aimé du Mont-Cassin, *Ystoire de li Normant*, éd. V. de Bartolomaeis, Rome, 1935, p. 154.

[12] Libuin, *De obitu sancti Leonis IX*, PL 143, col. 527 ; Bruno de Segni, *Libellus de Symoniacis*, MGH, Libelli de Lite..., II, p. 551 ; Bonizo de Sutri, *Liber ad Amicum*, MGH, Libelli de Lite..., I, p. 589.

[13] J. Flori, «Guerre sainte et rétributions spirituelles dans la 2e moitié du XIe siècle», *in: Revue d'Histoire Ecclésiastique*, 1991, p. 617-649.

[14] Voir par exemple *Registrum*, III, 11, p. 271 ; VII, 14a, p. 486 ; VIII, 6, p. 524 ; IX, 3, p. 574 ; IX, 17, p. 597 ; *Lettre 54*, éd. H.E.J. Cowdrey, *The Epistolae Vagantes of Pope Gregory VII*, Oxford, 1972, p. 134 ; voir aussi I.S. Robinson, «Gregory VII and the Soldiers of Christ», *in: History*, 68, 1973, p. 169-192.

[15] Cf. supra, p. 120.

[16] Voir Anselme de Lucques, *Collectio Canonica*, en particulier le livre XIII, encore inédit (Ms. Vat. lat. 4983 f° 231 v° et *sq*); Yves de Chartres, *Decretum* et *Panormia*, PL 161, col. 1045 *sq*.

[17] *Registrum*, III, 15, p. 277 ; I, 27, p. 44-45. Voir sur ce point H.E.J. Cowdrey, The Papacy, Patarenes and the Church of Milan, *Popes...*, *op. cit.*, V, p. 25-48.

Le siècle des milites

[1] J. Flori, Chevalerie et liturgie, *op. cit.*, rejoint sur ce point par K.F. Werner, «Du nouveau sur un vieux thème : les origines de la noblesse et de la chevalerie», *Comptes rendus de l'Académie des Inscriptions et Belles Lettres*, 1985, p. 186-200.

[2] Cf. J. Flori, «Les origines de l'adoubement chevaleresque», *in: Traditio*, 35, 1979, p. 209-272, à nuancer par K. Leyser, «Early

Medieval Canon Law and the Beginnings of Knighthood», *in : Institutionen, Kultur und Gesellschaft, Festschrift für J. Fleckenstein*, Sigmaringen, 1984, p. 549-566.

[3] Voir l'analyse du vocabulaire social chez Guillaume de Poitiers. Cf. J. Flori, *Principes* et *milites* chez Guillaume de Poitiers, *Revue Belge de Philologie et d'Histoire*, 64, 1986, 2, p. 217-233.

[4] Voir sur ce point l'excellente thèse de troisième cycle de R. Hennebicque-Le Jan, soutenue à Paris I, le 12 décembre 1983.

[5] D. Barthélémy, *op. cit.*, p. 51.

[6] J. Lemarignier, *Le gouvernement royal aux premiers temps capétiens (987-1108)*, Paris, 1965, souligne que l'on voit des *milites* souscrire aux diplômes royaux dès 1030 ; mais le sens de *miles* n'est pas ici celui de «soldat» ni même de «chevalier». Beaucoup de ces *milites* sont d'ailleurs désignés comme des comtes ou des vicomtes, c'est-à-dire des personnages exerçant l'autorité publique.

[7] C'est la conclusion à laquelle parviennent, pour le XIe siècle, les nombreuses thèses récentes d'histoire régionale. Voir le résumé de ces thèses dans J. Flori, *L'Essor de la chevalerie, XIe-XIIe siècles*, Genève, 1986, p. 1-42 ; R. Fossier, *Enfance de l'Europe, X[e]-XIIe siècles*, Paris, 1982 ; J.P. Poly et E. Bournazel, *op. cit.*, p. 171 *sq*.

[8] Geoffroy Malaterra, *De rebus gestis...*, Lib. II, c. 31, *op. cit.*, p. 76 (traduction de l'auteur).

[9] Cf. G. Duby, *Les trois ordres ou l'imaginaire du féodalisme*, Paris, 1978, p. 314 *sq* et 361 *sq*.

[10] Ces caractères subsistent encore au XIIe siècle, comme en témoignent les descriptions concordantes de Marie de France et de Guillaume le Maréchal, par exemple. Voir J. Flori, «Aristocratie et valeurs chevaleresques dans la seconde moitié du XIIe siècle», *in : Le Moyen Age*, 96, 1990, 1, p. 35-65 ; G. Duby, *Guillaume le Maréchal ou le meilleur chevalier du monde*, Paris, 1984, p. 121 *sq*.

[11] J. Flori, «Encore l'usage de la lance... La technique du combat chevaleresque vers l'an 1100», *in : Cahiers de Civilisation Médiévale*, 1988, 3, p. 213-240.

[12] Voir par exemple Geoffroy Malaterra, *op. cit.*, III, 37, p. 79. Sur le terme «*chevalier eslis*» dans la littérature du XIIe siècle, voir J. Flori, «La notion de chevalerie dans les chansons de geste du XIIe siècle», *in : Le Moyen Age*, 1975, 2, p. 212 *sq* et 3-4, p. 407 *sq*.

[13] Pierre Damien, *Epistolae*, VIII, 17, PL 144, col. 311, 320, 440.

[1] G. Duby, *Adolescence de la chrétienté occidentale, 980-1100*, Genève, 1984 (2), p. 92.
[2] Sur le développement du culte des saints, voir P. Brown, *Le culte des saints*, (trad. fse), Paris, 1984.
[3] Cf. B. Rosenwein, «Feudal War and Monastic Peace : Cluniac Liturgy as Ritual Agression», *in: Viator*, II, 1971, p. 129-157.
[4] Bernard de Clairvaux, *Lettres*, PL 182, col. 68, 197, 472, 497, 638.
[5] Dudon de Saint-Quentin, *De moribus et actis primorum Normanniae ducum*; Lib. III, c. 37, éd. J. Lair, Caen, 1865.
[6] Guillaume de Jumièges, *Gesta Normannorum ducum*, Lib. III, c. 8, éd. J. Marx, Rouen, 1914, p. 39-40.
[7] Grégoire VII, *Registrum*; VI, 17, *op. cit.*, p. 423.
[8] Sur l'évolution de la spiritualité des laïcs vers le pèlerinage, voir A. Dupront, *Du sacré. Croisades et pèlerinages, images et langages*, Paris, 1987 et plus encore A. Vauchez, *La spiritualité du Moyen Age, VIIIe-XIIe siècles*, Paris, 1975, et P. Sigal, *Les marcheurs de Dieu, Pèlerinages et pèlerins au Moyen Age*, Paris, 1974.
[9] G. Duby, *op. cit.*, p. 132.
[10] Voir sur ce point S.A. Brown, «The Bayeux Tapestry and the Song of Roland», *Olifant*, 6, 3-4, 1978, p. 339-350; P.E. Benett, «Encore Turold dans la Tapisserie de Bayeux», *Annales de Normandie*, 30, 1980, p. 3-13.
[11] Raoul Glaber, *Historiae*, Lib. IV, c. 6, éd. M. Prou, Paris, 1886, p. 106. Je cite ici la traduction de E. Pognon, *L'An Mille*, Paris, 1947, p. 122.
[12] Bernard d'Angers, *Liber miraculorum sancte Fidis*, éd. A. Bouillet, Paris, 1897, Lib. I, c. 13.
[13] G. Duby, *op. cit.*, p. 97-98.
[14] Sur le rôle du miracle au Moyen Age, voir P. Sigal, *L'homme et le miracle dans la France médiévale*, Paris, 1985; sur les reliques en particulier, voir N. Herrmann-Mascard, *Les reliques des saints. Formation coutumière d'un droit*, Paris, 1975; P.J. Geary, *Furta sacra. Thefts of Relics in the Central Middle Ages*, Princeton, 1978.
[15] Sur cet aspect pénitentiel des pèlerinages, voir C. Vogel, «Le pèlerinage pénitentiel», *in: Pellegrinaggi e culto dei santi*, Todi, 1963, p. 37-94 et A. Dupront, «La spiritualité des croisés et des pèlerins». *Ibid.*, p. 449-483.
[16] C. Cahen, *Orient et Occident au temps des croisades*, Paris, 1983, p. 258, note 8, s'oppose sur ce point à J. Richard, *Le royaume latin*

de Jérusalem, Paris, 1953, p. 11 et p. 28. Ibn al Qalanisi témoigne lui-même de l'insécurité que faisaient régner les brigands sur les routes de pèlerinage entre 1089 et 1095. Voir Ibn al Qalanisi, *Histoire de Damas*, trad. R. le Tourneau, Damas, 1952, p. 17 et p. 25.

L'Eglise face à l'Islam

[1] Sur tout ce qui suit, voir A. Ducellier, *Le miroir de l'Islam, musulmans et chrétiens au Moyen Age, VIIe-XIe siècles*, Paris, 1971 ; N. Daniel, *Islam and the West, the Making of an Image*, Edinbourg, 1980 (2) ; R.W. Southern, *Western Views of Islam in the Middle Ages*, Cambridge (Mass.), 1962 ; U. Monneret de Villard, *Lo studio dell'Islam in Europa nel XII-XIII secolo*, Vatican, 1944 ; P. Senac, *L'image de l'autre. Histoire de l'Occident médiéval face à l'Islam*, Paris, 1983. M. Th. D'Alverny, La connaissance de l'islam en Occident du IXe au milieu du XIIe siècle, *Settimane di Studio...*, Spoleto, 1965, p. 577-602. E. Rotter, *Abendland und Sarazenen, das oksidentale Araberbild und seine Entstehung im Frühmittelalter*, Berlin, 1986.

[2] A. Abel, «Le chapitre CI du *livre des hérésies* de Jean Damascène : son inauthenticité», *in : Studia Islamica*, 19, 1963, p. 5-25, a démontré que Jean Damascène ne pouvait être l'auteur de ces lignes.

[3] Jean Kameniates, *Sur la Prise de Thessalonique*, PG 109, col. 628, trad. J. Ducellier, *op. cit.*, p. 283.

[4] M. Th. d'Alverny, *op. cit.*, p. 584-585.

[5] Voir sur ce point B.Z. Kedar, *Crusade and Mission, European Approaches toward the Muslims*, Princeton, 1984, p. 25 *sq*.

[6] M. Th. d'Alverny, *op. cit.*, p. 588.

[7] *Ibid.*, p. 592-593.

[8] E. Levi-Provençal, *Histoire de l'Espagne musulmane*, Paris, 1953, t. I, p. 266 *sq*.

[9] Sur la signification eschatologique ou missionnaire de l'épisode de Cordoue, voir les avis divergents de A. Cutler, «The Ninth-Century Spanish Martyr's Movement...», *in : Muslim World*, 55, 1965, p. 321-339 et J. Waltz, «The Significance of the Voluntary Martyrs of Ninth-Century Cordoba», *Ibid.*, 60, 1970, p. 143-159 et 226-236.

[10] *Chronique prophétique*, 4-6, texte dans *Chroniques asturiennes* (fin IXe siècle), éd. et trad. Y. Bonnaz, Paris, 1987, p. 5-6.

[11] P. Senac, *op. cit.*, p. 31 *sq*. P. Alphandery, «Mahomet-Antéchrist dans le Moyen Age latin», *in : Mélanges H. Derenbourg*, Paris, 1909,

p. 261-277, minimisait trop cette assimilation de Mahomet à l'Antichrist.

[12] P. Senac, *op. cit.*, p. 35.

[13] Voir sur ce point B.Z. Kedar, *op. cit.*, p. 9 *sq.*

La caricature de l'Islam

[1] Guibert de Nogent, *Gesta Dei per Francos*, Lib. I, c. 3, p. 128. Je cite ici la traduction Guizot, *Collection des mémoires relatifs à l'Histoire de France*, Paris, 1824.

[2] Guibert de Nogent, Lib. I, c. 4, p. 130.

[3] Y. et Ch. Pellat, «L'idée de Dieu chez les 'Sarrasins' des chansons de geste», *in: Studia Islamica*, 13, 1965, p. 5-42. H. Grégoire, «Des dieux Cahu, Baratron, Tervagant et de maints autres dieux non moins extravagants», *Annuaire de philologie et d'histoire orientale et slave*, 7, 1939-1940, p. 451-472.

[4] On peut lire les traductions françaises de ces textes dans *Mahomet* (collection «*Le mémorial des siècles*»), Paris, 1965, p. 127 *sq* et 131 *sq*, et dans Tabari, *Mohamet, sceau des prophètes* (extrait de la chronique de Tabari), trad. H. Zotemberg, Paris, 1980, p. 56 *sq.*

[5] A. Abel, «L'Apocalypse de Bahîra et la notion islamique de mahdî», *in: Annuaire de l'institut de philologie et d'histoire orientale*, 3, 1935, p. 1-12.

[6] *Mahomet*, *op. cit.*, p. 141 *sq*; Tabari, *op. cit.*, p. 67.

[7] Guibert de Nogent, *op. cit.*, p. 129.

[8] *Vita Mahumeti*, attribuée à tort à Hildebert de Lavardin, PL 171, col. 1343-1366. Voir sur ce point l'étude et l'édition de F. Hübner, *Historische Vierteljahrschrift*, 29, 1935, p. 441-490 et M.G. Cambier, *Embricon de Mayence, la vie de Mahomet*, Bruxelles, 1961.

[9] Y. Lepage, *Le roman de Mahomet*, Paris, 1977, p. 35.

[10] M. Gaudefroy-Demonbyne, *Mahomet*, Paris, 1957, p. 117; Tabari, *op. cit.*, p. 114 et 327. Aïscha elle-même affirme qu'elle n'avait que 9 ans lors de la consommation du mariage.

[11] M.W. Watt, *Mahomet à Médine*, Paris, 1978, p. 401.

[12] *Ibid.*, p. 402. Voir aussi l'analyse de M. Rodinson, *Mahomet*, Paris, 1961, p. 238 *sq* et Tabari, *op. cit.*, p. 221-223.

[13] PG 96, col. 769.

[14] *Chroniques asturiennes*, *op. cit.*, p. 6.

[15] Guibert de Nogent, *op. cit.*, Lib. I, c. 4, p. 130. Je cite ici la traduction Guizot.

[16] N. Daniel, *Islam and the West, the Making of an Image*, Edimbourg, 1980 (2), p. 141-143.
[17] Jean Kameniates, *Sur la prise de Thessalonique*, PG 109, col. 628, traduction J. Ducellier, *op. cit.*, p. 233.
[18] Edition du texte dans H. Hagenmeyer, *Epistulae et chartae...*, *op. cit.*, p. 131-132, à comparer avec Guibert de Nogent, I, 35, *op. cit.*, p. 131.
[19] Voir sur ce point A. Morabia, *La notion de Gihad dans l'islam médiéval des origines à al-Gazali*, Lille, 1975, p. 375.
[20] Voir P. Bancourt, *Les musulmans dans les chansons de geste du cycle du roi*, Aix-en-Provence, 1982, p. 658-659.
[21] Voir en particulier Anonyme, *op. cit.*, p. 117.
[22] Baudri de Bourgueil, *op. cit.*, III, 3. Voir aussi Guibert de Nogent, V, 10, *op. cit.*, p. 191.

De la caricature à la calomnie

[1] Texte daté des environs de l'an 800 par son éditeur, M.C. Diaz y Diaz, «Los textos antimahometanos mas antiguos en codices españoles», *in; Archives d'histoire doctrinale et littéraire du Moyen Age*, 45, 1970, p. 153-159.
[2] Euloge de Cordoue, PL 115, col. 859-860. Pseudo Ildefonse, PL 96, col. 521.
[3] Embricon de Mayence, *Historia de Mahumete*, PL 171, col. 1363. Guibert de Nogent, *op. cit.* Sur les épopées, voir P. Bancourt, *op. cit.*, p. 369 *sq*.
[4] Matthieu 8 : 28-34 ; Marc 5 : 13.
[5] Guibert de Nogent, I, 4, *op. cit.*, p. 130.
[6] Cette tolérance est actuellement reconnue par tous les médiévistes sérieux. On observe même ces derniers temps une tendance à dissimuler l'existence réelle des limites à cette tolérance. C'est un tort : l'historien ne s'exonère pas des erreurs commises par ses prédécesseurs en rétablissant l'équilibre par des erreurs en sens contraire. Il y a là une forme d'autoflagellation quelque peu malsaine qui ne sert en rien la recherche de la vérité historique. Le colonialisme n'est pas une maladie héréditaire, et de plus il n'explique pas tout.
[7] Voir sur ce point l'article *Djihad* de E. Tyan, *in : L'encyclopédie de l'islam*, 2e éd., t. 2, p. 551-553. M. Canard, «La guerre sainte dans le monde islamique et dans le monde chrétien», *in : Revue africaine*, 79,

2, 1936, p. 605-634.

[8] Sur ces faits incontestables et bien connus, voir par exemple M. Rodinson, *Mahomet*, Paris, 1961, p. 194 *sq*. On en trouvera les récits dans Tabari, *op. cit.*, p. 85, 181-188, 211 *sq*.

[9] Texte cité par B. Lewis, *Les Assassins, terrorisme et politique dans l'islam médiéval*, Bruxelles, 1984, p. 85.

[10] Anastase le Bibliothécaire, *Chronographia tripertita, in: Theophanis Chronographia*, éd. C. De Boor, Leipzig, 1885, t. II, p. 209. Voir Tabari, *op. cit.*, p. 156, 195, 203, 204 etc.

[11] Euloge de Cordoue, *op. cit.*, PL 115, col. 859; même texte dans la chronique prophétique, in *Chroniques asturiennes*, *op. cit.*, p. 5.

[12] On retrouve l'affirmation d'Anastase, vers 1023, chez Landulf Sagax, *Historia Romana*, éd. A. Crivelucci, Rome, 1912, t. I, p. 134 et à l'époque de la croisade chez Frutolf de Michelsberg, *Chronicon universale*, MGH, SS. 6, p. 153, ainsi que chez Sigebert de Gembloux, *Chronica*, MGH SS.6, p. 323. Ces auteurs semblent plus choqués encore par la conception «matérialiste» du paradis musulman, lieu de délices pour la chair et les sens, inacceptable pour les ecclésiastiques de l'époque.

[13] C'est la critique que font au patriarche de Jérusalem les envoyés musulmans lors du siège de Nicée en 1101, selon le témoignage de Caffaro, *op. cit.*, p. 9-10. Le patriarche réfuta l'objection en disant que ceux qui s'opposent à la loi de Dieu sont tués à bon droit. A cette date, le virage a donc bien été pris et la «contradiction» dépassée.

[14] *Chanson de Roland*, vers 1015.

[15] Voir P. Bancourt, *op. cit.*, p. 342 *sq*.

[16] Voir P. Rousset, *op. cit.*, p. 110 *sq*.

[17] *Chanson de Roland*, v. 853-854: «*Mahumet levent en la plus halte tur / N'i ad paien nel prit e ne l'aort*». Voir aussi *Roland*, v. 3270-3272 et v. 3490-3493, et *Roland*, v. 2580-2591, où le poète décrit les Sarrasins, dépités par leur défaite, injurier et briser les statues de leurs dieux.

[18] Guibert de Nogent, I, 4, *op. cit.*, p. 130.

[19] Raoul de Caen, *Gesta Tancredi*, c. 129, *op. cit.*, p. 695.

[20] Tudebode, *Historia de Hierosolymitano itinere*, *op. cit.*, p. 137, à rapprocher de *Chanson de Roland*, v. 853.

[21] *Ibid.*, p. 147-148; même récit, à quelques mots près, dans Anonyme, 2, p. 216.

[22] Robert le Moine, IX, 21, *op. cit.*, p. 878.

[23] Foucher de Chartres, I, 28, *op. cit.*, p. 357.

[24] Voir M. Th. d'Alverny, *op. cit.*, p. 577-602.

[25] C'est en particulier la thèse de N. Daniel, *Heroes and Saracens*, Edimbourg, 1984.

[26] Voir sur ce point G.J. Brault, «Le portrait des Sarrasins dans les chansons de geste, une image projective ?», *in : Au carrefour des routes d'Europe : la chanson de geste*, Aix-en-Provence, 1987, t. I, p. 301-311.
[27] P. Bancourt, «Les chansons de geste sont-elles racistes ?», *Actes du XIe congrès international de la société Rencesvals*, t. I, Barcelone, 1990, p. 30.
[28] N. Daniel, *Islam and the West...*, *op. cit.*, p. 245-249 ; voir aussi J. Bray, «The Mahometan and Idolatry», *in : Persecution and Toleration, (Studies in Church History, 21)* , 1984, p. 89-98.
[29] Guibert de Nogent, I, 3, *op. cit.*, p. 128.
[30] P. Senac, *L'image de l'autre*, *op. cit.*, p. 51. Voir aussi, dans le même sens, C.M. Jones, «The conventional Saracens of the Songs of Geste», *in : Speculum*, 1942, p. 201-225, qui parle de propagande délibérée.

Motivations

[1] La thèse de C. Erdmann, *op. cit.*, reprise et amplifiée, sur ce point précis du moins, par H.E. Mayer, *op. cit.*, a été critiquée avec raison par H.E.J. Cowdrey et J. Riley-Smith.
[2] Voir sur ce point J. Richard, *op. cit.*, p. 62 *sq* ; J. Riley-Smith, «The Title of Godfrey de Bouillon», *in : Bulletin of the Institute of Historical Research*, 1979, p. 83-86 ; J. France, «The Election and Title of Godfrey de Bouillon», *in : Canadian Journal of History*, 18, 1983, p. 323-329 ; voir aussi G. Léonard, *Les croisades et le royaume franc de Jérusalem*, *in : Histoire Universelle* (Pléiade), t. II, Paris, 1957, p. 874-905.
[3] Je rejoins donc ici pleinement les idées émises par H.E.J. Cowdrey, «The Gregorian Papacy, Byzantium and the First Crusade», *in : Byzantium and the West (c. 850-1200)*, éd. J.D. Howard-Johnson, Amsterdam, 1988, p. 162 *sq*.
[4] Voir en particulier les articles VII, IX, XI, XII, XVI, XXVII. *Registrum*, II, 55a, *op. cit.*, p. 202-208. On peut lire la traduction de ce texte extraordinaire dans M. Pacaut, *La théocratie*, *op. cit.*, p. 236 *sq*.
[5] Voir sur ce point R. Somerville, *op. cit.*, p. 335 et J. Flori, *Guerre sainte et rétributions spirituelles...*, *op. cit.*, p. 644, note 2.
[6] La notion de vengeance, conforme à l'esprit de la *faide* médiévale, n'est peut-être pas absente de la pensée même d'Urbain II. Voir sur ce point H.E.J. Cowdrey, *The Gregorian Papacy*, *op. cit.*, p. 165.
[7] Voir J. Riley-Smith, «Crusading as an Act of Love», *in : History*, 65, 1980, p. 177-192.

[8] Voir le débat dans H.E. Mayer, *op. cit.*, p. 23 *sq* et J. Riley-Smith, *The First Crusade...*, *op. cit.*, p. 26 *sq*.
[9] Texte dans S. Loewenfeld, *Epistolae pontificum Romanorum ineditae*, 1885, (Reprint, 1959), p. 43. Voir sur ce point J. Flori, *Guerre sainte et rétributions spirituelles... op. cit.*, p. 638 *sq*.
[10] J. Gilchrist, «The Papacy and War against the Saracens, 795-1216», *in: The International History Review*, X, 2, mai 1988, p. 173-197.
[11] C'est ce que concède même H.E. Mayer, *op. cit.*, p. 32.
[12] J. Riley-Smith, «Death on the First Crusade», *in:* D. Loades (éd.) *The End of Strife*, Edimbourg, 1984, p. 11-31 ; j'ai réfuté les arguments de J. Riley-Smith dans J. Flori, «Mort et martyre des guerriers vers 1100», *in: Cahiers de Civilisation Médiévale*, 1991, p. 121-139.
[13] Voir J. Flori, *Guerre sainte et rétribution spirituelles... op. cit.*, p. 636 *sq*.
[14] Sur l'essor démographique, voir par exemple R. Fossier, *Enfance de l'Europe, X^e^-XIIe siècle*, t. I, Paris, 1982, p. 87 *sq*; Robert le Moine, I, 2, *op. cit.*, p. 729. Sur les «cadets», voir G. Duby, «Au XIIe siècle, les 'jeunes' dans la société aristocratique», *in: Annales ESC*, 1964, p. 835-846, à nuancer par J. Flori, «Qu'est-ce qu'un '*bacheler'?*», *in: Romania*, 96, 1975, p. 290-314; E. Köhler, *L'aventure chevaleresque*, Paris, 1974, etc.
[15] J. Riley-Smith, *The First Crusade...*, *op. cit.*, p. 42 *sq*. Sur le dernier point, voir J. Richard, «Les Etats féodaux et les conséquences de la croisade», *in: Etat et colonisation au Moyen Age et à la Renaissance*, Lyon, 1989, p. 181-192.
[16] Pour de plus amples développements sur ce point, voir J. Flori, *Une ou plusieurs «première croisade»?*, *op. cit.*, p. 15 *sq*.
[17] Cf. B.Z. Kedar, *Crusade and Mission*, Princeton, 1984.
[18] En revanche, la défaite des chrétiens, pour déconcertante qu'elle soit, serait imputable à l'indignité des champions ou l'occasion pour eux d'obtenir le martyre. Sur ce plan, les musulmans ne pensaient d'ailleurs pas autrement.

La croisade, creuset d'idéologies

[1] Robert le Moine, II, 16, *op. cit.*, p. 748. Je cite ici la traduction Guizot.
[2] Cf. J. Flori, «Chevalerie et liturgie», *in: Le Moyen Age*, 1978, 2, p. 247-278 et 1978, 3-4, p. 409-442.

[3] J. Flori, «De la chevalerie féodale à la chevalerie chrétienne?», *in: Militia Christi e crociata nei sec. XI-XIII*, (*XIa settimana internazionale di studi medievali*, Mendola, 28 ag.-1 sett. 1989); J. Flori, «*Pur eshalcier sainte crestïenté*», *in: Le Moyen Age*, 97, 1991, 2, p. 171-187.

[4] J. Flori, Croisade et chevalerie, *in: Mélanges Georges Duby*, Bruxelles, 1992. La création des ordres militaires me paraît traduire ce phénomène. La croisade tentait de «monachiser» la chevalerie, les ordres guerriers tentent de militariser une partie du monachisme.

[5] Voir par exemple Guibert de Nogent, *op. cit.*, p. 150 et 244; Robert le Moine, *op. cit.*, p. 734; Raymond d'Aguilers, *op. cit.*, p. 70, 103, 130; Anonyme, p. 6; Foucher de Chartres, *op. cit.*, p. 329, 337.

[6] Voir par exemple Chrétien de Troyes, *Cligès*, éd. A. Micha, Paris, 1982, p. 2, vers 28-33:

> «*Ce nos ont nostre livre apris*
> *Qu'en Grece ot de chevalerie*
> *Le premier los et de clergie.*
> *Puis vint chevalerie a Rome*
> *Et de la clergie la some,*
> *Qui or est en France venue.*»

[7] *Le Pèlerinage de Charlemagne*, éd. A.J. Cooper, Paris, 1925.

[8] Matthieu d'Edesse, *Chronique, R.H.C. Doc. Arméniens*, I, p. 44.

[9] Anonyme, *op. cit.*, p. 122. Robert le Moine, VII, 12, p. 811 *sq*; Guibert de Nogent, *op. cit.*, p. 193.

[10] Il faut saluer ici l'édition et l'étude de M. Gosman, *La lettre du prêtre Jean*, Gröningen, 1982, et celle de G. Zaganelli, «Le lettere del Prete Gianni. Di un falso e delle sue verità», *in: Fälschungen im Mittelalter*, Bd. V, Münich, 1989, p. 234-260.

CHRONOLOGIE

Les événements d'ordre militaire sont soulignés dans la chronologie qui suit.

Le contexte général

313	Constantin : édit de tolérance de Milan. Fin des persécutions des chrétiens. Le christianisme devient religion licite.
391	Théodose 1er : le christianisme devient seule religion d'Etat.
375-568	Infiltrations, puis invasions des Barbares dans l'empire qui s'effondre et laisse la place à des royautés barbares.
410	Prise et saccage de Rome par Alaric.
507	VOUILLÉ : Le Franc Clovis bat les Wisigoths ariens et se convertit au catholicisme.
622	An I de l'Hégire : Mahomet quitte La Mecque et se retire à Médine. Débuts de l'islam.
632	Mort de Mahomet.

634	Omar, commandeur des croyants ; extension militaire de l'Etat musulman.
711	GIBRALTAR (Djebel Tarik = montagne de Tarik) : le chef berbère Tarik franchit le détroit et envahit l'Espagne. Les musulmans s'y installent durablement (= al-Andalus).
732	POITIERS : Le maire du palais, Charles Martel, repousse une incursion musulmane. Il en retire du prestige.
751	Coup d'Etat pépinide : avec l'accord du pape Zacharie, Pépin, maire du palais, détrône le roi mérovingien. Il est sacré «roi des Francs». Fondation de la dynastie dite «carolingienne».
754	Pépin délivre le pape de la menace lombarde et lui «restitue» (= lui concède) des territoires, berceau des Etats de l'Eglise.
768-814	Règne de Charlemagne, empereur en 800. Nombreuses campagnes contre les «païens» : Saxons, Avars, Sarrasins.
778	RONCEVAUX : A son retour d'une expédition en Espagne, l'arrière-garde de l'armée de Charlemagne est exterminée par les Basques. Lointaines origines de la «*Chanson de Roland*».
814-843	Règne de Louis le Pieux. Maintien de l'unité de l'empire. Campagnes contre les Sarrasins de France du Sud.
911	Traité de Saint-Clair-sur-Epte : la Normandie concédée aux envahisseurs Vikings. Déclin des invasions normandes.
955	LECHFELD : Otton 1er bat les Hongrois. Déclin des invasions hongroises.
972	LA-GARDE-FREINET : chute du dernier «repaire» des Sarrasins en France. La lutte continue en Espagne : la *Reconquista*.

987	Election d'Hugues Capet au trône de France. Origine de la dynastie capétienne. Développement des principautés en France.

Le XIe siècle : la marche vers la croisade

1001	Le calife al-Hakim fait détruire le Saint-Sépulcre (qui sera reconstruit quelques années plus tard).
1053	CIVITATE : Les Normands de Robert Guiscard anéantissent les armées pontificales réunies par Léon IX. Les guerriers tués sont «martyrs du Christ».
1054	Rupture entre les églises latines et grecques.
1071	MANTZIKERT : Victoire des Turcs sur les armées grecques.
1073-1085	Grégoire VII pape : Elaboration d'une conception théocratique de la chrétienté dirigée par Rome. Les *dictatus Papae*. Querelle des investitures et «Réformes grégoriennes».
1074	Projet de «croisade» de Grégoire VII.
1076	Les Turcs prennent Jérusalem aux Fatimides d'Egypte.
1077	CANOSSA : Henry IV, en difficulté en Allemagne, vient en pénitent demander au pape le pardon et la réhabilitation sur son trône.
1081	DURAZZO : Robert Guiscard et son fils Bohémond battent les armées byzantines.
1084	ANTIOCHE est prise à l'empire grec par les Turcs.
1085	CHÂTEAU-SAINT-ANGE (Rome) : Grégoire VII, assiégé par Henri IV, fait appel aux Normands qui le «délivrent» et l'emmènent à Salerne où il meurt. Pillage de Rome.

1085	TOLÈDE : Progrès de la *Reconquista* grâce à Alphonse VI et au «Cid». Prise de Tolède.
1086	ZALLAQA : Contre-offensive musulmane en Espagne. Les «Reyes de Taïfas» musulmans d'al-Andalus font appel au roi almoravide Youssef ben Tachfin qui bat Alphonse VI et annexe l'Espagne à son empire.
1087	EDESSE est prise par les Turcs.
1087	MAHDIA : Expédition militaire génoise contre les musulmans en *Ifriqia* (= Tunisie).
1091	MALTE : Les Normands prennent Malte et achèvent la conquête de la Sicile sur les musulmans.

La croisade : 1095-1100

1er-7 mars 1095	*Concile de Plaisance* : appel probable d'Alexis au pape.
18-28 nov. 1095	*Concile de Clermont* : Urbain II prêche la croisade.
Mars 1096	Prédications d'Urbain II et de Pierre l'Ermite.
Mars 1096	Départ des croisés dits «populaires» : pogroms antijuifs.
Mai-juin 1096	Pogroms antijuifs à Worms, Spire, Mayence, Cologne, Prague...
Juin-août 1096	Déroute et extermination des bandes «populaires» en Hongrie.
1er août 1096	Pierre l'Ermite arrive à Constantinople.
Août-sept. 1096	Départs échelonnés des princes croisés.
21 oct. 1096	Massacre de Civitot : les «croisés» survivants sont ramenés à Constantinople par Alexis.

Nov.-déc. 1096	Arrivées échelonnées des princes croisés à Constantinople.
Janvier 1097	Escarmouches et combats entre les troupes d'Alexis et celles de Godefroy.
26 avril 1097	Raymond de Saint-Gilles, seul, refuse de prêter hommage à Alexis.
19 juin 1097	NICÉE : la ville assiégée se rend à Alexis. Colère des croisés privés de butin.
1er juill. 1097	DORYLÉE : première grande bataille en terrain découvert. Victoire des Francs sur les Turcs.
Sept. 1097	Conflit Tancrède-Baudouin pour la possession de Tarse.
20 oct. 1097	Début du siège d'Antioche par les croisés.
Fév.-mars 1098	Baudouin devient prince d'Edesse.
Mai 1098	Tractation entre Bohémond et «Firouz».
2 juin 1098	Etienne de Blois se retire à Alexandrette, puis fait défection à l'arrivée de Karbuqâ.
3 juin 1098	Bohémond pénètre à Antioche par trahison de Firouz.
4 juin 1098	Siège d'Antioche par Karbuqâ.
14 juin 1098	Découverte de la «Sainte Lance» par Pierre Barthélémy.
28 juin 1098	ANTIOCHE : bataille rangée contre Karbuqâ : victoire des croisés très inférieurs en nombre.
1er août 1098	Mort d'Adémar, évêque du Puy.
11 sept. 1098	Lettre des princes croisés à Urbain II, lui demandant de venir à Antioche «achever *sa guerre*».
3-10 oct. 1098	Concile de Bari à propos de la croisade.
5 janv. 1098	Le petit peuple détruit les murailles de Marra pour contraindre les princes à repartir.

8 avril 1099	Ordalie du feu subie par Pierre Barthélémy.
7 juin 1099	Siège de Jérusalem par les croisés.
8 juillet 1099	Procession solennelle autour de Jérusalem.
15 juillet 1099	Assaut et prise de Jérusalem. Massacre des habitants.
22 juillet 1099	Godefroy de Bouillon est élu «défenseur du Saint-Sépulcre».
29 juillet 1099	Mort du pape Urbain II à Rome.
5 août 1099	Découverte des reliques de la «Sainte Croix».
12 août 1099	ASCALON : bataille rangée des croisés contre l'armée égyptienne. Victoire des croisés ; énorme butin.
Avril 1100	Après Pâques la plupart des croisés rentrent en Europe.
18 juillet 1100	Mort de Godefroy de Bouillon.

ABRÉVIATIONS

AOL	*Archives de l'Orient latin*, 2 vol., Paris, 1881.
HAGENMEYER (H), *Chronologie*	H. HAGENMEYER, *Chronologie de la première croisade*, in : *ROL*, VI, p. 214-293 ; VI, p. 490-549 ; VII, p. 275-339 ; VIII, p. 430-503 ; VIII, p. 318-381. La date de l'événement permet plus aisément de retrouver la référence.
HAGENMEYER (H), *Epistulae*	H. HAGENMEYER, *Epistulae et chartae..., Die Kreuzzugsbriefe aus den Jahren 1088-1100*, Innsbrück, 1901.
HF	*Recueil des Historiens des Gaules et de la France*. M. Bouquet, Paris, 1737-1904.

JAFFÉ	P. JAFFÉ, *Regesta Pontificum Romanorum...*, 2 vol. Leipzig, 1881-1888.
MANSI	MANSI, *Sacrorum conciliorum nova et amplissima collectio*, Paris, 1901-1927.
MGH SS.	*Monumenta Germaniae Historica, Scriptores.*
PL	J.P. MIGNE, *Patrologiae cursus completus, series latina*, Paris, 1844-1864.
RIANT	P. RIANT (comte), *Inventaire critique des lettres historiques des croisades*, in: *AOL*, I, 1880, p. 1-224.
RHC	*Recueil des Historiens des Croisades* Hist. Occ. = Historiens occidentaux, 5 vol. Hist. Or. = Historiens orientaux, 2 vol. Doc. Arm. = Documents arméniens, 2 vol.

SOURCES

Dans le cadre restreint de cette bibliographie, nous ne pouvons donner l'ensemble des sources utilisées. Nous renvoyons pour cela aux ouvrages de bibliographie sur les croisades indiqués ci-après. Nous ne mentionnons ici que les sources les plus fréquemment *citées* dans ce livre.

ALBERT D' AIX, *Liber christianae expeditionis...*, in : RHC, Hist. occ. IV, p. 265-713.

ANONYME, *Histoire anonyme de la première croisade*, éd. et trad. L. BREHIER, Paris, 1964 (2e éd.).

ANNE COMNÈNE, *Alexiade*, éd. et trad. B. LEIB, *Anne Comnène, Alexiade, règne de l'empereur Alexis Comnène*, Paris, 1967, (2e éd.), 3 vol.

BAUDRI DE BOURGUEIL (ou DE DOL), *Historia Hierosolymitana*, in : RHC, Hist. occ. IV, p. 10-110.

CAFFARO, *Annales*, éd. L.T. BELGRANO, Genova, 1890.

EKKEHARD D'AURA, *Chronica*, éd. F.J. SCHMALE et I. SCHMALE-OTT, *Frütolfs und Ekkehards Chroniken und die Anonyme Kaiserkronik*, Darmstadt, 1972.

FOUCHER DE CHARTRES, *Historia Hierosolymitana*, in : RHC, Hist. occ., III, p. 311-485.

GRAINDOR DE DOUAI, remanieur de RICHARD LE PÈLERIN, *La chanson d'Antioche*, éd. S. DUPARC-QUIOC, Paris, 1976.

GUIBERT DE NOGENT, *Gesta Dei per Francos*, in : RHC, Hist. occ., IV, p. 115-263.
GUILLAUME DE TYR, *Historia rerum in partibus transmarinis gestarum*, in : RHC, Hist. occ.,I, p. 3-362 ; préférer l'édition récente de R.B.C. HUYGENS, *Willelmi Tyrensis Archiepiscopi Chronicon*, Turnhout, 1986.
Lettres de croisade, éditées par H. HAGENMEYER, *Epistulae et Chartae..., Die Kreuzzugsbriefe aus den Jahren 1088-1100*, Innsbrück, 1901.
Lettres de Grégoire VII, éditées par E. CASPAR, *Registrum*, MGH, Epistolae selectae, II, Berlin-Zürich, 1967 (3), 2 vol.
Lettres d'Urbain II, éditées dans PL 151, col. 283 sq.
RAOUL DE CAEN, *Gesta Tancredi*, in RHC, Hist. occ. III, p. 588-716.
RAYMOND D'AGUILERS, *Historia Francorum qui ceperunt Jerusalem*, éd. J.H. et L.L. HILL, *Le «Liber» de Raymond d'Aguilers*, Paris, 1969, et in : RHC, Hist. occ., III, p. 231-309.
ROBERT LE MOINE (ou DE REIMS), *Hierosolymitana expeditio*, in : RHC, Hist. occ., III, p. 717-802.
TUDEBODE, *Historia de Hierosolymitano itinere*, éd. J.H. et L.L. HILL, Paris, 1977 ; à préférer à RHC, Hist. occ., III, p. 3-119.

BIBLIOGRAPHIE SOMMAIRE

A quelques exceptions près, nous ne signalons dans cette courte bibliographie que les ouvrages parus depuis 1967, à l'exclusion des articles. Les plus importants de ces articles, ainsi que quelques ouvrages fondamentaux parus avant 1967, sont cités dans les notes bibliographiques ; un autre choix aurait conduit à grossir démesurément cette bibliographie. Il existe au demeurant quelques recueils fournissant une liste quasi exhaustive des ouvrages innombrables relatifs à la croisade ou intéressant son histoire. Le lecteur y trouvera toutes les informations bibliographiques désirables. Ce sont :

H.E. MAYER, *Bibliographie zur Geschichte der Kreuzzüge*, Hanovre, 1960, qui recense les ouvrages parus avant 1958 : plus de 5 000 titres !

H.E. MAYER, *Literaturbericht über die Geschichte der Kreuzzüge*, in : *Historische Zeitschrift*, Sonderheft 3, München, 1969, p. 642 *sq* (recense les ouvrages parus entre 1958 et 1967).

A.S. ATIYA, *The Crusades, Historiography and Bibliography*, Bloomington, 1962.

J. BRUNDAGE, *The Crusades, a Documentary Survey*, Milwaukee, 1962.

Ouvrages récents relatifs à la croisade et à la guerre sainte

ALPHANDERY (A.), *La chrétienté et l'idée de croisade*, t. I, Paris, 1954, déjà ancien, mais reste irremplaçable.

BALARD (M.), éd., *Les croisades*, Paris, 1988 (dictionnaire relatif aux croisades).

BANCOURT (P.), *Les musulmans dans les chansons de geste du cycle du roi*, Aix-Marseille, 1982.

BECKER (A.), *Papst Urban II (1088-1099)*, 2 vol., München, 1964-1988.

BRUNDAGE (J.A.), *The Crusades, Motives and Achievements*, Lexington, 1964.

BRUNDAGE (J.A.), *Medieval Canon Law and the Crusader*, Madison, 1969.

CAHEN (C.), *Turcobyzantina et Oriens christianus*, (Variorum Reprints), London, 1974.

CAHEN (C.), *Orient et Occident au temps des croisades*, Paris, 1983.

CHALANDON (P.), *Histoire de la première croisade*, Paris, 1925 (ancien, mais meilleur récit de l'expédition).

COWDREY (H.E.J.), *Popes, Monks and Crusaders*, London, 1984.

DANIEL (N.), *Islam and the West. The Making of an Image*, Edinburgh, 1960.

DANIEL (N.), *The Arabes and Medieval Europe*, London, 1975.

DANIEL (N.), *Heroes and Saracens*, Edinburgh, 1984.

DELARUELLE (E.), *L'idée de croisade au Moyen Age*, Turin, 1980.

DUBY (G.), *Les trois ordres, ou l'imaginaire du féodalisme*, Paris, 1979.

DUBY (G.), *Le chevalier, la femme et le prêtre*, Paris, 1984.

DUCELLIER (A.), *Le miroir de l'Islam*, Paris, 1979.

DUPRONT (A.), *Du sacré. Croisades et pèlerinages, images et langages*, Paris, 1987.

ERDMANN (C.), *The Origin of the Idea of Crusade* (trad. de l'allemand par M.W. BALDWIN et W. GOFFART), Princeton, 1977.

FLORI (J.), *L'idéologie du glaive, préhistoire de la chevalerie*, Genève, 1983.
FLORI (J.), *L'essor de la chevalerie, XIe-XIIe siècles*, Genève, 1986.
KEDAR (B.Z.), *Crusade and Mission. European Approaches toward the Muslims*, Princeton, 1984.
KEDAR (B.Z.), SMAIL (R.C.) et MAYER (H.E.), éd., *Outremer* (Studies... presented to Joshua PRAWER), Jérusalem, 1982.
KHOURY (A.Th.), *Polémique byzantine contre l'Islam (VIII-XIIIe siècles)*, Leiden, 1972.
MAYER (H.E.), *Idee und Wirklichkeit der Kreuzzüge*, Germering, 1965.
MAYER (H.E.), *Kreuzzüge und lateinischer Osten*, Stuttgart, 1983.
MAYER, (H.E.), *The Crusades* (traduction de l'allemand par J. GILLINGHAM, 2e éd.), Oxford, 1988.
MORRISSON (C.), *Les croisades*, Paris, PUF, 1969.
PRAWER (J.), *Histoire du royaume latin de Jérusalem*, (traduit de l'hébreu par G. NAHON), t. I, Paris, 1975 (2e éd.).
RICHARD (J.), *L'esprit de la croisade*, Paris, 1969.
RICHARD (J.), *Les relations entre l'Occident et l'Orient au Moyen Age*, (Variorum Reprints), London, 1977.
RICHARD (J.), *The latin Kingdom of Jerusalem*, (trad. du français par J. SHIRLEY), Amsterdam, 1979 (mise à jour de l'ouvrage publié en 1953 sous le titre : *Le royaume latin de Jérusalem*).
RICHARD (J.), *Croisés, missionnaires et voyageurs*, Paris, 1983
RILEY-SMITH (J.S.), *What were the Crusades ?*, London, 1977.
RILEY-SMITH (J.S.), *The First Crusade and the Idea of Crusading*, London, 1986.
RILEY-SMITH (J.S.), *The Crusades. A short History*, London, 1988.
ROUSSET (P.), *Les origines et les caractères de la première croisade*, Neuchâtel, 1947 (encore irremplaçable).
ROUSSET (P.), *Histoire d'une idéologie : la croisade*, Lausanne, 1983.
RUNCIMAN (S.), *A History of the Crusades*, 3 vol., Cambridge, 1951-1954.

RUNCIMAN (S.), *The First Crusade*, Cambridge, 1980 (2e éd.).
RUSSELL (F.H.), *The Just War in the Middle Ages*, Cambridge, 1975.
SEMAAN (K.), *Islam and the Medieval West*, New York, 1980.
SENAC (Ph.), *L'image de l'autre; l'Occident médiéval face à l'Islam*, Paris, 1983.
SETTON (K.M.), éd., *A History of the Crusades*, t. I, Madison, 1969.
SIGAL (P.A.), *Les marcheurs de Dieu*, Paris, 1974.
SIGAL (P.A.), *L'homme et le miracle dans la France médiévale*, Paris, 1985.
SIVAN (E.), *L'Islam et la croisade*, Paris, 1968.
SOUTHERN (R.W.), *Western View of Islam in the Middle Ages*, London, 1962.
VAUCHEZ (A.), *Les laïcs au Moyen Age*, Paris, 1987.
VILLEY (M.), *La croisade. Essai sur la formation d'une théorie juridique*, Paris, 1942 (toujours irremplaçable et presque unique en son genre).
WILKINSON (J.), *Jerusalem Pilgrims before the Crusades*, Warminster, 1977.
WILLEMART (P.), *Les croisades. Mythe et réalité de la guerre sainte*, Verviers, 1972 (coll. Marabout).

INDEX

N'ont pas été mentionnés dans cet index les mots suivants, dont l'occurrence est très élevée dans le texte: Jésus, Mahomet, Terre Sainte, chrétiens, musulmans, juifs, Turcs, Arabes, Français, etc...
Les noms propres figurent en capitale, les titres d'œuvres et les mots en langue étrangère en italique.

Achevé d'imprimer
en février 1997
sur les presses
de l'imprimerie Campin
en Belgique

Illustration de couverture :

La prise d'Antioche
in *Les Estoires d'Outremer*
de Guillaume de Tyr, XIIIe siècle, BN.

SA Diffusion Promotion information
24, rue de Bosnie
1060 Bruxelles

n° 685